主编 张博 梁彦民

汉语国际教育研究论集

词汇文字卷

商务印书馆
The Commercial Press

图书在版编目（CIP）数据

汉语国际教育研究论集. 词汇文字卷/张博，梁彦民主编. —北京：商务印书馆，2022（2023.5重印）
ISBN 978-7-100-21204-5

Ⅰ. ①汉… Ⅱ. ①张…②梁… Ⅲ. ①汉语—词汇—对外汉语教学—教学研究—文集 Ⅳ. ①H195.3-53

中国版本图书馆 CIP 数据核字 (2022) 第 087489 号

权利保留，侵权必究。

汉语国际教育研究论集·词汇文字卷
张博 梁彦民 主编

商务印书馆出版
（北京王府井大街36号 邮政编码100710）
商务印书馆发行
北京捷迅佳彩印刷有限公司印刷
ISBN 978-7-100-21204-5

2022年7月第1版	开本 880×1230 1/32
2023年5月北京第2次印刷	印张 11⅛

定价：83.00元

《汉语国际教育研究论集》编委会

主　任：崔希亮

委　员：姜丽萍　梁彦民　吴应辉

　　　　张　博　郑艳群

《汉语国际教育研究论集·词汇文字卷》

主　编：张　博　梁彦民

副主编：孟　凯　李润生

目　录

词汇理论及应用研究

语义演变与词汇演变……………………………………吴福祥　3

汉语并合造词法的特质及形成机制……………………张　博　23

三音词语的韵律—结构—语义界面调适
　　——兼论汉语词法的界面关系…………………………孟　凯　43

基于词频逆文档频统计的词汇时间分布层次…饶高琦　李宇明　65

存在动词的词汇类型学研究……………………………孙文访　82

基于"三一语法"观念的二语词汇教学基本原则
　　………………………………施春宏　蔡淑美　李　娜　119

汉语动结式二字词组及其教学处理……………………赵金铭　156

基于不同输入模态的词汇附带习得研究………………莫　丹　177

初级汉语学习者同形语素意识与词义推测、阅读理解的关系研究
　　………………………………朱文文　程璐璐　陈天序　195

汉语二语者名名复合词学习中语义关系信息的作用
　　………………………………徐晶晶　马　腾　江　新　214

CSL学习者同素同义单双音名词混淆分布特征及其成因
　　…………………………………………………………于　洋　237

汉字理论及应用研究

60 年来现代汉字研究与规范的三个阶段及相关问题 ··· 陈双新 259

"新说文解字"与汉字形义诠释················· 罗卫东 282

谈对外汉字教学研究中的几个问题················ 万业馨 295

大分散、小集中:"语文同步"模式下的汉字教学法思考
　　································· 李润生 316

论汉字教学大纲与字表及其在国际汉语教学中的应用··· 梁彦民 330

字形特征对汉字文化圈中高级水平学习者书写汉字的影响
　　——基于"HSK 动态作文语料库"的观察 ········ 黄　伟 342

部件特征与结构类型对留学生汉字书写的影响
　　·························· 郝美玲　范慧琴 358

词汇理论及应用研究

语义演变与词汇演变 *

吴福祥

一、引言

语义演变与词汇演变是语言演变的两个重要方面，也是历史语言学（尤其历史词汇学和历史语义学）重要的研究领域。不过，语义演变与词汇演变是怎样的关系，这个问题在以往的历史语言学界尤其是汉语史学界鲜有探讨。我们认为，至少就汉语史研究而言，弄清语义演变与词汇演变之间的联系和区别，不仅有助于深化汉语历史词汇和语义演变的研究，亦可裨益于汉语历史语言学的学科建设。本文的目的是讨论语义演变与词汇演变这两个概念的内涵及其内在关系。

二、语义演变

2.1 什么是语义演变

什么是"语义演变"？简单的回答是："语言形式的意义

---

* 原文发表于《古汉语研究》2019年第4期。

所发生的任何演变，通常也包括语法语素的语法功能所发生的演变。"（Trask，2000：303）不过，"语义演变"到底是指什么样的历时过程，语言学家的看法并不完全一致。目前主流的看法是，语义演变是指义位的增加（添加新义）或消失（丢失旧义），而非某个义位本身的改变。这种看法可谓之"多义模式"观。代表性观点见于 Wilkins（1996：269）："语义演变指的不是意义本身的改变，而是一个语言成分在形式不变的前提下，其语义系统增加了新的意义或丧失了原有的意义。重要的是，言语社会中所有语义演变在其开始或最后阶段都涉及多义性（polysemy）。基于这种观点，一个完整的语义演变实际包含了两种语义演变：第一种语义演变是通过意的增加而导致多义模式的产生，第二种语义演变则是通过原有意义的丧失而消除上述多义模式。共时的多义模式在语义演变研究中至关重要，因为正是这种多义模式为两个义项在语义上互相关联以及一个义项引发另一个义项出现这样的假设提供了重要证据。"

Wilkins（1996：269）用下面的图 1 来刻画语义演变的这种"多义模式"观：

时间（T）：	T1		T2		T3
形式（F）：	F1		F1		F1
意义（M）：	M1	→	M1 & M2	→	M2
特征：	p,q,r		p,q,r q,r,s		q,r,s

图 1　语义演变的"多义模式"观（Wilkins，1996：269）

与 Wilkins（1996：269）的主张极为相近的是 Kearns（2002），后者认为语义演变本质上体现为（1）所示的两个过程：

(1) 语义演变的两个过程（Kearns，2002：1）：

(a) Fa > Fa,b　　[具有意义 a 的语言形式 F 获得了另外的意义 b]

(b) Fa,b > Fb　　[具有意义 a 和 b 的语言形式 F 丢失了意义 a]

Kearns（2002：1）指出，既然过程（b）作用的是一个多义形式（Fa,b），因此，如果我们假设这个多义形式是过程（a）的产物，那么过程（b）的发生一定依赖于过程（a），而反之则不然。由此可见，语言成分意义获得的过程是其意义丧失的必要条件。

此外，主张语义演变"多义模式"观的还有德国著名语言学家 Peter Koch。Koch（2016：24—25）认为，对语义演变比较合理的界定是，一个词的现有意义 M_1 获得一个新的意义 M_2，从而使得该词变成具有 M_1 和 M_2 两项意义的多义词。他用下面的图 2 来描述语义演变的连续性过程：

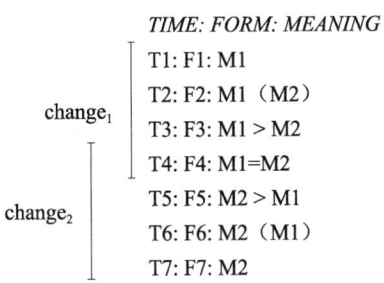

图 2　语义演变中词汇多义性产生和消失的循环模式（Koch，2016：25）

下面的（2）和（3）可用来说明图 2 所示的两个演变过程：古英语的 witnes（2a）和古典拉丁语的 tēstimōnium（3a）最初

只有'testimony'("证词、证言")这一意义。后来，古英语 witnes 和古法语 tesmoin 因为分别获得'person giving testimony'("证人")这一新义而变成多义形式（如 2b 和 3b 所示）。在这两个例子里，(a)→(b) 这一过程对应于图 2 的演变 1，Blank（1997）和 Koch（2016）谓之创新性意义演变（innovative meaning change）；而（3b）→（3c）这一过程对应于图 2 的演变 2，Blank（1997）和 Koch（2016）谓之缩减性意义演变（reductive meaning change）。但演变 2 并非必然发生，如例（2）中（2b）=（2c）。由此可见，图 2 中的演变 1（创新性意义演变）是可以独立发生的语义演变。换言之，语义演变最主要的特征是多义模式的产生（参见 Koch，2016：25）。

(2) (a) 古英语：witnes 'testimony'
　　(b) 古英语：witnes 'testimony'; 'person giving testimony'
　　(c) 现代英语：witness 'testimony'; 'person giving testimony'

(3) (a) 古典拉丁语：tēstimōnium 'testimony'
　　(b) 古法语：tesmoin 'testimony'; 'person giving testimony'
　　(c) 现代法语：témoin 'person giving testimony'

实际上，类似的观察也见于中国语言学家的相关论述。如王力很早就指出："我们应该区别词义的发展和词义的变化。所谓词义的发展，是指甲义发展为乙义，而甲乙两义同时存在，甲义并未消失。例如早上的'朝'和朝见的'朝'。所谓词义的变化,是指甲义变化为乙义,甲义因而消失了,例如'脚'由'胫'义变化为'足'义之后,'胫'义不存在了。"(王力,1989:93)"词义的演变不一定就是新旧的交替。也就是说,原始的意义不一定因为有了引申的意义而被消灭掉。有时候,新旧两种意义同时存在(如'诛'字),或至今仍同时存在着(如'赏'字)。因此我们可以说,词义的转移共有两种情形:一种如蚕化蛾,一种如牛生犊。"(王力,1989:101)蒋绍愚(2005:60—61)也强调:"义位的变化有两种情况。一是义位的增减,即一个词产生新的义位,或消失了旧的义位。一是原有义位的变化,即扩大、缩小和转移。这两种情况不能混为一谈。"

不难看出,王力、蒋绍愚两位先生所说的"词义的发展"和"义位的增减"跟 Wilkins(1996)等力主的语义演变的"多义模式观"本质上并无不同,尤其是王力先生"如牛生犊"的隐喻可以说是对"多义模式观"的一种生动的刻画。但另一方面,我们认为,王力和蒋绍愚先生所说的"词义的变化"和"原有义位的变化"并不是语义演变的一种独立的类型,不宜跟"词义的发展"或"义位的增减"相提并论,因为"扩大""缩小""转移"这类"原有义位的变化",总会涉及新的义位的产生。"扩大""缩小""转移"其实是语义演变的结果:当一个义位在特定语境中产生新的义位时,如果将新义与源义进行比较,我们可能会发现,新义在概念外延上有所扩大或缩小,或者在概念内涵上有所改变(转移)。从这个意义上说,"扩大""缩小""转移"跟"隐喻""转喻"以及"褒化""贬化"一样,都是对新义和源义之间差异的刻画,本质上是语义演变的结果。另一方面,如果我们赞成语义演变的多义模式观(语义演变必然会涉及多义模式的产生),

那么，王力先生所说的"如蚕化蛾"这种情形，在语义演变中实际上很可能是不存在的①。

综上所述，我们赞同 Wilkins（1996：269）等学者的看法：语义演变指的是义位的增加（添加新义）或消失（丢失旧义），而非某个义位本身的改变。

尽管语义演变指的是意义的产生和意义的丧失两个方面，但历史语言学家对语义演变的研究主要聚焦于意义的产生而非意义的丧失。这是因为：第一，语言成分意义的丧失通常是混乱无序的，没有规律可循，因而无法预测；反之，意义的产生在很大程度上是有理可据、有规律可循的，且在一定程度上是可以预测的。第二，意义消失的过程通常是以新义产生为前提，而反之则不然，因此意义的产生是语义演变的核心所在。

2.2 语义演变的类型

语义演变的过程可从不同角度进行分类。传统语义学一般按演变的结果来给语义演变分类，譬如"扩大"与"缩小"、"隐喻"与"转喻"、"褒化"（amelioration）与"贬化"（pejoration），等等，这些概念和术语可追溯到 19 世纪末欧洲一些语言学家的文献。

如前所述，如果着眼于演变阶段，语义演变可分为"创新性演变"和"缩减性演变"（Blank，1997；Koch，2016），前者是指新义的产生以及多义模式的形成（=图 2 中的演变 1），后

---

① "如蚕化蛾"这一隐喻的问题是，它隐含了这样一个断言：意义 M1 和 M2 在任何时候都不可能共存（蚕变为蛾后就不复存在，二者不共存），换言之，语言中意义 1 和意义 2 不会以多义模式共存于一个形式。但实际上，任何一种语言（以及一种语言的任何阶段）都广泛存在多义模式。

者是指源义的消亡以及多义模式的消失（=图 2 中的演变 2）。

如果着眼于发生语义演变的编码单位，语义演变可分为"词汇单位的语义演变"和"非词单位的语义演变"。词汇单位的语义演变，顾名思义，是指词义（包括功能词的语法意义）的演变；非词单位的语义演变是指词缀、结构式以及语法范畴等语言成分的语义演变[①]。可见，语义演变不等于词义演变，后者只是前者的一个子集。

如果着眼于意义的性质，语义演变可分为"词汇意义的演变"和"语法意义的演变"。词汇意义属于"内容义"（content meaning），也称"实指义""真值条件义"或"客观性意义"；语法意义属于"程序义"（procedural meaning），也称"非实指义""非真值条件义"或"主观性意义"。一般说来，词汇语类（lexical category）的意义谓之词汇意义；功能语类（function category）的意义谓之语法意义。从这个意义说，词汇意义≠词义，因为功能语类（譬如语法词）的意义亦属词义，但它是语法意义而非词汇意义。

如果着眼于语义演变的动因，语义演变可分为"言者诱发的语义演变"和"听者诱发的语义演变"（Koch，2016）。在言者诱发的语义演变（speaker-induced meaning change）中，第一步也是最关键的一步是，一个给定的言者 S1 利用某个原本编码"源概念"（source concept；SC）的词语（比如"小鲜肉"）表达一

[①] 跟词一样，词缀、结构式以及语法范畴等语言成分的意义也会发生演变，譬如英语派生后缀 -er(e) 历史上发生了"施事＞工具＞处所"的语义演变（Luján，2010：166），汉语的动趋式也经历过"趋向＞结果＞动态"的语义演变，德语现在时范畴历史上发生过"惯常体＞进行体＞将来时"的语义演变。

个新的"目标概念"(target concept; TC)(比如"年轻、帅气的男性"),听者 H1 理解了言者的这一创新,并作为言者 S2 在随后的言语交际中将该创新传递给听者 H2,而 H2 又作为言者 S3 进一步扩散这一创新,如此往复,直至该创新扩散至整个言语社会而规约化。(Koch,2001:225—228;2012:283;2016:29)。如图 3 所示。

$$\boxed{S_1} \longrightarrow H_1 = S_2 \longrightarrow H_2 = S_3 \longrightarrow \cdots\cdots$$

图 3 言者创新(Innovation by the speaker)(Koch,2016:29)

另一方面,在听者诱发的语义演变(hearer-induced meaning change)中,言者 S1 使用一个给定的词语来表达其规约意义,这时 S1 只是传递了该词语的字面意义,并没有进行任何语用或语义的创新,但听者 H1 却从 S1 的话语中"读出"该词语的新意义(听者的创新)。而且,在此后的言语交际中,该听者 H1 作为言者 S2 将这种创新传递给听者 H2,而 H2 作为言者 S3 进一步将这种创新加以扩散,如此往复,直至该创新在特定言语社会中被规约化(Koch,2001:226—229;2012:283—287;2016:30)。如图 4 所示。

$$S_1 \longrightarrow \boxed{H_1} = S_2 \longrightarrow H_2 = S_3 \longrightarrow \cdots\cdots$$

图 4 听者创新(Innovation by the hearer)(Koch,2016:30)

三、词汇演变

3.1 什么是词汇演变

什么是词汇演变？词汇演变应包括哪些内容？这些问题其实并不容易回答。尽管汉语学界研究词汇演变的成果很多，但很少有学者对词汇演变做出明确的界定。这里引用美国语言学家 Natalya I. Stolova（2015：5—6）的一段话作为我们讨论词汇演变的基点：

> （4）词汇演变发生在两个层面，即形式层面（level of form）和意义层面（level of meaning）。因此，我们从定名学（onomasiology）和符意学（semasiology）两个层面来对词汇演变进行分析。定名学研究一个给定概念的不同名称（亦即"形式"或"能指"）。正如 Traugott & Dasher（2002：25）所指出的，定名学聚焦于"颜色、智力这类特定概念域的编码形式的演变和重组"。符意学研究一个给定的词汇项如何获得新的意义。用 Traugott & Dasher（2002：25）的话说，符意学关注的是"多义模式的产生"。概而言之，定名学从某一概念出发，分析用来编码该概念的不同形式（从功能到形式），而符意学则从某一词项出发，探讨该词项能够表达的各种功能（从形式到功能）。

Koch（2016：23）也强调："只有将符意学和定名学两种视角结合起来，才能对词汇演变有一个完整的认识。"[①]

[①] Koch（2016：23）原文：A complete picture of lexical change can only be obtained if the semasiological and onomasiological perspectives are combined。

实际上，很多语言学家（Geeraerts，1997；Traugott & Dasher，2002；Blank，2003；Lehmann，2003；Koch，1999）主张，符意学和定名学是研究词汇演变的两种主要方法（approach）或视角（perspective）。符意学着眼于形式到功能的映射（从语言符号到现实世界），关注的是一个给定的词项如何获得新的意义；与之相反，定名学着眼于功能到形式的映射（从现实世界到语言符号），关注的是一个给定的概念如何获得新的名称或说话人如何为一个给定的概念找到新的表达形式（参见 Traugott & Dasher，2002：25—26）。Traugott & Dasher（2002）分别用图 5 和图 6 来刻画上述两种视角。

$$L \rightarrow \begin{Bmatrix} \text{Form} \\ \text{M1} \end{Bmatrix} > L \rightarrow \begin{Bmatrix} \text{Form} \\ \text{M1+M2} \end{Bmatrix}$$

图 5　符意学视角（Traugott & Dasher，2002：25）

$$\begin{matrix} \text{C} \\ \updownarrow \\ (\text{L1,L2})\ \text{t1} \end{matrix} \quad > \quad \begin{matrix} \text{C} \\ \updownarrow \\ (\text{L1,L2,L3})\ \text{t2} \end{matrix}$$

图 6　定名学视角（Traugott & Dasher，2002：26）

Blank（2003：38）用图 7 来描述定名学和符意学这两种研究方法之间的联系和区别：

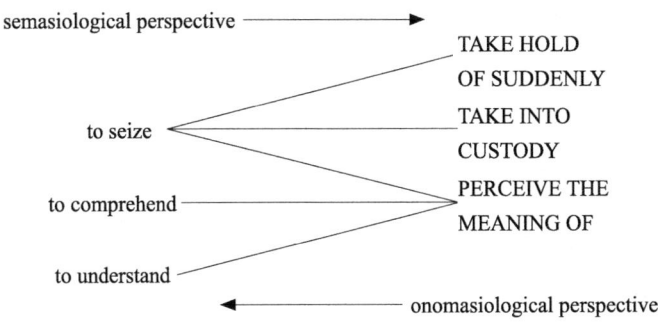

图 7　符意学和定名学（Blank，2003：38）

从符意学角度来说，我们要考察一个形式（词项）具有哪些不同的意义，比如英语动词 seize 的多义模式；而从定名学角度来说，我们需要给 PERCEIVE THE MEANING OF 等概念进行定名。历时层面上，符意学是描述特定词语的语义演变和发展，比如要说明英语动词 seize 历史上如何获得"to take into custody"这种转喻性意义以及"to understand"这种隐喻性意义。另一方面，定名学则聚焦于概念编码方式的演变，比如要说明，PERCEIVE THE MEANING OF 这个概念在英语历史上采用哪些不同的编码形式，其编码过程中词汇演变的路径是什么，等等。

符意学和定名学两种视角的区分也见于中国语言学家的相关论述。例如王力（1958/1980）在讨论汉语"词汇的发展"时就分别从"词是怎样变了意义的"（第 59 节）和"概念是怎样变了名称的"（第 60 节）两个角度进行的[①]。"词是怎样变了意义的"

[①] 王力先生这两个角度的区分，可能源自他的老师房德里耶斯的《语言》（1920/1992）。在这部书里，房德里耶斯将词汇的演变区分为"词怎样改变意义"（第二章）和"概念怎样改变名称"（第三章）两类。

就是符意学的视角,而"概念是怎样变了名称的"则是定名学的视角。

综上所述,从定名学和符意学角度看,词汇演变可大致别为两种基本的类型:

(5) 符意学演变(semasiological change):词的意义演变(语义演变)

定名学演变(onomasiological change):词的编码演变(名称演变)

3.2 词汇演变的内容

词汇演变究竟包括哪些内容,不同的学者可能有不同的看法。我们认为,词汇演变至少包括以下方面。

3.2.1 词义演变。如前所述,词汇演变表现为符意学演变和定名学演变两个方面,而词的符意学演变主要是指词的意义演变(语义演变),包括词汇词的意义演变(词汇意义演变)和语法词的意义演变(语法意义演变)。

3.2.2 词汇的产生。词汇的产生是指特定语言的词库增加了新的词汇成分,这是词的定名性演变。一般说来,词汇产生的途径主要有:

3.2.2.1 构词(word formation)。即利用某种语法规则或形态过程来构造出新的词项。世界语言里,主要的构词手段有"派生"(derivation)、"复合"(compounding)、"类转"(conversion)、"截搭"(blending)、"截短"(clipping)、"省缩"(acronyms)和"逆构"(backformation)等。这些不同构词手段的运作,使语言的词库得以不断增加新的成员。

3.2.2.2 词汇化（lexicalization）。词汇产生的另一途径是词汇化。词汇化有"共时词汇化"和"历时词汇化"之分。共时词汇化是指某一个概念或意义在语言里用一个明确的词汇形式来编码，比如"老师的妻子"这一意义，汉语用"师母"来编码，因此我们可以说，"老师的妻子"这一意义在汉语里被词汇化为"师母"。历时词汇化是指一个句法结构或词汇序列逐渐演变为一个新的词汇成分，譬如"规矩"本指"规"和"矩"两种器具，是个并列短语，后来演变成一个单纯的名词，指一定的标准、法则或习惯（董秀芳，2011：52）。不过，无论是共时词汇化还是历时词汇化，其结果都是给特定语言的词库增加了新的成员。

3.2.2.3 借用（borrowing）。除了构词和词汇化，借用也是语言获得新词的重要途径。任何语言的词库中，总有一些词汇成分（特别是文化词）源自与其有接触关系的语言。譬如现代汉语词汇系统中，有很多常用词，如"咖啡""电话""葡萄""菩萨""结果""玻璃""世界""逻辑""干部""现实"等，均借自其他语言；甚至有些核心词历史上借自其他语言，因为早已融入汉语的词汇系统，以致很难区别于汉语的固有词，如"牙齿"（TOOTH）这一概念，上古汉语用"齿"，"牙"是秦以后借自南亚语（张永言，1989；Norman & Mei，1976）；"哥哥"（ELDER BROTHER）唐代以前只说"兄"，"哥"是唐代借自阿尔泰语（胡双宝，1980；梅祖麟，1997）。事实上，谈词汇的产生和演变，词汇借用是一个绕不开的话题。

3.2.3 词汇的消亡

词汇的消亡是指特定语言的词库减少了既有的词汇成分。跟词汇的产生不同，词汇消亡的原因非常复杂，没有规律可循。

目前所知，词汇消亡的情形主要有两种，一是与社会—历史变迁相关的词汇消亡：某一现象或事物在历史变迁中消失，其编码形式因而变成历史词汇，如"妾""太监""太守""知府"。另一种是与词义演变或词汇场演变相关的词汇消亡，即某种语义演变或词汇演变（词汇场演变）导致相关词汇的消亡。譬如在古典拉丁语里，"舅舅（母亲的兄弟）"和"叔叔（父亲的兄弟）"分别由 avunculus 和 patruus 来表达。在从古典拉丁语到法语的演变中，avunculus 变为法语的 oncle，词义由"母亲的兄弟"变为"母亲或父亲的兄弟"，这一语义演变导致 patruus 在法语中消失（Koch，2016：32）。

3.2.4 词汇的更替

词汇的更替是指某一概念的词汇编码形式发生历时替换，如 EYE 这一概念，古汉语用"目"，近代汉语用"眼"，现代汉语用"眼睛"。词汇的更替尤其常用词的更替，是词汇定名学演变的重要方面，也是近年来汉语词汇史研究着力甚多、成果丰硕的研究领域，其中汪维辉（2000，2018）是这类研究的代表性成果。

3.2.5 词汇系统与词库结构的演变

词汇系统与词库结构的演变也是词汇演变的重要方面，这类演变往往跟词汇场（以及语义场/概念结构）的重组和词汇层级（以及概念层级）的变迁密不可分。在汉语学界，蒋绍愚（2005，2015）已有一些深入的讨论，但整体上无论是普通历史词汇学还是汉语历史词汇学，这方面的研究成果都还比较少见。

综上所述，我们认为，词汇演变是指词汇单位的产生、更替、消亡以及词汇系统或词库结构的变迁,可大致别为符意学演变(词的意义演变)和定名学演变(词的编码演变)两类。

3.3 词汇演变与语义演变的关系

以上我们对词汇演变和语义演变的关系做了大致的分析,但实际上,二者在很多情况下密不可分:一方面有些语义演变的结果往往导致词汇(概念编码形式)的演变,如图8所示:

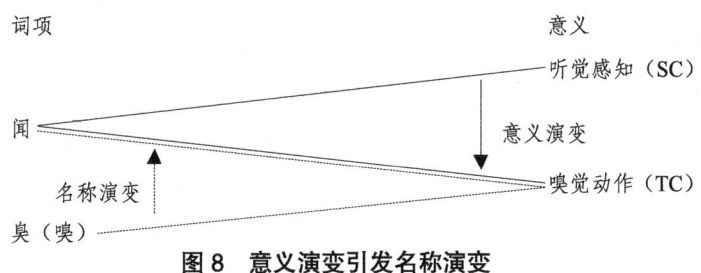

图8 意义演变引发名称演变

上古汉语里,"闻"最初表示"听觉感知","嗅觉动作"则由"臭(嗅)"表达。后来"闻"的意义发生变化,由"听觉感知"演变为"嗅觉动作"。这一语义演变的直接后果是导致"嗅觉动作"这一概念的编码形式由"臭(嗅)"变为"闻",从而发生了名称演变。

另一方面,概念编码形式的演变也会导致语义演变。譬如随着计算机的使用和普及,人类的概念系统里出现了一些与计算机有关的新概念。比如我们非常熟悉的一个概念是"计算机程序中出现在显示屏上的各种命令名称的选项列表",这个概念在英语里被命名为menu(菜单)。这种概念定名的结果是menu这个词项获得了一种新的"隐喻"义。即:

```
menu（菜单）：
                   ↑ 意义（1）：餐馆提供的列有各种菜肴名称的清单  ↓
       概念定名    | 意义（2）：计算机程序运行中出现在显示屏上的    ↓ 意义演变
                                各种命令名称的选项列表
              新概念："计算机程序中出现在显示屏上的各种命令名称的选项列表"
```

图 9　概念定名导致意义演变（新义产生）

但尽管如此，词汇演变与语义演变之间的区别仍不难辨析：第一，词汇演变虽也涉及语义演变，但只有词义演变跟词汇演变有关，而非词单位的意义演变则跟词汇演变无涉；另一方面，词义演变中只有其中的词汇意义演变属于词汇演变的内容，而词的语法意义（作为源义）演变则跟词汇演变关系不大。第二，如上所述，语义演变不仅包含词义演变，也涉及非词单位的意义演变；不仅包含词汇意义演变，也涉及语法意义演变。因此，只有词的词汇意义演变才是语义演变和词汇演变的交集。第三，词汇演变中词的产生、消失和更替以及词汇系统和词库结构的重组与变迁，跟语义演变没有直接关系。第四，语义演变不等于词义演变，后者是前者的子集。

四、历史语义学与历史词汇学

跟语义演变与词汇演变之辨一样，历史语义学与历史词汇学这两个概念之间的关系亦需讨论和明辨。二者之间的联系和区别应该怎样描述？

历史语义学是历史语言学的一个分支学科，它以语义演变为研究对象，讨论人类语言语义演变的路径和模式、机制和动因、共性和制约。尽管语义演变在很多情况下也涉及词汇演变，但历史语义学本身通常不会专门关注词汇演变。因此词汇的产生、消亡以及与意义变化无涉的词汇替代和词汇系统的演变等，不是历史语义学讨论的问题。

历史词汇学假如也是历史语言学的一个分支学科，那么它当以词汇演变为研究对象，研究人类语言里词汇的符意学演变和定名学演变，尤其聚焦于词汇的产生、消亡、更替以及词汇系统和词库结构的重组和变迁。至于符意学演变中，有些语义演变显然不是历时词汇学研究的对象，譬如上述非词单位的意义演变、词的语法意义演变。换言之，历史词汇学研究语义演变主要限于词的词汇意义演变。

五、结语及余论

语义演变和词汇演变是语言演变的两个重要方面，二者密切相关但并非等同。语义演变既包含词的词汇意义演变，也包括非词单位的意义演变，而后者跟词汇演变无关。可见，词的词汇意义演变，既是语义演变的子集，也是语义演变和词汇演变的交集。

词汇演变体现为符意学演变和定名学演变两个方面，前者限于词的词汇意义演变，后者包括词汇的产生、消亡、更替以及词汇系统、词库结构的重组和变迁。

历史语义学以语义演变为研究对象，聚焦于语义演变的路径和模式、机制和动因、共性和制约。历史词汇学以词汇演变为研究对象，不仅关注词的意义演变，更聚焦于词汇编码的产生、消亡、更替以及词汇系统、词库结构的重组和变迁。

语义演变导源于话语过程中言谈双方的意义创新（meaning innovation），但意义创新不等于语义演变，尽管语义演变蕴含意义创新。一个给定的意义创新只有通过不断使用和传播，扩散至整个言语社会而发生规约化，才可以实现为语义演变。但是，一个创新的意义如何规约化？其触发和制约因素有哪些？为什么有的意义创新得以流行和扩散，以致最终实现为语义演变，而有的意义创新并没有扩散开来。以往谈语义演变的动因和机制，其实讨论的主要是意义创新的动因和机制，而不是意义创新扩散、传播的动因和机制。我们认为，语义演变研究的当务之急是，探讨意义创新如何规约化而实现为语义演变的。

参考文献

[1] 董秀芳（2011）《词汇化：汉语双音词的衍生和发展》（修订本），北京：商务印书馆。

[2] 胡双宝（1980）说"哥"，见《语言学论丛》（第六辑），北京：商务印书馆。

[3] 蒋绍愚（2005）《古汉语词汇纲要》，北京：商务印书馆。

[4] 蒋绍愚（2015）《汉语历史词汇学概要》，北京：商务印书馆。

[5] 梅祖麟（1997）"哥"字的来源补正，见余霭芹、远藤光晓编《桥本万太郎纪念中国语学论集》，日本內山书店。

[6] 汪维辉（2000）《东汉——隋常用词演变研究》，南京：南京大学出版社。

[7] 汪维辉（2018）《汉语核心词的历史与现状研究》，北京：商务印书馆。

[8] 王力（1958/1980）《汉语史稿》，北京：中华书局。

[9] 王力（1989）《汉语语法史》，北京：商务印书馆。

[10] 约瑟夫·房德里耶斯（1920/1992）《语言》，岑麒祥、叶蜚声译，北京：商务印书馆。

[11] 张永言（1989）汉语外来词杂谈，《语言教学与研究》第 2 期。

[12] Blank, Andreas (1997) *Prinzipien des Lexikalischen Bedeutungswandels am Beispiel der Romanischen Sprachen.* Tübingen: Niemeyer.

[13] Blank, Andreas & Koch, Peter (eds.) (1999) *Historical Semantics and Cognition.* Berlin, New York: Walter de Gruyter.

[14] Blank, Andreas (2003) Words and concepts in time: Towards diachronic cognitive onomasiology. In Regine Eckardt, Klaus von. Heusinger, and Christoph Schwarze (eds.), *Words in Time: Diachronic Semantics from Different Points of View.* Berlin, New York: Walter de Gruyter.

[15] Geeraerts, Dirk (1997) *Diachronic Prototype Semantics: A Contribution to Historical Lexicology.* Oxford: Oxford University Press.

[16] Kearns, Kate (2002) Implicature and language change. In Jef Verschueren, Jan-Ola Östman, Jan Blommaert and Chris Bulcaen (eds.), *Handbook of Pragmatics: 2000 Installment.* Amsterdam/Philadelphia: John Benjamins Publishing Company.

[17] Koch, Peter (1999) Cognitive aspects of semantic change and polysemy: the semantic space HAVE/BE. In Blank and Koch (eds.) (1999) *Historical Semantics and Cognition.* Berlin, New York: Walter de Gruyter.

[18] Koch, Peter (2001) Metonymy: unity in diversity. *Journal of Historical Pragmatics* 2.

[19] Koch, Peter (2012) The pervasiveness of contiguity and metonymy in semantic change. In Kathryn Allan and Justyna A. Robinson (eds.), *Current*

Methods in Historical Semantics. Berlin & Boston: de Gruyter Mouton.

[20] Koch, Peter (2016) Meaning change and semantic shifts. In Pävi Juvonen and Maria Koptjevskaja-Tamm (eds.), *The Lexical Typology of Semantic Shifts*. Berlin/Boston: Mouton de Gruyter.

[21] Lehmann, Christian (2003) *Functional and Structural Methods in Linguistics (ms.)*. Erfurt: University of Erfurt.

[22] Luján, Eugenio R. (2010). Semantic maps and word formation: Agents, instruments, and related semantic roles. *Linguistic Discovery* 8.1.

[23] Norman, Jerry and Tsu-lin Mei (1976) The Austroasiatics in Ancient South China: Some Lexical Evidence. *Monumenta Serica* 32.

[24] Stolova, Natalya I. (2015) *Cognitive Linguistics and Lexical Change: Motion Verbs from Latin to Romance*. Amsterdam/Philadelphia: John Benjamins Publishing Company.

[25] Trask, R. Larry (2000) *The Dictionary of Historical and Comparative Linguistics*. Edinburg: Edinburg University Press.

[26] Traugott, Elizabeth C. & Richard Dasher (2002) *Regularity in Semantic Change*. Cambridge: Cambridge University Press.

[27] Wilkins, David (1996) Natural tendencies of semantic change and the search for cognates. In Mark Durie & Malcolm Ross (eds.), *The Comparative Method Reviewed: Regularity and Irregularity in Language Change*. New York, Oxford: Oxford University Press.

汉语并合造词法的特质及形成机制 *

张 博

一、引言

汉语常将两个音节共同承载的语义归于其中一个音节，为构造复合词提供语素①或造出单音节词，本文称这种造词法为并合造词法。例如：

(1) 现金＞现（变现、提现、付现、收现、取现、现支／支现）

(2) 模特＞模（女模、男模、车模、衣模、名模、嫩模、学模）

(3) 吃饭＞吃（"吃了吗？""还没呢，你吃过了？"②）

以往有关缩略造词法和词素义合并说的研究涉及与并合造词

---

* 原文发表于《语文研究》2017年第2期。

① 本文遵循学界通例用"语素"指称构词成分，只是在征引文献时偶或遵从作者使用的"词素"或"字"等术语。

② 文中例句的出处及标注方式为：北京语言大学大数据与语言教育研究所BCC语料库标BCC，北京大学中国语言学研究中心语料库标CCL，百度中文搜索引擎标BD。未加标注的例句为作者自拟。

法相关的词汇现象。缩略（或称"简缩""节缩"等）是汉语构造新词的一种方法或途径，例如，"工厂矿山＞厂矿""土地改革＞土改""上呼吸道感染＞上感"等，不少汉语词汇学著作都讨论过这个问题。（详后）还有学者将"机"的"飞机"义这类现象视为"词素间意义的横向合并"（唐子恒，2006）。尽管缩略视角和词义演变视角的研究对认识汉语并合造词法有一定启发，但都未能完全覆盖复合词并合（"现金＞现"）、单纯词并合（"模特＞模"）和词组并合（"吃饭＞吃"）这三种词汇现象，也不利于透视其共同的本质特性，并对其形成机制予以统一解释。因此，本文将"现金＞现""模特＞模""吃饭＞吃"统一地视为并合造词法的产物，对照缩略造词法和词素义合并说分析汉语并合造词法的特质，并立足于汉语词汇特征和文字特征探讨并合造词法的形成机制。

二、汉语并合造词法的特质

2.1 并合与缩略有什么区别

"缩略"（abbreviation）是人类语言普遍的造词法或词汇化途径之一，西方学者通常将缩略而来的词语概括为：首字母缩写词（initialism），如"VIP＜very important person（贵宾）"；缩略词（acronyms），如"TESOL＜Teaching English to Speakers of Other Languages（对说其他语言者的英语教学）"；截短词（clippings），如"tec＜detective（侦探）"；截搭词（blends），如"blog（博客）＜weblog（网页日志）"（Fromkin, V. & R. Rodman, 1988: 148—150; Crystal, 1997: 1; Brinton, L. J. & E. C.

Traugott, 2005: 64—71)。我国不少现代汉语词汇学著作都提到了"缩略/简缩/节缩/简略造词法",如张永言(1982: 89)、刘叔新(1990: 101—104)、葛本仪(2001: 103—105)、亢世勇等(2008: 52)等。有些古汉语词汇研究论著也指出,汉语史上有些新词是通过"简缩"或"缩略"产生的,如"常例<常例钱""左近<'左右''附近'"(顾之川,2000: 205—207),"世间/俗间/俗世<世俗间""如言<如其言"(周俊勋,2006: 220—224)。

从表面上看,汉语缩略造词法与并合造词法有相通之处,都是对较长的语言成分做截短处理,由保留下来的部分承载原形式的意义。不过从截短驱动以及形式、语义和使用等方面进行观察,可以看出并合与缩略有着本质上的区别,实属不同的词汇现象。

1)从截短驱动看,"缩略是表意固定、高频率使用的多音词、词组,在整体意义不变的前提下,出于表达上的需要,截取其中部分形式凑合成一个结构残损的新形式来代表原来的全形式,把它作为一个话语的基本单位在句中使用"(俞理明,2005: 31)。也就是说,缩略的驱动力是实现表达上的简洁经济。正因为如此,有些学者将"缩略""节缩"等定性为"修辞转化"造词法或"修辞造词法"(李如龙,2004;陶炼等,2008: 133—135)。还有学者明确指出,"简称是词或词组的简缩,不是造词的问题"(任学良,1981: 279)。而并合的驱动力在于为构词造句提供符合节律需求的新的语言成分,也就是说,形式的截短并不是终极目的,重要的是为了构词造句而将原双音节承载的语义做归一化处理。对于这一点,吕叔湘先生早已洞悉,他指出,汉语中有些"双音词,在组合之内也常常被压缩成一个字"。例如:

芝麻：麻油，麻饼，麻酱

胡琴：二胡，京胡，板胡，高胡（吕叔湘，1963）

这里，吕先生用"压缩"而没用"缩略""节略""省略"等提法，表明相较于形式上的截短，他更看重意义上的并合；另外，指明双音词"在组合之内"被压缩，也昭示出此类并合的驱动力在于为复合词造出一个合格的构词语素。

2）从形式上看，缩略的原形式通常是多音节的，缩略形式通常是双音节或三音节的，即"多＞双/三"的缩略，例如，"第二次世界大战＞二战、奥林匹克运动会＞奥运会"。而并合的原形式通常是双音节的，并合形式是单音节的，即"双＞单"的并合。

3）从语义上看，经由缩略保留下来的成分通常只能在缩略词语中对应原形式中某一成分的语义，离开特定的缩略词语则往往不能表示该意义。例如缩略词"挂漏"中的"挂"承载的是"挂一"义，"漏"承载的是"漏万"义，一旦离开"挂漏"这个缩略词，"挂"就不能再表示"挂一"，"漏"也不能再表示"漏万"。因此，不少缩略词语中的存留成分虽然形式相同，可对应的原成分却不同。例如以下缩略词语中的"家""特""人""民"：

（1）家暴＜家庭暴力、家电＜家用电器

（2）特教＜特殊教育、特警＜特种警察、特区＜特别行政区

（3）人大＜人民代表大会、人弹＜人体炸弹、人防＜人民防空、人流＜人工流产

（4）民调＜民意调查、民航＜民用航空、民警＜人民警察、民企＜民营企业、民庭＜民事法庭

并合成分是用于构词造句的,因而易于实现语素化或词化,在不同情况下都表示原形式的意义。例如,由"媒体"并合而来的"媒"已经语素化,可以在多个复合词中表示媒体义:央媒、外媒、地媒、数媒、媒曝、媒治[1]等;由"离婚"并合而来的"离"目前已经词化[2],可以在多种语境中表示离婚义:"家暴、劈腿又失信这样的极品老公早就该离了"(BD)、"如果女方不想离,而男方想离,怎么办?"(BD)、"离不了就凑合着过吧"。

4)从使用上看,缩略词语都有与其对应且可自由替换的完全形式,例如:

(1)一些简单易行的做法对预防流感/流行性感冒也是有作用的。

(2)我以为他仅说说而已,没想到,第三天我就收到了他寄来的快递/特快专递。

而由并合语素构成的复合词则大多没有与其对应的完全形式,如"变现/*变现金""嫩模/*嫩模特";句子中单用的并合词有时也不宜替换为完全形式,如"离/*离婚不了就凑合着过吧"。

需要指出的是,并合法与缩略法虽然是两种不同的造词法,但其间并没有截然的界限,在很多情况下,并合造词可能始于一个较长形式的某个部分的节略。例如,"女粉""职粉""粉们"

---

[1] "媒曝""媒治"收入了《2010汉语新词语》(侯敏、周荐主编,2011)。

[2] 不过《现代汉语词典》(第7版)"媒"下尚未收录媒体义,"离"下尚未收录离婚义。

最初可能是"女粉丝""职业粉丝""粉丝们"的缩略,原形式中的"粉丝"被节略为"粉"。由于这些缩略形式的频繁使用强化了"粉丝"与"粉"的语义对应关系,以至"粉"固化地拥有了"迷恋、崇拜某人或某事物的人"这个意思,使语言社团可以不必经由一个先在的"X粉丝"或"粉丝X"的形式,直接在"粉丝"的意义上用"粉"造出不少新词,例如"韩粉"(崇尚韩国文化或产品的人)、"黑粉"(恶意挑拨选手或选手与粉丝之间关系的人)、"果粉"(美国苹果公司电子产品的粉丝)、"死粉/活粉"(微博上没有/有活跃度的粉丝)等;"粉"甚至发展出了原形式所没有的意义和用法,表示"做……的粉丝;拥护推崇",例如"大哥,咱俩互粉一下呗"(BD)、"他好在哪里值得我粉他十二年"(BD)。这一案例表明,有些"并合"与"缩略"有着承续关系。判别一个双音节词是经由缩略而来还是由并合语素构造出来的,关键要看它有没有一个先在的且可自由替换的完全形式:如有,是缩略;如无,则属并合。

2.2 并合造词与词义合并孰因孰果

唐子恒(2006)指出,"两个词组合后,语义的运动使组合体中的一个词获得了整个组合体的意义"。也就是说,两个语言成分的组合,"可能引起意义的合并,即把原来两个组合成分的意义合并后由其中一个成分表示,从而形成另外一种意义发展演变途径"。唐文重点讨论了"词素间意义的横向合并",列举了不少由横向合并产生的新义项,例如,"编"的"编制"义(在编、超编、编外)、"调"的"调查"义(函调、调研)等。这类词汇现象与本文开头列举的"现金>现"这种并合类型基本相同①，但我们之所以不把它看作词义演变现象，而视为一种造词现象，主要是出于对并合造词与词义合并这两者之间因果关系的考量。我们认为，并合造词是因，词义合并为果。理由是，汉语构造单音节词或语素时将原来两个词汇成分共同承载的语义归于其中之一，这时候的语义"合并"或"并合"是造词驱动的语义操作；只有当单音节成分真正实现语素化或词化，才能说它在原有意义之外增加了新的意义，这个新义是并合造词的结果，而不是来自纯粹的"语义的运动"。也就是说，是并合造词导致词义合并，而不是词义合并引发并合造词。着眼于这一点，我们倾向于把"现金＞现"这类词汇现象视为并合造词法的产物，并在这个前提下探讨并合造词法对汉语词义发展的影响②。

另外，词素义合并说不能涵盖基于双音节单语素词的并合造词现象。例如"模"有"模特"义和"巴"有"巴士"（大巴、中巴）义，都不能归于"词素间意义的横向合并"，因为在"模特""巴士"中，"模"和"特"、"巴"和"士"不是作为构词成分的词素，自身没有意义，因而谈不上"词素间"意义的合并。只有将"现金＞现"和"模特＞模"都视为造词法的产物，才有利于探讨这些词汇现象的共性及其背后的形成机制。

2.3 并合："双＞单"的词汇成分创造方式

在与缩略造词法和词素义合并说进行对比的基础上，我们可以清楚地认识到，并合造词法不同于缩略造词法，也不是一种独立运作的词义演变现象，而是汉语单音节词汇成分的一种创造

---

① 之所以说"基本相同"，是因为唐文个别例证实际上不属于其所讨论的"横向合并"，如"介"的"介绍"义（简介）是"介"古已有之的意义。

② 笔者将另撰专文讨论这个问题。

方式。

从造词材料来看，发生并合的原形式可以是词组、复合词，也可以是单纯词，其共同之处在于都是双音节语言成分[①]。

从造词结果来看，并合而成的可以是词，也可以是语素，其共同之处在于都是单音节词汇成分。

造词材料和造词结果的关系可图示如下：

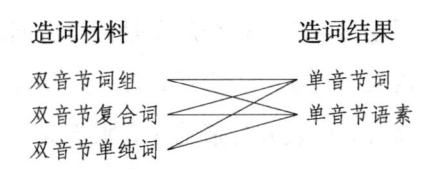

```
造词材料              造词结果
双音节词组    ╲╱    单音节词
双音节复合词  ╳
双音节单纯词  ╱╲    单音节语素
```

下面列举三种造词材料分别产生的两种造词结果：

1）a. 双音节词组＞单音节词：挣钱＞挣，如：这么辛苦，一年能挣多少？（CCL）

　b. 双音节词组＞单音节语素：喝酒＞喝，如：连续几天不怎么睡觉，连续几天喝高[②]。扛不住。（BCC）

2）a. 双音节复合词＞单音节词：批评＞批，如：上次我用手机让我们家旺爷爷看见，他还批了我一顿。（BCC）

　b. 双音节复合词＞单音节语素：放映＞映，如：映期、播映、公映、热映、上映、首映、献映、展映

[①] 个别并合成分可能来自三音节词或词组，如"上网""网民""网友"中的"网"，或许是"互联网"的并合；"老板要炒我怎么办？"中的"炒"是"炒鱿鱼"的并合。由于这种情况较为罕见，本文暂且忽略。

[②] "喝高"虽然未被收入《现代汉语词典》，但口语中常用（BCC语料库约有1 000例），其结构凝固，意义并非语素义的简单相加，具备复合词的基本特征。

3）a. 双音节单纯词＞单音节词：拷贝＞拷，如：如何把电脑上的照片拷到 IPAD 上？（BD）

b. 双音节单纯词＞单音节语素：的士＞的，如：的哥、的姐、打的、面的、摩的、货的、板儿的、轿的

本文着眼于并合的原形式，将汉语并合造词法分为双音节词组并合（"吃饭＞吃"）、双音节复合词并合（"现金＞现"）和双音节单纯词并合（"模特＞模"）三种类型，这三种造词方式以其共有的属性特征迥异于复合与派生等主流构词法。复合与派生都是通过语素组合的方式构造新词。从词形上看，经由语素组合，复合词和派生词的词形会比原来任一语素都长；从语义上看，不论是复合词中的词根，还是派生词中的词根和词缀，都对新词有不同程度的语义贡献，而不会完全等同于新词[①]。并合法则是将两个音节共同承载的语义归于一个音节，从而造出一个形式上与原形式存在单双音节对立而意义上则与原形式完全相同的新的词汇成分。

三、汉语并合造词法的形成机制

上文说明，缩略造词法和词素义合并说的研究对象与并合造词法不尽相同，这只是问题的一个方面。从另一个方面来看，不论是缩略的目的还是词素义合并的原因都难以解释汉语并合造词法的形成机制。缩略的目的是使语言表达更为经济，可是发生并

---

① 汉语中有些同义并列式复合词的语素义基本上等同于词义，如"具备""恐惧"等，这属于汉语中较为特殊的词汇现象。关于这个问题，笔者将在后续的文章中加以讨论。

合的原形式通常只有两个音节，完全符合汉语标准韵律词的音步要求，并不是过于冗长的语言形式。至于"复音词的词素之间之所以容易发生语义上的横向合并"，唐子恒（2006）分析：首先，是语言成分之间意义的运动变化的结果；其次，复音词的词素之间存在紧密的组合关系；再次，语言实践的经济原则发挥作用。唐文归纳的这三个原因中，第三个原因与缩略的动因相同，不能解释并合造词。至于第一个原因，前文已经指出，词义合并是由并合造词促发的，而不是语义自行运动的结果。因此，这个原因既不能解释词义合并，更不能解释并合造词。第二个原因也缺乏针对性，因为"复音词的词素之间存在紧密的组合关系"，这是结构上具有凝固性的复合词的基本特征，可是，具有这一特征的复合词并非都能并合为单音节词。那么，怎样才能正确认识汉语并合造词法的形成机制？毫无疑问，这要从并合造词法的特质入手。

并合造词法是一种基于双音节语言成分创造单音节词汇成分的方式，既然单音节新成分与双音节原形式意义无别，那么，并合造词的作用力就应当来自汉语词汇的形式特征，而与单双音节相关的词形特征就是词长。此外，并合造词还受到汉字类型特征的制约。

3.1 词长制约

汉语的词长对造词法有很强的制约作用，从古至今，一向如此。

上古时期，汉语词的典型词长是单音节。单音节词长特征抑制了复合与派生等合成式构词法的发展，迫使原词通过自身意义和（或）形式的变异孳生新词，也就是说，要在单音节—单语素格局内造词，确保新造之词仍是单音节词。例如：

(1) 鱼—渔_{捕鱼}
(2) 研_{细磨}—砚_{磨墨用的砚台}
(3) 折（zhé）_{折断}—折（shé）_断
(4) 子—崽（《方言》："崽者，子也。湘沅之会，凡言是子者谓之崽。"）
(5) 迎—逆（《说文》："逆，迎也。关东曰逆，关西曰迎。"段注："逆迎双声，二字通用。"）

从词长来看，这种孳乳式造词法是一种"单＞单"造词法，符合上古汉语单音节词长特征，因而是上古汉语的强势造词法。很多源词或词源形式有很强的孳衍能力，由其孳生及递相孳生的同族词常常多达十余个甚至数十个，例如"夹"族词、"军"族词、"举"族词等（张博，2003：49—50，117—123，374—389）。

汉语词汇复音化以来，词的长度由单音节为主延展为以双音节为主，"单＋单＞双"的复合法因之成为最能产的造词法。在双音节复合词大量产生之后，怎样利用已有的双音节词再构造出新词？在双音节词长的制约下，汉语的解决途径是，先用并合法把双音节承载的原词（或词组）的意义归于其中一个音节，然后再用这个并合语素与其他单音节语素组合，以使构造出来的新词仍然维持双音节格局。由此而言，并合造词的直接驱动力主要是为复合造词提供造词材料，是复合造词的次生现象，也就是说，并合在很大程度上是复合造词的先决条件。

古汉语中已有一些源于复合词并合的单音节语素，例如，"储德""储妃""储傅""储宫""储躬""储号""储季（太子之弟）""储隶（太子的属官）""储命""储位""国储""皇储""立储""废储"中的"储"是由"储主"或"储君"并合而来，"经期""经水""经血""经闭""痛经"中的"经"是由"月经"并合而来。在现代汉语中，越来越多的双音节复合词使用并合语素来构造，出现了一些构词力极强的并合语素。例如，据《现代汉语词典》（第7版）（以下简称《现汉》），源于"警察"的并合语素"警"构成的双音节复合词多达30余个：警车、警笛、警方、警风、警服、警官、警棍、警号❷、警花、警徽、警纪、警力、警龄、警容、警嫂、警探、警务、警衔、警械、警种；乘警、法警、干警、岗警、海警、交警、空警、路警、民警、武警、刑警、巡警、狱警。

有时，为了维持新词的双音节格局，构词语素还有可能来自二次并合，例如：

（1）警察＞警车＞警灯

（2）展览＞展品＞展柜

（3）掐指＞掐算＞掐点儿

"警车"中的"警"是"警察"的并合，"警灯"中的"警"又是"警车"的并合；"展品"中的"展"是"展览"的并合，"展柜"的"展"又是"展品"的并合；"掐算"中的"掐"是"掐指"的并合，"掐点儿"的"掐"又是"掐算"的并合。

汉语中受双音节词长制约的复合词，由于使用并合语素做构词成分，使其结构特征不同于形态发达且词长富有弹性的语言中的合成词。Bloomfield（1955/1980：277）指出，"在具有复杂形态的语言中,我们可以这样去观察形态的层序(ranking):一个合成词可以被描写为恰好是各种不同的复合成分、附加成分、变化成分等等依照一定的次序加在基础形式上那样。"例如,英语 actresses(女演员们)这个词,首先,是由 actress 和 [-iz] 组成的;actress 本身又是由 actor(演员)和 -ess 组成的;最后,actor 是由 act(表演,动作)和 [-ə] 组成的。按照 Bloomfield 的分析,可以把 actresses 的形态结构区分为以下几个层级(ranks):

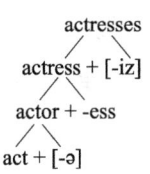

```
         actresses
         /
    actress + [-iz]
    /
 actor + -ess
 /
act + [-ə]
```

汉语中含有并合成分的复合词在结构上也存在着层级,所不同的是,不是形态结构层级,而是语义结构层级。例如"掐点儿"的结构层级是:

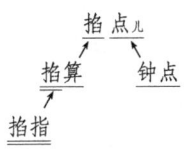

```
        掐点儿
        ↗   ↖
      掐算   钟点
      ↗
     掐指
```

从总体上来看,汉语并合造词法的主要功能是为复合词提供单音节构词语素,这是汉语词汇双音化以来占优势地位的词长模式作用的结果。尽管有一些并合成分的组合能力较强,乃至于《现汉》为其标注了词性,将其视为能单用的词,可实际上这些并合成分在节律上还是非常受限的,通常只与其他单音节语素组配,充当双音节复合词的构词成分。例如《现汉》将由"薪水"并合而来的"薪"标注为名词,但它只能出现于:停薪、调薪、讨薪、发薪、领薪、减薪、加薪、涨薪、扣薪、降薪、罚薪、日薪、月薪、年薪、底薪、高薪、密薪（制）等"单+单"的双音节复合词中，不能出现在"停发薪""薪增加"等"双+单"或"单+双"的结构中。

然而一个明显的事实是，虽然不少动词性的单音节并合成分可用于构词，例如并合"退休"的"退"可构成"离退""待退""延退""退龄""内退""荣退""裸退"等，并合"面试"的"面"可构成"初面""二面""单面""群面"等，但很多情况下（尤其在口语中），单音节动词性并合成分是可以单用的"词"，除了上文列举的"吃""离""挣""批"之外，再如：

（1）退休＞退：国家规定女55退是真的吗？（BD）

（2）面试＞面：给我点建议吧！你们都是面了几家公司才找到的工作？（BD）

（3）花钱＞花：土豪千万家产娶了拜金女，最后不得不离婚，真养不起，太能花了。（BD）

（4）否决＞否：说不清楚，我就一票否了你。（CCL）

（5）甩卖＞甩：山地车，便宜甩啦，快来看看！

（6）批发＞批：我们从广东、福建等地就进鲜荔枝40车皮，共1200吨。我们批给小贩是4元钱一斤。（CCL）

（7）装修＞装：看了这些卫生间设计，真的想把自己家的拆了重装！（BD）

这些并合而来的单音节动词为什么没有融入汉语词汇双音化的洪流，反倒逆潮流而动，走上由双返单的回头路？我们认为，这是由现代汉语动词的典型词长决定的。刘丹青（1996）探讨了汉语词类和词长的相关性，通过多种统计数据及名词和动词词长差异的具体表现，有力地证明现代汉语"动单名双"的大势（口语中动词的单音节性尤为凸显），并从形态和句法两个方面分析了名词和动词词长差异的原因以及汉语的节律对形态和句法的制约作用。

受动词单音节词长优势的制约，当代汉语中很多新兴的或近来高频使用的双音节词在口语中迅速产生了单音节动词形式，例如：

（1）你试试用 ps 打开截图，再 Ctrl+ 鼠标拖动到你要<u>粘</u>的地方试试。（BD）（粘＜粘贴）

（2）为了方便大家我把攻略<u>贴</u>过来。（BD）（贴＜粘贴）

（3）侯月线具体都包括哪些站？有条件的帮忙<u>百</u>一下，越详细越好。（BD）（百＜百度）

（4）好久没<u>博</u>了，今天仔细想想还是有一些流水账值得记一下的。（BD）（博＜博客）

（5）<u>登</u>了一下午铁路客户中心网站都<u>登</u>不上去，你们<u>登</u>的上不嘛。（BD）（登＜登录）

（6）尔雅课听过了，这学期又选了，不看会不会<u>挂</u>了？（BD）（挂＜挂科）

（7）密码<u>输</u>不进去，手机还一直说话，什么原因？（BD）（输＜输入）

由此看来，动词性并合成分不论是用于构造双音节词，还是作为单音节动词独立使用，都要受现代汉语动词词长模式及其语体特征的制约。

这里需要提及的是，以往有学者注意到，"双音节语词的节略也会引起单音节词词义的变化"，导致词义缩小。例如，"作贼"

是魏晋南北朝时期的一个习语，指造反、叛乱，后节略为"作"（《南齐书·沈文秀传》："宋明初，九州同反，鼠辈但作，看萧公雷汝头。"），"这样一来，'作'就不仅泛指各种作为，还常常专指造反、作乱这种行动，词义实际上是缩小了"（蔡镜浩，1989）。还有学者指出，从语义构成看，上古汉语的"食"和"饮"均可分为及物和不及物两个变体：不及物的"食""饮"既表示动作，也隐含了对象"饭""水/酒"，是上古汉语表达"吃饭""喝水/酒"事件的基本形式；及物的"食""饮"只表示动作，不隐含对象。类似的现象也见于其他语言（贾燕子、吴福祥，2017）。如果仅就"作：作贼""饮：饮酒"这类单双音节词语的对立来看，定性为"节略导致的词义缩小"和"及物不及物交替"也不无道理。然而现代汉语单音节并合动词的来源，并不限于动宾式复合词或动宾词组，还包括状中式（下载、甩卖）、并列式（装修、粘贴）及双音节单语素动词（拷贝）等。这些源于非动宾式词语的单音节动词，无法用词义缩小来解释，如下一首歌的"下"与上下的"下"、甩卖货物的"甩"与抛扔义的"甩"不存在词义范围大小的问题；"拷贝"中的"拷"本身没有意义，更谈不上词义缩小。另外，上古汉语"食""饮"同时存在及物和不及物两个变体，也与现代汉语"花钱＞花""挂科＞挂"这类由双到单的词语衍生现象不同。因此，我们认为，本文列举的各种结构类型的双音节动词单音化的性质是相同的，都是受汉语动词单音节词长优势制约的并合造词，也就是说，只有用"并合造词"才能对上述各类双音节动词衍生出单音节动词的现象做统一的解释。

3.2 汉字类型特征制约

在构造新词（包括非词成分词化）的过程中，所有语言都会面临一个普遍的问题，即，既要整合两个或两个以上构词成分的意义，又要控制新造之词的长度。至于采用哪些手段控制新词的长度，在很大程度上取决于这种语言的文字类型及其特征。

对于使用音位文字的语言来说，一个字母通常代表一个音位，因而可以较为方便地采用多种"合义且合音"的方式控制新词的长度。比如英语可截取每个构词成分的首字母单独发音构成首字母缩写词（如"VIP"），也可截取每个构词成分的首字母加以拼读构成缩略词（如"TESOL"），还可从两个词中各取一部分合在一起构成截搭词（如"blog"）。而汉语使用的是方块汉字，汉字所代表的语言单位基本上是"词"或"语素"，因之被称为"表词文字"（word-writing）或"语素文字"（morphemic writing）（Bloomfield，1955/1980：360；Hockett，1958：578）。汉字所代表的语音单位是音节，当要控制词或语素组合的长度时，跨音节的音位拼合难以实现，即便偶有来自"急读"或"音切"的所谓合音词，例如"扶摇＞飙、即灵＞精、不用＞甭"，也无法从文字上直观地反映出音位的拼合。正是由于汉字这种类型特征的制约，汉语在合取构词成分的意义创制新词时无法通过合音控制词长，只能走"合义舍音"之路，这也是汉语并合造词法形成的重要原因之一。

四、结语

汉语双音节词或词组的"并合"是因应再造双音节词或符合

节律的单音节动词的需求,而不是把超长词语压缩节略成一个简短形式以方便称说,故不宜将词语并合混同于词语缩略。在现代汉语中,由于多种结构类型的双音节词都可以并合为单音节动词,而"词义缩小"或"及物不及物交替"等理论不能解释所有的"双$_x$>单$_动$"现象。因此,我们主张把两个音节共同承载的语义归于其中之一而衍生的新词或新语素统一地视为并合造词法的产物,这样更有利于观察词汇特征和文字的类型特征对造词法的影响,也便于探讨词语衍生与词义发展的互动关系,进而推进多义词与同音形词的区分、单双音同义动词语法特征及词义辨析、词典对并合义的收录原则及并合成分的释义方式、汉语第二语言学习者对并合语素及其复合词意义的识解、含并合语素的复合词教学等有关问题的研究。

参考文献

[1] 蔡镜浩（1989）魏晋南北朝词语考释方法论——《魏晋南北朝词语汇释》编撰琐议,《辞书研究》第 6 期。

[2] 葛本仪（2001）《现代汉语词汇学》（修订本）,济南:山东人民出版社。

[3] 顾之川（2000）《明代汉语词汇研究》,郑州:河南大学出版社。

[4] 侯敏、周荐主编（2011）《2010 汉语新词语》,北京:商务印书馆。

[5] 贾燕子、吴福祥（2017）基于词汇类型学视角的汉语"吃""喝"类动词研究,《世界汉语教学》第 3 期。

[6] 亢世勇等（2008）《现代汉语新词语计量研究与应用》,北京:中国社会科学出版社。

[7] 李如龙（2004）汉语词汇衍生的方式及其流变,见苏新春、苏宝荣《词汇学理论与应用》（二）,北京:商务印书馆。

[8] 刘丹青（1996）词类和词长的相关性——汉语语法的"语音平面"丛论之二，《南京师大学报（社会科学版）》第 2 期。

[9] 刘叔新（1990）《汉语描写词汇学》，北京：商务印书馆。

[10] 吕叔湘（1963）现代汉语单双音节问题初探，《中国语文》第 1 期。

[11] 任学良（1981）《汉语造词法》，北京：中国社会科学出版社。

[12] 唐子恒（2006）词素间意义的横向合并，《山东大学学报（哲学社会科学版）》第 5 期。

[13] 陶炼、贺国伟、陈光磊、彭增安（2008）《改革开放中汉语词汇的发展》，上海：上海人民出版社。

[14] 俞理明（2005）《汉语缩略研究——缩略：语言符号的再符号化》，成都：巴蜀书社。

[15] 张博（2003）《汉语同族词的系统性与验证方法》，北京：商务印书馆。

[16] 张永言（1982）《词汇学简论》，武汉：华中工学院出版社。

[17] 中国社会科学院语言研究所词典编辑室（2016）《现代汉语词典》（第 7 版），北京：商务印书馆。

[18] 周俊勋（2006）《魏晋南北朝志怪小说词汇研究》，成都：巴蜀书社。

[19] Bloomfield, L. (1955) *Language*. London: George Allen & Unwin Ltd. 布龙菲尔德（1980）《语言论》，袁家骅等译，北京：商务印书馆。

[20] Brinton, L. J. & E. C. Traugott (2005) *Lexicalization and Language Change*. Cambridge: Cambridge University Press. 劳蕾尔·J. 布林顿、伊丽莎白·克洛斯·特劳戈特（2013）《词汇化与语言演变》，罗耀华等译，北京：商务印书馆。

[21] Crystal, D. (1997) *A Dictionary of Linguistics and Phonetics*. Oxford: Blackwell Publishers Ltd. 戴维·克里斯特尔编（2000）《现代语言学词典》，沈家煊译，北京：商务印书馆。

[22] Fromkin, V. & R. Rodman (1988) *An Introduction to Language*. 4th ed. New York: Holt, Rinehart and Winston, Inc.维多利亚·弗罗姆金、罗伯特·罗德曼（1994）《语言导论》，沈家煊等译，北京：北京语言学院出版社。

[23] Hockett, C. F. (1958) *A Course in Modern Linguistics*. New York: Macmillan.霍凯特（2002）《现代语言学教程》，索振羽、叶蜚声译，北京：北京大学出版社。

三音词语的韵律—结构—语义界面调适*

——兼论汉语词法的界面关系

孟 凯

近年来,汉语的三音词语①有明显增加的趋势(韩晨宇,2007;张小平,2008:294;邱雪玫、李葆嘉,2011;刘楚群,2012;惠天罡,2014;刘中富,2014;程荣,2015等)。学界对三音词语的研究有的侧重于探讨其韵律特点及韵律与结构形式的对应关系,如[1+2]结构以动宾式(开玩笑)为主,[2+1]结构以偏正式(宽心丸)占绝对优势,[1+1+1]结构不多,主要是联合式(短平快)、补充式(舍不得)、主谓式(面对面)(吕叔湘,1963;吴为善,1986;齐沪扬,1989;Lu & Duanmu,2002;卞成林,1998;王洪君,2001;王新宇,2009;罗树林,2014等);有的注意到了特殊的三音结构"$V_{单}+X+N_{单}$"(戴

---

* 原文发表于《中国语文》2016年第3期。
① 未径称"三音词",是因为三音节是否都是词尚无定论。《现代汉语词典》(第6版,下文简称《现汉》)给很多名词性的三音节标注了词性,动词性的一般都不标注词性。可见,《现汉》对后者的"词"归属持审慎态度。因此,本文笼统地称"三音词语"。

绿帽、吃干醋）的语义构成和语义发展（周荐，2004；杨书俊，2005；李慧，2012等）。不过，三音词语远没有像双音节那样得到重视（董秀芳，2014），尽管它在汉语构词法上"有着双音节不可替代的作用"，如"词语的层面上就可以形成最典型的汉语的基本结构'主+动+宾'型的格式，如'胆结石'、'鬼画符'、'面对面'等"（郑庆君，2003）。其实，三音词语的韵律（prosody）、结构（structure）和语义（semantic）三者之间的界面（interface）特征也比较明显，只是还没有得到学界的足够关注。因此，本文拟从韵律—结构—语义的界面关系这一角度来研究三音词语。

一、三音词语的典型结构类型及其界面和谐

1.1 三音词语的典型结构类型

三音词语涵盖了偏正式（保险柜）、动宾式（闯天下）、补充式（来不及）、主谓式（脑震荡）、联合式（高精尖）、重叠式（白茫茫）、派生词（老好人、工业化）、外来词（可卡因）等诸多类型，其中，偏正式最多，占80%左右，动宾式次之，占10%左右，二者合计占到90%以上（卞成林，1998；郑庆君，2003），是三音词语的典型结构类型。

对偏正式和动宾式三音词语的研究主要集中于：

（1）韵律上，偏正式以［2+1］为主，动宾式以［1+2］占绝对优势。

（2）词类分布上，偏正式倾向于呈现名词属性，动宾式主要呈现动词属性。

（3）结构层次上，除构成成分2是单纯词（卡丁车）或专名（中山装）的三音词语具有单层结构关系外，多数情况下，三音词语都体现出双层结构关系，如"节能灯"是[2+1]定中式，2（节能）是动宾式；"够朋友"是[1+2]动宾式，2（朋友）是联合式。

（4）语义上，多为名词性的[2+1]偏正式体现的是2对名词性1的限定或修饰，多为动词性的[1+2]动宾式体现的是动词性1与名词性2丰富的语义关系[①]；还有一种嵌入式"$V_单$+X+$N_单$"（敲边鼓、睡懒觉）中的X并不与$N_单$构成名词性2，而是与"$V_单$+$N_单$"所表示的事件发生语义关系。（参见吕叔湘，1963；吴为善，1986；齐沪扬，1989；冯胜利，1996；卞成林，1998；郑庆君，2003；周荐，2004；吕长凤，2005；杨书俊，2005；李慧，2012；董秀芳，2014等）

通常情况下，三音词语保持着韵律—结构—语义的界面和谐，即韵律、结构与语义具有对应（correspondence）关系。本文将以偏正式和动宾式这两种典型的结构类型为例，简要分析一下三音词语的主流性界面和谐。

1.2 偏正式三音词语的界面和谐

偏正式三音词语的结构关系是定中（敬老院）或状中（百日咳），[2+1]结构占了近八成（卞成林，1998）。一般的偏正式三音词语的语法结构和语义结构都是双层的，无论是[2+1]式（北极熊、热水袋），还是[1+2]式（活地图、总动员），

---

① 与动宾结构包括受事、施事、方式、工具、时间、处所、结果等多种语义关系一致。

其中的双音成分几乎都是语义和功能独立的词语,整体与单音成分产生语义关联,体现着限定或修饰的语义关系;双音成分内部还有一层语法语义关系。与单音成分构成三音词语前后,双音成分的结构和语义保持不变。可以说,偏正式三音词语普遍实现了韵律—结构—语义的界面对应。(见图1,以"热水袋"为例)

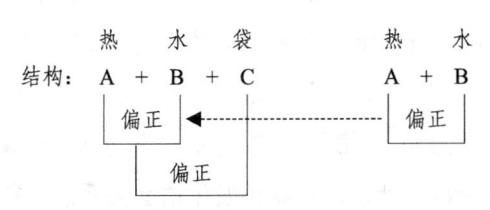

```
         热   水   袋              热   水
结构:   A + B + C              A + B
        └─偏正─┘◀----------    └─偏正─┘
            └偏正┘

语义:盛热水的橡胶袋
```

图 1　[2+1] 偏正式三音词语(热水袋)的语法语义结构图[①]

1.3 动宾式三音词语的界面和谐

动宾式三音词语中,[1+2]结构占到了近98%(卞成林,1998),优势相当明显。因此,我们就以[1+2]结构为例来分析动宾式三音词语的界面和谐。

一般而言,[1+2]动宾式三音词语是一个 $V_{单}$ 和一个 $NP_{双}$ 的组合,如"撑场面、煞风景、没说的",韵律和结构和谐匹配,语义往往是引申义,如"撑场面"中的"场面"用的是"表面的排场"义,"煞风景"整体比喻使人扫兴,"没说的"则是一个包括三个意义的多义词语。这些引申义虽然没有在字面上与[1+2]动宾结构形成对应,但也没有打破其韵律与结构的和谐,只是令

[①] 语义主要来自《现汉》的相关释义,有删略。

三音词语的语义更加融合,而这也正是三音词语(传统上多认为是惯用语)的语义特点所在。NP_{xx}的内部同样具有第二层语法语义关系。因此,一般的[1+2]动宾式三音词语总体上体现了韵律—结构—语义三个界面的对应。(见图2,以"闹笑话"为例)

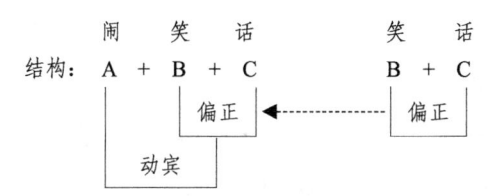

```
              闹    笑   话           笑   话
     结构:   A  +  B  + C           B  + C
                   └偏正┘    ←------ └偏正┘
              └动宾──────┘
```

语义:因粗心大意或缺乏知识、经验而发生供人当作笑料的错误

图2　[1+2]动宾式三音词语(闹笑话)的语法语义结构图

上述分析让我们看到,一般情况下,三音词语[①]都保持着1与固有词或短语成分2的韵律、结构和语义匹配,2的韵律、结构或语义在进入三音词语前后保持不变。这说明,韵律—结构—语义三个界面和谐匹配是三音词语的主流特征,三者无需通过调适来完成界面平衡。

不过,不可否认的是,还有一些三音词语在韵律、结构或语义上具有特异性,不符合上述界面特征,需要通过调适三个界面的关系才能实现与三音词语主流特征的对应与匹配。那么,这类三音词语有什么特异性?又是如何实现三个界面的调适的?

---

① 下文若无特别说明,"三音词语"均指偏正式和动宾式这两类。

二、[2+1] 偏正式三音词语的语义压制导致内部成分的结构顺应

2.1 "热水器"类 [2+1] 偏正式三音词语的韵律—结构—语义特点

我们发现，有一些 [2+1] 偏正式三音词语，如"恒温器、净水器、嫩肉粉、热水器、瘦肉精"（下文称为"'热水器'类 [2+1] 偏正式三音词语"），其韵律与多数偏正式三音词语无异，仍是 [2+1]，但其语法、语义结构却与一般的 [2+1] 偏正式三音词语有所不同。意即，其前位双音成分（恒温、净水、嫩肉、热水、瘦肉）未进入以上三音词语、单独存在或使用时是偏正式，进入三音词语后结构和语义就不同了，结构关系不再是偏正式，而是动宾式；语义也不再表达限定或修饰，而是致使。（见图3，以"热水器"为例）

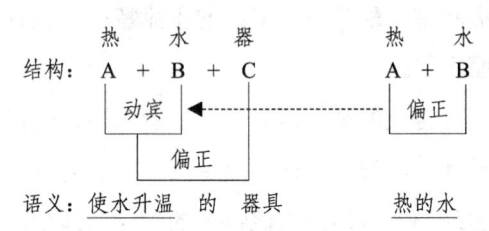

```
           热   水   器              热   水
结构：    A + B + C             A + B
         ↑_____｜偏正｜
         ｜动宾｜
            ↑____｜
              ｜偏正｜
语义：  使水升温   的  器具         热的水
```

图3　"热水器"类 [2+1] 偏正式三音词语的语法语义结构图

那么，前位双音成分是因为与后位 $N_{单}$ 结合而改变了结构关系和语义关系，还是先改变了结构和语义关系后再与后位 $N_{单}$ 结合的？如若是前者，那么是否与类似"器、粉、精"这样的后位 $N_{单}$ 结合的双音成分都会改变结构和语义关系？这些所涉及的就是

"热水器"类[2+1]偏正式三音词语的结构与语义的界面调适问题。

2.2 "热水器"类[2+1]偏正式三音词语的语义促动内部成分的结构调适

与"热水器"类[2+1]偏正式三音词语中的前位双音成分类似的双音节"热+N""嫩+N""瘦+N""净+N"等，很多时候是能表动宾致使义的。有的多出现于句法层面，如"热一下饭、热热那盘豆腐""该瘦瘦身了、这款产品能让你快速瘦脸"；有的则因表致使义时句法独立性不强而多用于构造多音短语，如"嫩肤霜、嫩手液""净颜乳、净身出户"。相对而言，"热水""嫩肉""瘦肉"这样的双音节在母语者的头脑中首先激活的一定是使用频率相当高的偏正义，有的单用时可以有动宾致使义，如"热水"可以跟"热饭、热菜"一样用于"热一热那壶水"而拥有致使义；有的单用时根本就没有动宾致使义，如"嫩肉""瘦肉"就不可以说成"*嫩一下那块肉""*瘦一瘦这块肉"。当然，不排除"嫩肉""瘦肉"等受其他可以表动宾致使的"嫩+N""瘦+N"等的影响也产生致使义，只是要改变"嫩肉""瘦肉"率先被激活的常用义需要一定的条件（如后加成分，下文详析），而不大可能在单用时直接产生致使义。因此，"嫩肉、瘦肉"多半是进入三音词语后产生的致使义。那么，单用时也可以表致使的"热水"是先变为致使义再与后位 $N_{单}$ "器"结合成"热水器"的吗？

我们先来看一下"热水"与典型的兼具偏正义与动宾致使义的"热饭、热菜"的差异：

(1) a. 热饭　　热菜　　热水　　（偏正）

b. 热饭去　　热菜去　?热水去　（动宾致使）
c. 热一下饭　热一下菜?热一下水（动宾致使）
d. 把饭热　　把菜　　?把水热　（动宾致使）
　　一下　　热一下　　一下

例（1）b、c、d三种动宾致使义的句法表达中，"热水"三句的可接受度都不如"热饭、热菜"高。而且，语言事实表明，"热水"在句法中的动宾致使用法比较少见，这一方面与水不宜反复加热有关，另一方面，"热水"中的"热"一般是烧开了的意思，不同于寻常的"热"。因此，类似于例（1）b、c、d的动宾致使义，通常多用"烧水去、再烧一下水、把水再烧一下""温一下水、把水温一下"等来表达。与"热饭、热菜"动宾致使句法表达的差异从侧面说明高频使用的偏正式"热水"几乎不大可能是先变成致使义再与后位$N_单$结合的。

以上分析说明，多数情况下，"热水器"类［2+1］偏正式三音词语中的前位双音成分是先与后位$N_单$结合后才拥有动宾致使义的。那么，与之结合的后位$N_单$有什么特点能促使前位双音成分拥有致使义？

先看一下《现汉》对"热水器"类［2+1］偏正式三音词语中3个主要的后位$N_单$的释义：

　　　　器　❶器具。（【器具】名用具；工具。）
　　　　粉　❶名粉末。（【粉末】名极细的颗粒；细屑。）
　　　　精　❷提炼出来的精华。（精❶名（事物）最重要、最好的部分。）

"器、粉、精"等多具有黏附性的$N_单$（吴为善，1989）原本都不含致使义,位于"热水"等后能够使这些双音成分变为动宾致使义可能与这些 $N_单$ 在三音词语中的作用有关。生成词库理论(Generative Lexicon Theory,Pustejovsky,1991、1995)认为,词汇的物性结构(qualia structure)中有功用角色(telic role),用于描写对象的用途(purpose)和功能(function)。"热水器"类[2+1]偏正式三音词语中的后位 $N_单$ 恰恰就充当了锚定(anchor)前位双音成分的用途或功能的功用角色。"器、粉、精"等表示的多为人造物,在用于构造三音词语时既可以表明该人造物是做什么用的,如"计步器、探测器、洗衣粉、洗发精、洗洁精",或由什么材料制成的,如"贝壳粉、蔬菜精";也可以表明该人造物有什么作用或功能,即"热水器"类[2+1]偏正式三音词语的意义,如"热水器"不是盛装热水的器具,而是使水变热的器具,"瘦肉精"不是瘦肉制成的"精",而是能让肉变瘦的"精"。所以,当三音词语需要用前位双音成分凸显后位 $N_单$ 的作用或功能(其实是人们的心理需求需要被凸显)时,前位双音成分就可能产生致使义,即其结构和语义都跟单用时不同。也正是"器"类后位 $N_单$ 的功用角色将可能表达多种语义的"热水"定位在了动宾致使义上,而不能取其他语义。

那么,同样是与"器"类后位 $N_单$ 结合,为什么"热水器"类表达的是致使义,而"计步器、探测器"等却不能表达致使义呢?这就涉及"热水器"类[2+1]偏正式三音词语中用于凸显作用或功能的前位双音成分需满足的条件的问题。

第一个条件,此类致使义是动宾致使义,前位双音成分须为动宾结构关系,像"探测器、抢答器"中的"探测、抢答"这样的并列式、偏正式的前位双音成分是不可能表达动宾致使义的。

第二个条件，具有动宾关系的前位双音成分须能将功能性结果显现于词形。更具体地说，是双音成分中的首位成分"热、净、嫩、瘦、恒"要含有结果义。这也就是"热水器"类 [2+1] 偏正式三音词语中的首位成分基本都是由性状形容词性成分"热、净、嫩、瘦、恒"等来充当的原因。这个语义要求得不到满足，前位双音成分就无法表达致使义（孟凯，2012）。因此，"计步器、洗衣粉、洗发精、供水厂、切菜刀、收音机、扫路机"等的前位双音成分虽也是动宾式，可以比较自由地充当定中式三音词语的定语成分，但是，其首位成分"计、洗、供、切、收、扫"等是比较典型的及物动词性成分，不含结果义，所由构成的前位双音成分"计步、洗衣、洗发、供水、切菜、收音、扫路"等也就无法拥有致使义，只能是充当三音词语中的定语成分的普通动宾式。

综上，虽然我们不能说"热水器"类 [2+1] 偏正式三音词语中的后位 $N_{单}$ 一定强制其黏附的双音成分由进入三音词语前的偏正关系变为三音词语中的动宾致使关系，但不可否认的是，后位 $N_{单}$ 对前位双音成分结构和语义的变化具有重要的促动作用。意即，只要前位双音成分是能够凸显结果性的动宾式（以动宾式"A+N"为主），后位 $N_{单}$ 用以表明双音成分的作用或功能，它们组构的 [2+1] 偏正式三音词语就应该是内部具有致使义的"热水器"类三音词语。像一般单用时常被理解为偏正式的"热饭、热菜"，若能与"器、锅、炉、灶"等功能性比较突出的器物 $N_{单}$ 组构成三音词语，其意义也可以是致使性的。这就说明，后位 $N_{单}$ 在一定条件下确实能够促使其前位双音成分发生结构关系和语义关系的改变。因为语义需求是根本性的语言需求，语义压制（semantic coercion）具有底层效应（underlying effect），因此，前位双音成分结构关系的变化应是对后位 $N_单$ 对其语义要求的顺应（conformation）。

偏正式三音词语既有［2+1］式，也有［1+2］式，只是前者比后者多。这种可以兼容两类韵律模式的特点使得偏正式三音词语的韵律一般不会与结构或语义发生龃龉，选择二者之中的哪一种韵律模式都合法。因此，偏正式三音词语主要体现的是语义—结构的双界面调适。具体而言，就是三音词语的语义压制导致其内部成分的结构顺应。

三、［1+2］动宾式三音词语的韵律压制促发结构和内部语义连锁顺应

3.1 "吃偏饭"类［1+2］动宾式三音词语的韵律对结构的促动

本文的特异性［1+2］动宾式三音词语主要来自杨书俊（2005）、李慧（2012）和笔者所收集的语例，即：帮倒忙、炒冷饭、吃白饭、吃白食、吃长斋、吃独食、吃干醋、吃干饭、吃讲茶、吃偏饭、吃偏食、吃闲饭、出远门、打边鼓、打黑枪、打冷枪、打群架、打雪仗、打硬仗、打嘴仗、读死书、放暗箭、放冷箭、喊倒好儿、喝花酒、喝闷酒、喝倒彩、怀鬼胎、降半旗、开倒车、开黑店、开夜车、夸海口、拉偏架、拉偏手儿、迈方步、跑旱船、敲边鼓、请春客、守活寡、睡大觉、睡懒觉、说瞎话、说闲话、装洋蒜等。这类［1+2］动宾式三音词语（下文称为"'吃偏饭'类［1+2］动宾式三音词语"）表面上似乎与一般的［1+2］动宾式三音词语"$V_单+NP_双$"（闹笑话、开玩笑）无异，但事实

并非如此。吕叔湘（1963）、周荐（2004）、杨书俊（2005）和李慧（2012）等已指出，这类动宾式三音词语其实是单音成分 B 插入双音动宾式 AC 中，导致 AC 的韵律结构被打破，不再连续出现，从而形成三音节。（见图 4，以"吃偏饭"为例）

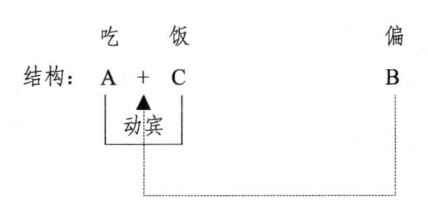

```
        吃    饭              偏
结构：  A  +  C              B
        ▲
        │动宾
        └──────────────────────┘
```

图 4　"吃偏饭"类［1+2］动宾式三音词语结构图

一般而言，现成的词的形式是不能被破坏的，动宾式除外。"吃偏饭"类三音词语就是原双音动宾式 AC 被单音成分 B 插入其中而来的。那么，单音成分 B 为什么不是处于前位与双音成分 AC 构成［1+2］状中式（偏吃饭①）？为什么也不处于双音成分 AC 之后构成［2+1］动（宾）补式（*吃饭偏）？单音成分 B 插入双音成分 AC 之中为什么没有构成［2+1］动（补）宾式，而恰恰构成了［1+2］动（定）宾式？

---

① "偏吃饭"因"偏"义的不同可以有两个意义，一般的理解是"偏偏吃饭"（你不让我吃饭，我偏吃饭），其中的"偏"是故意唱反调的意思；另一个意义应与"吃偏饭"对应，是吃得比别人好，亦指得到特别的照顾，其中的"偏"义为偏向一方或对人对事不公平。第二个意义的"偏吃饭"可以有，但实际语言生活中似乎是没有使用过的（笔者调查过的十几位汉语母语者都反映没用过或没听过"偏吃饭"的第二个意义）。而没有被应用的原因恰恰就是本文要论述的第二个意义的优选表达方式是"吃偏饭"，而"偏吃饭"优先占位的常用义则是第一个意义"偏偏吃饭"。

首先，单音成分 B 没有与双音成分 AC 构成［1+2］状中式的原因主要在于：1）三音词语是以双音动宾式 AC 为基底构造的，有些［1+2］动宾式尚有对应的［1+2］偏正式，如"白吃饭、偏吃饭、闲吃饭、死读书、倒喊好ㄦ、瞎说话"；而有些则没有对应的［1+2］偏正式，如"*花喝酒、*黑打枪、*方迈步、*旱跑船、*懒睡觉、*洋装蒜"等都不能说；有些虽有对应的［1+2］偏正式，如"干吃醋、鬼怀胎、边敲鼓"，但意义与［1+2］动宾式截然不同。2）动宾结构规约性喻义（如"吃偏饭"的"比喻得到特别的照顾"义）选择用什么方式表达，还是会以动宾结构为优选，而状中式更多体现的是修饰关系，多用于表达成分间组合性的修饰义。

其次，单音成分 B 没有与双音成分 AC 构成［2+1］动（宾）补式的原因则与动宾结构的特点有关。尽管"帮忙、吃饭、出门、读书、喝酒、开车、说话、睡觉"等双音动宾式都是现代汉语常用双音节，时常紧邻出现，但其同时也都是使用频率很高的离合结构，其间插入其他语言成分不足为奇，如"帮个忙、吃午饭、出趟门、读完书、喝两瓶酒、开了车、说十分钟话、睡一觉"。单音成分 B 若要与双音动宾式 AC 构成具有动补关系的三音词语，也应该插入双音节之中，而不是居于双音节之后。因此，"吃饭偏"这样的形式几乎是不可能出现的。

再次，单音成分 B 插入双音成分 AC 之中却没有构成［2+1］动（补）宾式，而必须构成［1+2］动（定）宾式的原因在于，一般而言，插入离合结构与动词性成分形成动补关系的成分多为结构助词（了、着、过）、结果补语（完、好、懂）、动量词（趟、次）、时量成分（十分钟、一会儿）等，能充当补足语的形容词性成分主要是"完、好、下"等,"偏、闲、独、闷、夜、懒"等形容词性或名词性成分一般不做动词性成分的补足语,即使充当补足语,所能搭配的动词也比较有限,如"跑偏、(字)写偏",且这些形容词性或名词性成分往往多与其后的名词性成分先结合成定中结构,如"吃午饭、耍花招"中的"午饭、花招"。因此,单音成分B没有先与前位的动词性成分结合成动补结构AB再去与C构造[2+1]动(补)宾式。

最后,单音成分B插入双音成分AC构成的动宾式三音词语的语法和语义结构都应是[1+1+1],因为"偏"类单音成分与"饭"类宾语成分并非如一般的[1+2]动宾式三音词语中的后两个成分那样,是个名词(短语),如"得人心、打招呼、见世面、哭鼻子、拉关系"中的"人心、招呼、世面、鼻子、关系","偏"与"饭"其实是没有语义关系的两个独立成分(李慧,2012)。按理说,"吃偏饭"类动宾式选择与其语法和语义结构对应的[1+1+1]韵律最理想,但事实是,其韵律是[1+2]。为什么不能是[1+1+1]呢?因为[1+1+1]的三音词语基本都是联合式(老大难)、补充式(赶不上)的,[1+1+1]不具有构造动宾式的韵律制约效应(prosodic effect)。既然这个动宾式三音词语既不能是[2+1]动(补)宾式,也不能是[1+1+1]式,那么,它只能是[1+2]动宾式。

可见,韵律效应首先在结构关系中起作用了,其强大的压制力使得"吃偏饭"类三音词语不可避免地被分析为[1+2]动宾式,而其中本没有语义关系的两个后位成分B和C被强制性地组成了貌似定中式的宾语成分NP$_双$"偏饭"。

综上,"吃偏饭"类动宾式三音词语的韵律结构[1+2]与一般的动宾式三音词语的韵律相吻合，其压制作用促发三音词语的结构关系与之匹配、对应。但是，没有直接语义关联的 B 和 C 又该如何在语义上与三音词语的韵律和结构实现对接呢？

3.2 "吃偏饭"类 [1+2] 动宾式三音词语韵律和结构对内部语义的促动

韵律是语言社团自发形成的语音习惯，尽管只是对语言表层形式的切分，但却有强制性，它要求结构和语义通过调适来与之和谐、匹配。"吃偏饭"类动宾式三音词语亦不例外。既然结构关系首先与韵律匹配了，那么内部语义就将在二者的促动下实现三界面和谐。

李慧（2012）对"吃偏饭"类 [1+2] 动宾式三音词语语义结构的特点进行了详析：大部分嵌入成分 B 与名词性成分 C 在语义上并非直接组合的关系，一方面，嵌入成分所表示的属性，不是名词性成分所指概念所具有的，如"喝闷酒、吃闲饭"，"酒"有"酸甜苦辣""贵贱""好差"之分，但没有"闷"与"快乐"的区别；饭有"稀稠""好坏"等的区分，却没有"闲""忙"的区别。因此，嵌入成分难以与名词性成分进行语义融合。另一方面，嵌入成分的语义并不指向后面的名词性成分，如"吃闲饭"中的"闲"指向施事，指的是施事不干活，处于闲散的状态；"打冷枪"中的"冷"指"打枪"这一事件发生的突然性和隐蔽性；"打嘴仗"中的"嘴"指工具，即用嘴打仗。基于以上两点，嵌入成分、名词性成分与动词具有一种依存关系，一般不能脱离动词而存在。

嵌入成分与名词性成分原本的不相融与此类三音词语的形成机制相关。该类三音词语是在双音动宾式 AC 的基础上融入其他概念成分整合而成的，嵌入成分 B 不是与动词或名词性成分有关，而是与双音动宾式所表示的事件相关。"当一个事件出现了新的元素，则会反映在语言形式上。在这一过程中，语言的经济原则起到重要作用。比如表示'心情不好时喝酒'，不是用一句话表示，而是选取表示'心情不好'的'闷'，嵌入到'喝酒'中，从而形成一个简单的语言形式——'喝闷酒'。"（李慧，2012）

按理说，由于嵌入成分具有特殊的语义作用方向——AC 所表示的事件，三音词语［1+1+1］的语义似乎难以与其［1+2］的韵律适配。不过，正如李慧（2012）所指出的，"吃偏饭"类动宾式三音词语中的 B、C 本没有结合的语义基础，但在具备一定条件的前提下，也有成词的可能，或处于词汇化进程中。李文提到了三个促动因素：1）非独立成分 BC 的语义发展与三音词语的使用频率相关。三音词语使用频率越高，越有助于非独立成分 BC 的独立。2）嵌入成分所处的位置。在三音词语中，嵌入成分 B 位于名词性成分 C 之前，且多为形容词性或名词性成分，很容易被看作 C 的修饰成分，从而有助于与 C 的结合，衍生出引申义。如"吃偏饭"中的"偏饭"在《现汉》中已独立出条就说明其已初步完成了词汇化，开始具有独立的意义。3）嵌入成分与名词性成分的词汇化还与名词性复合词的强势语义模式紧密相关。名词性复合词的强势语义模式为"提示特征＋事物类"（董秀芳，2004：132—136），嵌入成分与名词性成分并不是"提示特征＋事物类"的语义关系，但是由于嵌入成分处于定语位置，很容易被看作名词性成分的修饰成分。受名词性复合词强势语义模式的影响，人们倾向于将嵌入成分看作是提示特征，于是本来各自独立的嵌入成分与名词性成分进行重新整合，进而发生词汇化。

"偏饭、闲饭"等非独立双音成分正在或已完成词汇化的事实说明,"吃偏饭"类动宾式三音词语的语义也在向其[1+2]的韵律靠拢,正在或已实现了与韵律和结构的和谐匹配。而这种和谐匹配恰恰来自于界面调适。具体而言,在三音词语的使用频率较高时,韵律的压制作用使得原本彼此独立的B和C紧邻共现的几率提高,黏附性增强,语义也产生了关联,进而逐步发生词汇化。因此,"吃偏饭"类[1+2]动宾式三音词语体现的是韵律压制(prosodic coercion)促发结构顺应,再进一步促使内部语义顺应的连锁促动。

四、余论:三音词语与双音词所体现的词法的界面调适

我们讨论了"热水器"类[2+1]偏正式和"吃偏饭"类[1+2]动宾式两类三音词语的韵律—结构—语义的界面调适,偏正式主要体现了三音词语的整体语义压制导致内部成分结构顺应的双界面调适,动宾式更明显地体现出三音词语的韵律压制促使结构和内部语义先后顺应的连锁式界面调适。

由于多音节具有韵律切分的多种可能性,很适于探讨汉语的韵律问题,因而,目前国内的韵律研究多集中于多音节(冯胜利,1996、1997、2004;Duanmu,1997;石定栩,2002;何元建,2004;周韧,2011等)。不可否认的是,很多结构定型、意义非字面组合义的三音词语又不同于"皮鞋厂、种桃树"这样的三音自由短语,无论是名词性的,还是动词性的,它们的性质都更接近于"词"。因此,本文所研究的两类三音词语体现出的韵律—结构—语义的界面调适应是汉语词法的界面关系问题。

事实上，不只三音词语具有韵律—结构—语义的界面特征，双音词同样存在韵律—结构—语义的界面关系，比较突出的例子就是经跨层结构词汇化而来的双音词。

江蓝生（2004）、董秀芳（2011：265—285）、刘红妮（2013）等对跨层结构词汇化进行了深入探讨，如"的话、否则、给以、极其、据说、可以、因而"等双音词都属此类。虽然两个成分线性紧邻，但它们原本并不处于同一结构层次，内部没有直接的结构关系，双音节之间存在着外部停延，长于诸如偏正、动宾、动补等比较紧密的双音词的内部停延（王洪君，2001）。尽管这种韵律差别可能细微到人耳几乎难以分辨，需借助仪器进行测量，但它曾经应该是存在的。随着历时词汇化，这些跨层结构在现代汉语中已融合为一个紧密的双音词，两个成分间原有的停顿已逐渐消失，其韵律上的语音感知已与其他双音词无异；由于跨层结构词汇化的双音词多演变为虚词，其结构关系多半也已淡化，语义以表达语法关系为主。这样，跨层结构词汇化的双音词就在经历了重新分析（reanalysis）的基础上实现了韵律、结构和语义的融合、匹配。可以说，这是三个界面调适整合的结果。

总体来看，双音词体现的韵律—结构—语义的界面调适不是那么明显，因为双音词的两个成分一般都处于同一结构内，几乎不存在韵律与结构的不对应，需要调和的主要是这二者与语义的关系。而双音词形义不对应的复杂性，如定语成分和宾语成分分别在定中式和动宾式双音词中所体现出的复杂多样的语义关系（张博，2007；谭景春，2010；孟凯，2012等），正是词法之于句法的特殊之处。因而，双音词内部的调适往往不是在三个界面间完成的，而是韵律、结构这两个界面与语义这一界面的调适。

最能体现韵律—结构—语义三界面关系的是跨层结构词汇化而来的双音词和"吃偏饭"类［1+2］动宾式三音词语，前者主要是虚词，尤其是连词的历史来源，已不具有能产性；后者是现代汉语中具有一定活跃性的能产结构，只要有现实语言需求，就有可能出现诸如"吃闷饭、喝乐酒"之类的三音词语。而"吃偏饭"类［1+2］动宾式三音词语所体现出来的界面关系也说明，较之于其他紧密度都较高的复合结构，动宾结构因多具有可离析性而导致其韵律、结构和语义都需要经过深度调适、整合才能重新获得和谐匹配。因而，此类三音词语反而比源出的常用双音离合词的语义黏合性更强、凝固度更高（杨书俊，2005）。

无论是双音词，还是日愈增多的三音词语，都可以体现汉语复合词法的界面特点。词法的界面关系往往不如句法的直接、显豁，因为复合词语的语义更多地潜隐于深层语义结构，而非音节有限的词语表层成分之中，因此，词法的韵律、结构和语义三者的关系常常也不大为学界所关注。但是，作为与句法具有高度同构性和历史继承性的词法（朱德熙，1982：32；王洪君，1998等），其界面特征也比较明显，其所引发的韵律、结构、语义以及构式压制（王寅，2011；施春宏，2014、2015等）等语言现象也相当丰富，有待于更深入的分析。

参考文献

[1] 卞成林（1998）现代汉语三音节复合词结构分析，《汉语学习》第4期。

[2] 程荣（2015）语汇学的研究对象与新语的类型特点，《世界汉语教学》第4期。

[3] 董秀芳（2004）《汉语的词库与词法》，北京：北京大学出版社。

[4] 董秀芳（2011）《词汇化：汉语双音词的衍生和发展》（修订本），北京：商务印书馆。

[5] 董秀芳（2014）2+1式三音节复合词构成中的一些问题，《汉语学习》第6期。

[6] 冯胜利（1996）论汉语的"韵律词"，《中国社会科学》第1期。

[7] 冯胜利（1997）《汉语的韵律、词法与句法》，北京：北京大学出版社。

[8] 冯胜利（2004）动宾倒置与韵律构词法，《语言科学》第3期。

[9] 韩晨宇（2007）汉语三音节新词语与类词缀的发展初探，《北京广播电视大学学报》第3期。

[10] 何元建（2004）回环理论与汉语构词法，《当代语言学》第3期。

[11] 惠天罡（2014）近十年汉语新词语的构词、语义、语用特点分析，《语言文字应用》第4期。

[12] 江蓝生（2004）跨层非短语结构"的话"的词汇化，《中国语文》第5期。

[13] 李慧（2012）嵌入式语块的构成及语义发展，《汉语学习》第4期。

[14] 刘楚群（2012）近年新词语的三音节倾向及其理据分析，《汉语学报》第3期。

[15] 刘红妮（2013）结构省缩与词汇化，《语文研究》第1期。

[16] 刘中富（2014）现代汉语三音节词的判定问题，《中国海洋大学学报（社会科学版）》第2期。

[17] 罗树林（2014）三音节聚合词语结构、语义特征及词汇化现状分析，《语言文字应用》第1期。

[18] 吕长凤（2005）现代汉语三音节词的词类分布及其语法特征，《北方论丛》第5期。

[19] 吕叔湘（1963）现代汉语单双音节问题初探，《中国语文》第1期。

[20] 孟凯（2012）"X+N_役事"致使词式的类型及其语义关联，《世界汉语教学》第 4 期。

[21] 齐沪扬（1989）三音节 V+N 结构组合规律的初步考察，《淮北煤师院学报（社会科学版）》第 2 期。

[22] 邱雪玫、李葆嘉（2011）论当代汉语新词的词音结构多音节化，《语言文字应用》第 1 期。

[23] 施春宏（2014）"招聘"和"求职"：构式压制中双向互动的合力机制，《当代修辞学》第 2 期。

[24] 施春宏（2015）构式压制现象分析的语言学价值，《当代修辞学》第 2 期。

[25] 石定栩（2002）复合词与短语的句法地位——从谓词性定中结构说起，见中国语文杂志社编《语法研究和探索（十一）》，北京：商务印书馆。

[26] 谭景春（2010）名名偏正结构的语义关系及其在词典释义中的作用，《中国语文》第 4 期。

[27] 王洪君（1998）从与自由短语的类比看"打拳"、"养伤"的内部结构，《语文研究》第 4 期。

[28] 王洪君（2001）音节单双、音域展敛（重音）与语法结构类型和成分次序，《当代语言学》第 4 期。

[29] 王新宇（2009）三字格聚合词初探，《语文学刊》第 15 期。

[30] 王寅（2011）《构式语法研究》（上下卷），上海：上海外语教育出版社。

[31] 吴为善（1986）现代汉语三音节组合规律初探，《汉语学习》第 5 期。

[32] 吴为善（1989）论汉语后置单音节的粘附性，《汉语学习》第 1 期。

[33] 杨书俊（2005）三音节"V_单+X+N_单"构词分析，《汉语学报》第 4 期。

[34] 张博（2007）反义类比构词中的语义不对应及其成因，《语言教学

与研究》第1期。

[35] 张小平（2008）《当代汉语词汇发展变化研究》，济南：齐鲁书社。

[36] 郑庆君（2003）三音节合成词的结构类型及层次，《山西大学学报（哲学社会科学版）》第1期。

[37] 中国社会科学院语言研究所词典编辑室编（2012）《现代汉语词典》（第6版），北京：商务印书馆。

[38] 周荐（2004）《汉语词汇结构论》，上海：上海辞书出版社。

[39] 周韧（2011）《现代汉语韵律与语法的互动关系研究》，北京：商务印书馆。

[40] 朱德熙（1982）《语法讲义》，北京：商务印书馆。

[41] Duanmu, San (1997) Phonologically motivated word order movement: Evidence from Chinese compounds. *Studies in the Linguistic Science* 27.

[42] Lu, Bingfu and San Duanmu (2002) Rhythm and syntax in Chinese: A case study. *Journal of the Chinese Language Teachers Association* 37.

[43] Pustejovsky, James (1991) The generative lexicon. *Computational Linguistics* 4.

[44] Pustejovsky, James (1995) *The Generative Lexicon*. Cambridge: The MIT Press.

基于词频逆文档频统计的词汇时间分布层次*

饶高琦 李宇明

一、时间分布层次

在现代汉语演变的历程中，词语的使用受时间影响的程度不一，表现为词语在时间维度上的分布不同。饶高琦、李宇明（2016）称词语间的这一差异为词语的时间敏感性。以时间敏感性的高低对词汇系统进行分层，由内及外时间敏感性逐渐增强，可以构成词汇时间敏感性的层次系统。本文称该层次系统为"时间分布层次"。

词汇系统中很多词语十分稳定，受时间影响很小。它们构筑了现代汉语（词汇）的底层，也是时间分布层次的底层。由于受时间影响很小，这部分词汇更新和变异十分缓慢，对于一种语言起到基础和主干的作用。本文将这些词语组成的词汇称作历时词汇系统的"基干层"。与之相对，众多词语的使用情况与其所处的时代较为相关，新陈代谢很快，不构成语言生活的基础和主干。

---

* 原文发表于《中文信息学报》2019年第11期。

它们分布于时间分布层次中基干层以外的诸层次。

目前学界在词汇的历时研究中，将词汇一体处理，缺乏分层和分类。从语言的每一个共时切面中观察到的词汇是多个历时层次混合的结果。对"新词新语"的众多研究和对文言成分的研究（孙德金，2012）看似是时间上的两极，但实质上都是对汉语词汇时间分布层次中较易变化的一层的研究。对稳态词（饶高琦、李宇明，2016；张普，2003：93—109；谢晓燕，2010）则是面对词汇时间分布层次中的最稳定底层的研究。但目前的研究中并未有意识地从时间维度上对词汇进行系统的分层或分类。

本文在饶高琦等人抽取基干层词汇的基础上，对基干层外的词汇进行时间分布层次的划分，并分析其诸特征。本文使用GPWS通用分词系统并辅之以人工修正对历时语料库进行分词。

二、时间分布层次的划分

饶高琦、李宇明（2016）发现 TF-IDF 方法较之其他统计方法较适合描述词语的时间分布情况。TF-IDF 方法本质上是对纯粹词频的修正，其修正方式在于通过 IDF 值引入了词分布的广泛程度。显然频率相同或相近的两个词中，分布更广泛的词所包含的信息量少，反之亦然。而分布更窄的词对于了解其所在文档的特征具有更大价值。但 IDF 值的大小很大程度上取决于对整个语料库划分的粗细程度，亦即每份语料的规模。每年语料的篇幅都很大，词频波动范围也很大。年颗粒度下的 IDF 取值（0~70），对中高频段的调节作用非常有限。实验表明以月为颗粒度进行划分对 IDF 值发挥调节作用较为合适，并使用月颗粒度下的 TF-IDF 方法进行小幅修正。我们在1946~2015年的70年时间跨度语料（荀恩东、饶高琦、谢佳莉等，2015；荀恩东、饶高琦、肖晓悦等，2016）的220万词汇中获得了规模约3 000词的基干层词集。基干层词集的主体基本上是TF-IDF值的倒序前3 011位，基础词汇和停用词等都在这一层中。本文基于其结果，使用月颗粒度下的TF-IDF值来描述整个词汇使用的稳定性，使用式（1）~式（3）计算取对数后的TF-IDF值。其强弱如图1所示，基本呈现为一个渐变的连续统（横轴为按照月颗粒度TF-IDF降序排列的词序号）。

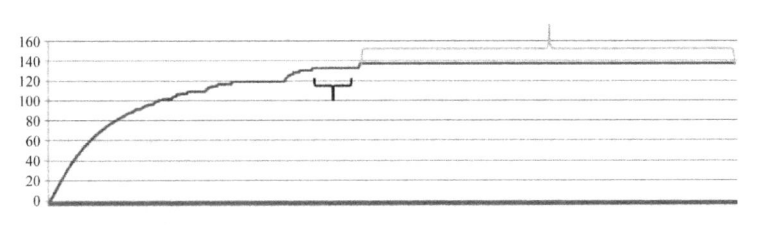

图1 语料库中所有词的月颗粒度 TF-IDF 值按递增排序

$$TF \cdot IDF(w) = TF(w) \cdot IDF(w) \quad (1)$$

$$TF(w) = -\log\left(\frac{F_w}{N}\right) \quad (2)$$

$$IDF(w) = \log\left(\frac{D}{D_w}\right) \quad (3)$$

不同尺度上的TF-IDF曲线变化呈现不同的形态。在3 011词到10 000词段，如果将曲线回归为二次系数大于零的多项式方程，可以获得较高的判定系数R^2，即曲线类似于凹二次曲线，如图2（a）所示；在10 000词到50 000词段，多项式回归中的二次项系数接近于0，其判定系数R^2与线性回归方程一致，即曲线平直接近于直线，如图2（b）所示；在50 000词以上段，多项式回

归的判定系数 R^2 超过线性回归，但此时方程的二次项系数小于零，即曲线类似于一个凸二次曲线，如图 2（c）所示。

根据曲线回归方程划分层次是对拐点观察法的量化和改进，以 R^2 判定系数 0 值为不同区域的分界。根据 TF-IDF 曲线的变化，本文把 3 011 词到 10 000 词视作一层，将 10 000 词到 50 000 词视作一层，将 50 000 词以上视作一层。在第 3 节中，本文将从历时文本分类的性能、词类分布、词长分布、覆盖率和词语生命力五个方面对以上分层进行考察，以对基干层/稳态词之外的诸时间分布层次进行佐证和分析。其中基干层的相关数据均引用自饶高琦、李宇明（2016）的研究。

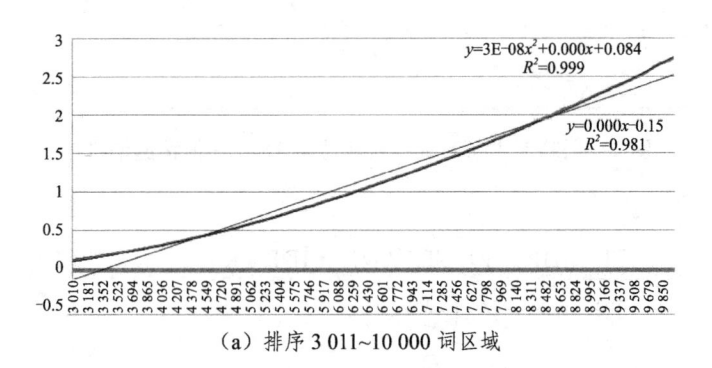

（a）排序 3 011~10 000 词区域

（b）排序 10 000~50 000 词区域

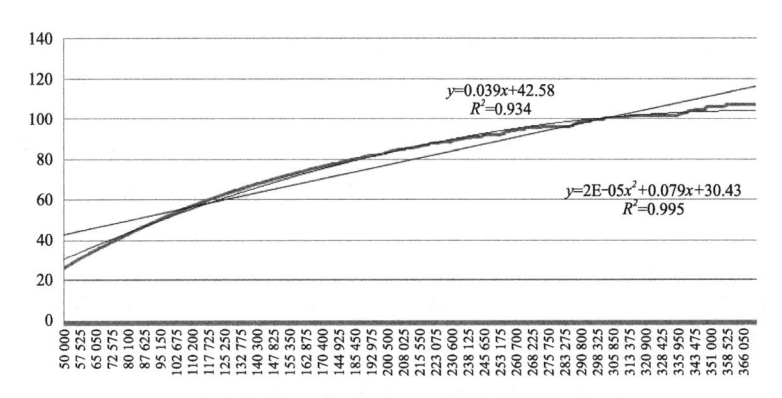

（c）排序 50 000~400 000 词区（局印）域

图 2 IF-IDF 值排序

三、各词层的性质

3.1 时间敏感性

不同分层中词的时间敏感性不同，即反映时间特征的程度不一。本节使用历时文本分类这一任务来考察不同层次词汇的时间敏感性。时间敏感性较强、反映时间特征较好的词语，对历时文本分类应有较好的贡献。如对年颗粒度的时间变化较敏感的词语对年颗粒度的历时文本分类应有较好贡献。

在历时语料库中均匀选取五分之一的年份（共 14 年），每年选取 2 000 词的文本 20 篇，共 280 篇，56 万词作为文本分类任务的测试数据集。实验中去除频次为 1 的超低频词。按照月颗粒度下 TF-IDF 值的排序，将前 70 万词按照序号分为 6 组：3 011~10 000 词、10 000~20 000 词、20 000~50 000 词、50 000~100 000 词、100 000~300 000 词和 300 000~700 000 词。总体而言，排序较为靠后的词词频较低，出现在测试集中的可能性显著减小，因而越靠后的分组词量越大，以平衡越发严重的数据稀疏现象。

在针对每组词语进行的实验中，本节以测试集里出现的该组词语为特征（各组词作为特征独立进行分类实验，并不叠加），其在测试集出现的频率为特征值，使用朴素贝叶斯分类器[①]对测试集中属于14个不同年份的280个文档（56万词）进行分类。为控制计算成本，将频次为1的超低频词去除。实验采用10%交叉验证。各组词作为特征的分类精确率如图3所示。

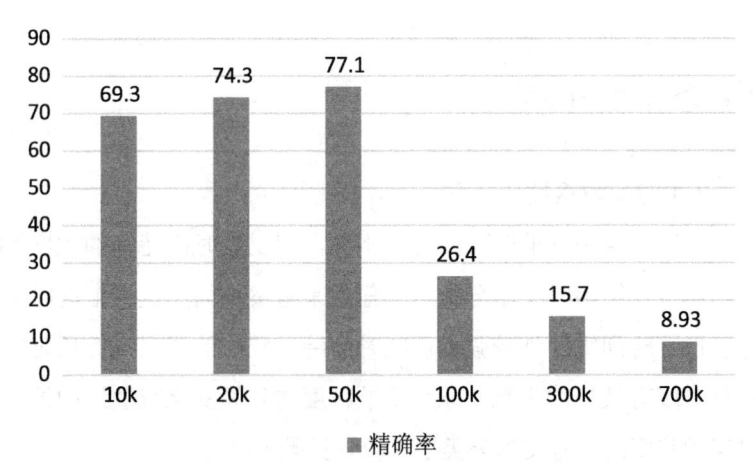

```
90
80      74.3   77.1
70  69.3
60
50
40
30              26.4
20                   15.7
10                        8.93
0
   10k  20k  50k 100k 300k 700k
         ■ 精确率
```

图3　各分组的文本分类精确率
（横坐标为该分组中排序最后词的序号）

随着词序增加，第一、二、三组的精确率小幅上升。从第四组开始，在排序50 000词以后的分组精确率出现大幅下降。对此

---

① 使用数据挖掘平台 weka 构建。

可以做如下解释：基干层之外，TF-IDF 值在一定范围之内的词频率较高，时间特征较为明显。序号 50 000 之外的词则由于频率较低，分布范围很窄而不容易出现在测试集中。

偶有一些出现某一年份的某文档中，也难以在该年份的其他文档中复现，无法形成统计上的显著性，从而导致分类精度大幅下滑。

3.2 词类分布的差异

本部分统计了各组词中的词类分布。这里对兼类词的词类使用各词类频次所占比例为加权进行了修正。结果见表 1 和图 4。本节将人名、地名、组织机构名等也归入了广义的名词。随着序号的增加，名词和数词的比例逐步提升，而形容词、动词与其他（主要是虚词）大幅下降。序号 10 000 与 50 000 以后名词和数词的比例大幅增长，而其他词类大幅下降。这也可以成为支持本文将序号 50 000 作为层边界的理据之一。

在合并了同一层中各分组之后，得到图 5。其中 50 000 词到 700 000 词的分组代表 50 000 词以外的部分。随着词序号的增加，词层从内到外名词的比例迅速增大，在第三层中达到最高，数词的变化趋势相仿。而动词、形容词和虚词从内到外比例急剧下降。注意到图 5 最内层次为 3k~10k 区间，不包含最稳定、最基础的前 3 000 词。大部分形容词集中于前 3 000 词层次，所以这里出现了和动词相比较大的落差。就各层次而言，形容词的占比从内向外快速下降。动词相仿，但下降稍慢。

可以发现与语言结构的组成和变化关系密切的词类时间敏感性都较差：多数动词是句子组织框架的中心，形容词在汉语中可以充当谓语，虚词则承载有丰富的语法信息。同时动词、形容词和虚词是封闭性的词类,而名词是开放性的词类,其主要功能是表达社会信息,因而在高时间敏感性的层内比重较大。数词本身是封闭性的。但是数词的组合成了开放性词类,并与名词共同承担社会信息,也体现出了较高的时间敏感性。

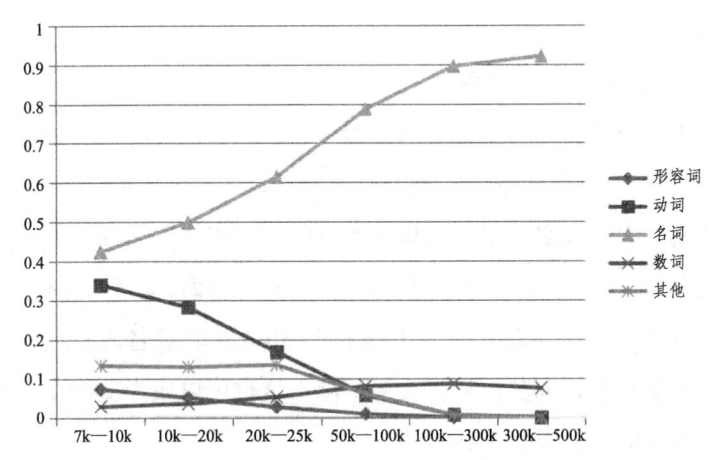

图4 各组词类分布变化(横坐标为该组排序最后词的序号)

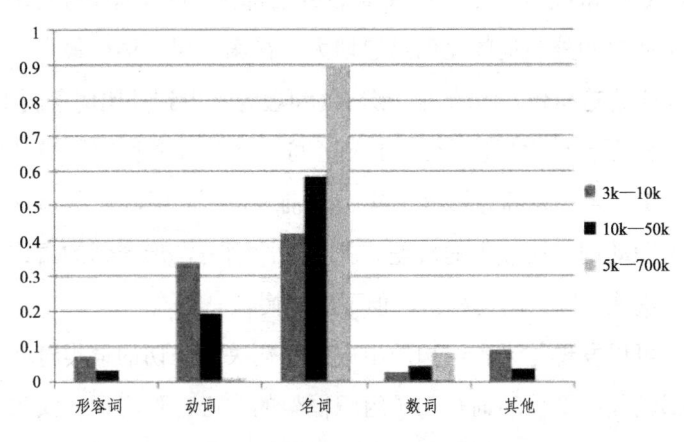

图5 各层词类分布变化

表 1 各组词类分布（分组一栏为该组中排序最后的词的序号）

分组	词量	形容词		动词		名词		数词		其他	
		（词量/比例）		（词量/比例）		（词量/比例）		（词量/比例）		（词量/比例）	
3k~10k	7 000	513.8	0.073	2 376.3	0.34	2 967.9	0.424	207.5	0.030	934.5	0.13
10k~20k	10 000	522.9	0.052	2 819.8	0.28	4 983.8	0.50	369.4	0.037	1 304.1	0.13
20k~50k	30 000	845.7	0.028 5	5 053.3	0.17	18 417.9	0.61	1 614.8	0.054	4 068.3	0.14
50k~100k	50 000	529.6	0.011	2 923.4	0.058	39 345	0.79	4 084.2	0.082	31 117.8	0.062
100k~300k	200 000	208.4	0.001 0	1 564.3	0.007 8	179 207.7	0.90	17 480.9	0.087	1 538.7	0.007 7
300k~500k	400 000	22	0.000 055	641	0.001 6	368 414.1	0.92	30 615.1	0.077	307.8	0.000 77

表 2 各层平均词长及词长分布（词次计算）

词数	词长（字）	单音节（词次/比例）		双音节（词次/比例）		三音节（词次/比例）		四音节（词次/比例）		五和以上（词次/比例）	
3 000	1.52	232 047 655	50.47	219 767 262	47.81	6 269 166	1.36	1 365 739	0.30	251 471	0.05
7 000	2.08	14 661 311	16.65	58 086 804	65.97	10 282 546	11.68	4 055 177	4.61	969 433	1.10
40 000	2.44	4 543 686	7.04	36 108 271	55.93	12 641 597	19.58	9 047 404	14.01	2 217 887	3.44
2 030 000	3.59	334 063	2.09	3 712 969	23.19	6 387 516	39.89	2 348 728	14.67	3 230 966	20.18

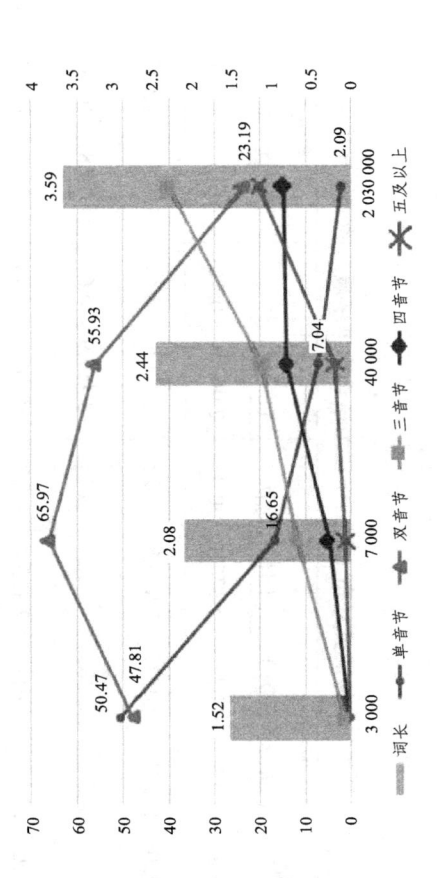

图 6 各层的平均词长分布和各长度词汇的分布（词次计算）

3.3 词长分析

对三个不同层次的词进行词长对词次取平均进行计算。如表2、图6所示,针对词种计算的词长分布可以发现,随着词序增长,平均词长逐步增加。三个分层边界上都出现了大幅度的词长变化。序号3 000到7 000这一段,与饶高琦、李宇明(2016)的基干层词集的平均词长(1.52字)相比也出现了明显增长。序号10 000以后比之前平均多出约半个字。序号50 000以后的平均词长是基干层的两倍多。其原因主要是名词比例的大幅上升,归入名词部分的命名实体较长,如组织机构名。在这一层中增加的数词对词均长的增加也有较大贡献。

随着词序的增加,双音节词比例下降,主体被三音节词取代,四音节和五音节词的比例也出现可观的增长,单音节词几乎消失。如果结合基干层词的词长数据进行分析,由内到外双音节词的占比经历了先增后降的变化。

3.4 语料覆盖率

本节对各层次所包含的词汇进行了语料库覆盖程度的分析,如图7所示。基干层词虽然只有3 011个,但是对语料库的覆盖超过了四分之三。3 000词到10 000词一层则覆盖了剩余部分的一半。序号50 000以后的词量虽有200余万,但只能覆盖整个语料库的2.26%。

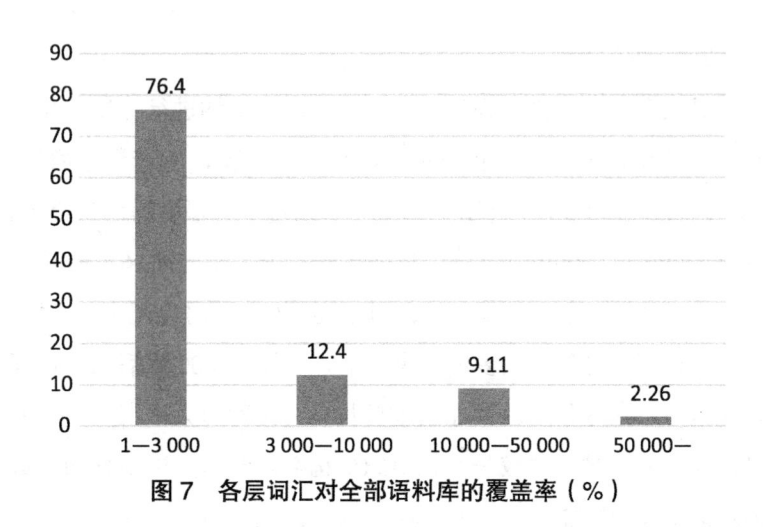

图 7　各层词汇对全部语料库的覆盖率（%）

3.5　词语的历时生命力曲线考察

张普（2003）曾经指出，"依据词语的曲线特点可以构成不同类型的曲线特征，依据不同特征的曲线类型，对词汇进行分类研究，也许我们会形成一门新的'词汇曲线类型学'"。刘长征（刘长征、秦鹏，2007；刘长征，2008；刘长征，2011）根据跨度29年的《深圳特区报》语料，将词汇的历时生命曲线按照出现零值点的情况分为"孤点型""断续型"和"连续型"三类。在考察范围内，只在一个监测时点上出现的词语为"孤点型"，在某几个监测时点上出现零值点的为"断续型"，在监测的时间范围内无零值点的则为"连续型"。本节借用该分类系统，以词汇在诸年度的频次对其"生命值"进行估计，对词汇分层系统中各层词汇进行生命力曲线分析。

由表3可知，诸类型的生命曲线在各分层中的分布差异明显。"孤点型"词语只在最外层出现，并占有七成比重；"断续型"

词语在基干层极少出现,仅有两例,随着 TF-IDF 排序增加而迅速增长,在第三层出现高峰(占比 91.8%),在第四层回落到占比三成;"连续型"词语则从基干层中占比 99.9%,迅速下降到第三层的 8.2%,在第四层完全消失。在三种类型词语的分布变化中,第二层起到了基干层和第三层间的过渡作用。在各类型词语的分布中,四个层次差异明显,这从一方面印证了分层的合理性。

虽然通过 TF-IDF 值无法反映刘长征研究中所划分的"成长型""衰减型""凸起型"和"凹陷型"等具体走势,但 TF-IDF 值揭示了词语在历时语料中的分布的平均情况,是对词语在历时生命曲线进行的再次抽象,即以数值表征其生命力曲线的类型。因而本文的工作是对张普(2003)所构想的"词汇曲线类型学"在词汇层面上进行的整体研究。

表3 各层词汇中诸历时生命曲线类型占比(%)

	基干层	第二层	第三层	第四层
孤点型	0	0	0	69.8
断续型	0.1	11.9	91.8	30.2
连续型	99.9	88.1	8.2	0

四、词汇时间分布的四分层体系

按照词在月颗粒度下 TF-IDF 值增序,将序号 3 011 到 10 000 这一层称作过渡层,序号 10 000 到 50 000 的部分称作时敏层,序号 50 000 之外的部分称作逸散层,示意如图 8 所示。相较于基干层,过渡层体现出一定的时间敏感性,但弱于时敏层,因此得名。它是无时间敏感性的基干层与较高时间敏感性的时敏层之间的过渡区域。这一点也在文本分类实验的结果中得以体现，即属于该区域的分组对不同时间点文本的分类精确率小于等于时敏层。词语历时生命力曲线的考察支持其过渡属性。该层中，词的平均长度较基干层有大幅增长（1.52字到2.08字）。这两层中，双音节词占比基本一致。词长增长的主要原因在于，单音节词占比降低了近一半，这一份额由三、四音节和更长的词瓜分，如表4所示。

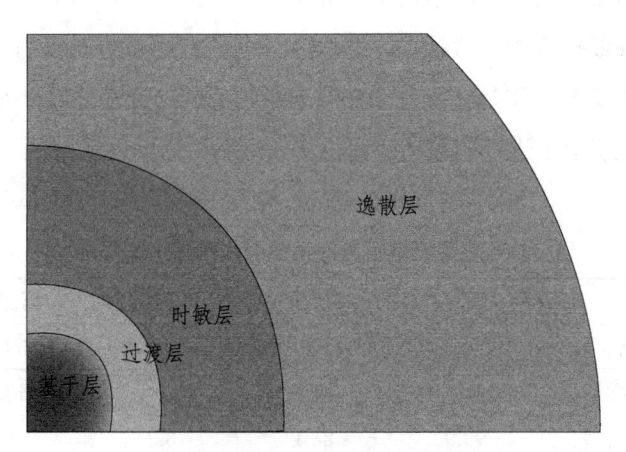

图8 词汇分层体系的简要示意

表4 基干层与过渡层词长分布对比（%）

	单音节	双音节	三音节	四音节	五音节或以上
基干层	29.19	67.20	2.92	0.63	0.07
过渡层	15.64	69.04	10.31	4.54	0.46

过渡层的词类分布与基干层没有很大的差别。这也说明了

过渡层的过渡性质。但名词部分中命名实体开始大量出现，由于命名实体长度通常较长，因而造成了词长增加。时敏层词汇的时间敏感性较强，这一区域词语的使用和分布会随着时间发生较大变化，因此得名。这一区域的词兼顾较高的词频和较窄的时间分布区域，因而在文本分类实验中能够取得最好的结果。同时在词语历时生命力曲线的考察中，该层大部分词语为"断续型"，即具有明显的时期特征。因而"时间敏感"是该层最大的特点，许多时间敏感的社会语言现象多由这一层中的词语构成，流行语和年度词亦多出自此层。词长方面，平均词长较之过渡层有明显增长。在表1所展示的词类分布差异中，名词、数词的占比有可观增长，形容词、动词和其他类大幅下降，因而复杂的语法现象在这一层出现的可能性较小。序号50 000之后的逸散层，虽然有更高的时间敏感性，但词频普遍很低，出现的时间段过窄。大部分词语的历时生命曲线为"单点型"，没有"连续型"词语，这直接影响了该层词汇在文本分类实验中的表现。"逸散层"这一命名借用自大气科学中对地球大气最外层的命名（dissipation layer 或 mesosphere）。它隐喻了这一区域的词的特性：生命周期很短，十分活跃，稍纵即逝，与地球大气最外层的处于高度电离状态的原子相似，十分活跃，很容易逃逸到外太空中。在这一层中形容词、动词和其他词类几乎绝迹，仅剩余名词和数词，因而典型的语法现象通常不由这一层的词构成。在这一层出现了大量的命名实体，它们与其所在的时间段有关，因为频次太少而不具有统计差异性。但这一层词量巨大且开放，是构成具体语言生活所不可缺少的，是基干层、过渡层和时敏层构筑的语言"骨架"上具体的"血肉"。我们将以上三层和基干层的特点总结在表5中。

表 5　各层次词语特征对比

	时间敏感性	词长	词类	词量/万	语料覆盖率	现象
基干层	很差	1.69	动词、名词与其他词类各三分之一	0.3	76.4	语法现象、文体特征
过渡层	差	3.05	名词稍占优势	0.7	12.4	语法现象、文体特征
时敏层	好	3.56	名词占较大优势，数词占比增加	4	9.11	历时语言现象
逸散层	很好	6.98	几乎只剩余名词和数词	203	2.26	历时语言现象（可统计性弱）

五、结论

本文工作在基干层词语的基础上，根据 TF-IDF 图线的趋势对历时语料库词汇进行了时间分布层次的划分，并进行了时间区分度、词类分布、覆盖度等指标的考察和分析。TF-IDF 升序 3 000 到 10 000 词为语法现象明显的过渡层，10 000 到 50 000 词为时间敏感性较强的时敏层，50 000 词以外是词频很低，使用寿命极短的逸散层。从内到外诸层，名词比例逐层提高，平均词长逐层增长，词量猛增，时间敏感性增强，但对语料的覆盖率迅速下降。从基干层到逸散层，本文尝试基于历时语料库建立汉语词汇的时间分布层次的分层体系。时间分布层次从内到外诸层的特点符合语言生活的直观认识和语素与词汇组合的基本规律。本文认为在其他类型，甚至其他语言的历时语料上也存在近似的分层体系。虽然在词量和覆盖率上可能有所差别，但层次之间的相对关系与特征应大体一致。

参考文献

[1] 刘长征、秦鹏（2007）基于中国主流报纸动态流通语料库（DCC）的成语使用情况调查，《语言文字应用》第 3 期。

[2] 刘长征（2008）基于动态流通语料库（DCC）的新词语监测，《长江学术》第 1 期。

[3] 刘长征（2011）《基于动态流通语料库的新词语监测研究》，北京：世界图书出版社。

[4] 饶高琦、李宇明（2016）基于 70 年报刊语料的现代汉语历时稳态词抽取与考察，《中文信息学报》第 6 期。

[5] 孙德金（2012）《现代书面汉语中的文言语法成分研究》，北京：商务印书馆。

[6] 谢晓燕（2010）基于 26 年《深圳特区报》的稳态词语提取与考察研究，北京语言大学博士学位论文。

[7] 荀恩东、饶高琦、谢佳莉等（2015）现代汉语词汇历时检索系统的建设与应用，《中文信息学报》第 3 期。

[8] 荀恩东、饶高琦、肖晓悦等（2016）大数据背景下 BCC 语料库的研制，《语料库语言学》第 1 期。

[9] 张普（2003）基于 DCC 的流行语动态跟踪与辅助发现研究，见孙茂松、陈群秀主编《语言计算与基于内容的文本处理》，北京：清华大学出版社。

存在动词的词汇类型学研究*

孙文访

零、引言

0.1 研究对象

存在是人类认知系统的基本认知域之一，也是人类对客观世界进行范畴化（categorization）最早的基本范畴之一。"存在"是事物的一种基本属性，在语言中一般用存在句表达。存在句是表达事物存在（existence）的句子。不同的语言使用不同的形态句法形式构成存在句。有的语言不使用任何标记，用事物存在的处所、存在物和"是（be）"动词构成存在句，如汉藏语系的白语。在白语中"tsɯ^{33}（是）"与处所短语和无定名词短语构成存在句，如"ŋɛ^{21}po^{55}kho^{33}（岩石个）no^{33}（助）tsɯ^{33}（是）tshu^{33}（草）te^{44}（棵）（岩石上有一棵草）"。还有一些语言使用动词"有（have）"构成存在句，如汉语的"桌子上有一本书"。英语、德语、法语等印欧语系语言的存在句使用形式主语（dummy subject）结构，如英语的"There is a book on the table."。本文的研究对象为出现在存在句中的动词，为了表述方便，以下将这类动词统称为"存

---

* 原文发表于《语言学论丛》（第五十一辑），商务印书馆，2015年。

在动词"。存在动词在很多语言中具有多义性。它们除了表示存在外，还表示其他基本概念，如汉语的"有"在"我有一本书"中表示领有。本文对于存在动词的考察不包括其多义性。

0.2 词汇类型学

词汇类型学是语言类型学的一个分支，其研究目标是揭示不同语言词汇系统在语义表征层面的共性与个性。就个体词汇而言，自索绪尔（1980）至今，关于词义和词汇系统学界比较一致的看法是："符号（语音）和意义的结合是任意的。"并且不同自然语言的词汇系统都是非常庞大的，从表面看也都是杂乱无章的、没有规律的。但是词汇类型学的研究结果对这一共识提出了挑战，跨语言比较的结果发现：人类自然语言的词汇系统对于特定语义域（semantic domain）或认知域（cognitive domain）的表征不仅存在共性，而且是有规律和边界的，存在一些普遍使用的编码模式（Koch，2001）。另外多义词的语义发展也并非任意的，而是存在一些普遍的演变路径（Haspelmath，1997）。

基于以上认识，词汇类型学主要研究语言如何把意义成分包装为词汇形式、与词汇的语法结构相关的特征具有哪些类型、词汇（lexicology）的跨语言表征模式等。具体而言，词汇类型学主要关注特定概念域的意义包装（onomasiology）、符号学（semiology）、词汇—语法互动三个层面的跨语言研究。在意义包装层面其关注点主要是语言中哪些意义或特征可以编码为独立的词汇形式（single word），在编码一个特定认知域时，不同语言的词汇系统存在哪些差别，造成这种差别的原因是什么。在符号学层面其关注点为一个词／语素或同义词／语素可以表达哪些不同的意义，这些意义之间具有哪些反复使用的语义演变路径。

在词汇—语法的互动层面主要考察词汇和语法是如何互动的。具体而言即特定语义域的词汇以什么样的句法表征形式呈现，词汇的语义如何限制和影响句法的编码。

词汇类型学研究的主要对象为具有跨语言可比性的基本概念词汇，如颜色词、人的身体部位、运动动词、旋转动词等。其研究方法为首先确定研究对象和考察范围，再确定考察的样本语言。一般以最熟悉的一种语言的考察为基础，再对其他样本语言进行考察。最后根据所得语料进行统计，从共性和个性两个方面进行归纳、概括和分析，寻找共性规律和变异的边界，并对造成不同语言词汇系统差异的原因进行分析。

0.3 研究目标

存在范畴一直是语言学界研究的热点之一，研究成果相当丰富，尤其是对个体语言存在句的结构及语义的描写非常广泛而深入。我们不仅在很多语言的语法书中可以查阅到存在句的介绍和描写，而且可以找到很多专门研究存在句的论文和专著。从跨语言角度对存在范畴的研究主要关注存在句与其他句式如处所句、判断句、领属句的关联。Lyons（1967，1968）、Seiler（1983）、Clark（1978）等从跨语言的角度对存在句及其相关句式进行了考察，指出处所句、存在句和领属句之间的关系十分紧密，从生成语法理论的角度看它们具有相同的深层结构—处所结构，并由此提出领属范畴并非一个独立的概念范畴，而是处所范畴的一个次范畴。以 Lyons 为首的学者由此被称为处所学派（Localism）。关于存在动词的研究最早始于西方语言学家和哲学家对不同语言系词和存在动词的描写（Graham，1965；Lehiste，1969；Kahn，1973；Verhaar，1968a、1968b）。研究的关注点主要与哲学的存在观和系词、存在动词的语法功能相关。国内存在动词的研究除了对不同语言存在动词系统的描写外（金鹏，1981；史金波，1984；白碧波，1991；黄成龙，2000等），也有学者从跨语言的角度对存在动词的共性和差异进行考察（黄成龙，2013；朱艳华，2012）。

回顾以往的研究可以看到基于词汇类型学理论对存在动词意义的研究成果很少。黄成龙（2013）从共性和差异两个方面对藏缅语族存在类动词进行了考察，指出藏缅语族存在动词的共性为可以出现在处所、存在和领属结构中，差异性则是存在动词的数量和突显的信息不同。该文的考察对象较为宽泛，既包括只表示领有概念（如"我有一本书"）的领有动词，也包括出现在"床上躺着一个人"结构中的动词，如"站（着）、挂（着）、坐（着）、躺（着）"等。另外该文的讨论也涉及了存在动词的一词多义现象，并对不同藏缅语言突显的信息进行了概括，但没有对不同语言存在动词的词汇系统进行分类和描写。朱艳华（2012）对载瓦语的存在动词进行了介绍并与亲属语言进行了类型学的比较，但考察范围较小，而且其类型学考察也是对存在动词和其他动词在编码处所、存在、领属三个概念时的类型概括。

本文在借鉴已有研究成果的基础上，在词汇类型学的理论框架下，以77种欧亚大陆语言为样本语言（见表1），从三个方面对存在动词进行跨语言考察：首先从共性角度考察在表达存在意义时，哪些成分的哪些特征（或意义）被包装成单独的词汇形式。再考察不同语言的存在动词在编码这些特征（意义）时表现出的差异；然后概括存在动词在编码不同存在意义时的蕴含共性。最后对可能包装成存在动词的特征进行概括，并进一步探讨不同语言系统变异的边界和限制条件。

表 1 样本语言及其存在动词

语系	语族	语支	语言	序数	存在动词	数量	语料来源
	汉语		汉语	1	有	1	自省例句
汉藏语系	藏缅语族	藏语支	藏语	2	jɒʔ¹³², tuʔ¹³² jɒʔ¹³²reʔ¹³²	3	《中国少数民族语言简志》编委会,《中国少数民族语言简志·丛书》修订本委员会（2009: 44）
			门巴语	3	nem³⁵, neʔ³⁵, deʔ³⁵ neʔ³⁵khoʔ⁵³deʔ³⁵	4	《中国少数民族语言简志》编委会,《中国少数民族语言简志·丛书》修订本委员会（2009: 778, 786, 792）
			仓洛语	4	tɕa⁵⁵ka⁵⁵, tɕa⁵⁵la¹³, tɕʻo⁵⁵	4	《中国少数民族语言简志》编委会,《中国少数民族语言简志·丛书》修订本委员会（2009: 878）
			白马语	5	nɔ³⁵, dø³⁴¹ ʑa³⁴¹	3	孙宏开、齐卡佳等（2007: 96, 117）
		景颇语支	景颇语	6	ŋa³¹, ʒoŋ³³		戴庆厦（2012: 102, 432）
			独龙语	7	al⁵³		《中国少数民族语言简志》编委会,《中国少数民族语言简志·丛书》修订本委员会（2009: 705）
			格曼语	8	kam³⁵, tɕau⁵³	2	孙宏开等主编（2007: 601）
			博嘎尔语	9	da:	1	《中国少数民族语言简志》编委会,《中国少数民族语言简志·丛书》修订本委员会（2009: 985）

续表

语系	语族	语支	语言	序数	存在动词	数量	语料来源
汉藏语系	藏缅语族	景颇语支	义都语	10	i³³, kha³³	2	江荻（2005: 83）
			苏龙语	11	wa ɹ⁵⁵	1	李大勤（2004: 98）
		缅语支	阿昌语	12	pa³³, nai³³	2	时建（2009: 342、114）
			载瓦语	13	ŋji⁵⁵, tʃɔʔ³¹, pɔ⁵¹, luŋ⁵¹, tɔŋ³¹	5	朱艳华（2012: 55—63）
			仙岛语	14	pɔiʔ⁵⁵	2	戴庆厦、丛铁华等（2005: 70）
			浪速语	15	pɔ³¹, na³¹ tʃɔʔ³¹, tuŋ³⁵	4	戴庆厦、丛铁华等（2005: 70）
			波拉语	16	ŋji⁵⁵, tʃaʔ³¹ laŋ³⁵	3	戴庆厦、蒋颖等（2007: 112、113）
			勒期语	17	ŋje:iʔ⁵³, tʃɔ:³³ pɔ⁵³	3	戴庆厦、李洁（2007: 145、228）
			羌语	18	ʂə, le, we ʑi, xu	5	黄成龙（2000: 13—21）
		羌语支	普米语	19	ʒø⁵⁵, diãu¹³ sta⁵⁵, kui⁵⁵	4	《中国少数民族语言简志》编委会、《中国少数民族语言简志·丛书》修订本委员会（2009: 557、578）
			贵琼语	20	nɔ̃⁵⁵, jɛ̃⁵⁵, bɯ³⁵	3	宋伶俐（2011: 118）
			木雅语	21	ŋdʑə⁵³, ndʐɛ²⁴ k'uə²⁴, tɕə²⁴, mə⁵³	4	孙宏开等（2007: 919）
			尔龚语	22	dʑi, du wi, ndʑu	4	孙宏开等主编（2007: 943、944）
			尔苏语	23	dʒo⁵⁵, xa⁵⁵, dʒɑ⁵⁵	3	孙宏开等主编（2007: 962、965）

续表

语系	语族	语支	序数	语言	存在动词	数量	语料来源
汉藏语系	藏缅语族	羌语支	24	史兴语	ji³⁵, dzɛ̃⁵⁵, khuɐ⁵³	4	孙宏开等主编（2007：994）
			25	扎坝语	tɕɤ⁵⁵, ɕɔ⁵⁵, tɕa³³, zɛ⁵⁵, ɲjø⁵⁵, tɕʌ¹³	5	孙宏开等主编（2007：1013）
			26	拉坞戎语	ɿjɛ⁵³, ɕɔɣ⁵³, χɕçhu⁵⁵ stɿ⁵³, khu⁵³	5	孙宏开等主编（2007：1051）
			27	却域语	ʑʅ³⁵, tɕɿ³⁵, wə⁵³	3	孙宏开等主编（2007：1071）
			28	彝语	dzɔ⁵⁵¹	1	霍会锋（2011：187）
			29	白语	tsɯ³³	1	赵燕珍（2009：43）
		彝语支	30	傈僳语	niɛ³⁵, dʑua³⁵, da³⁵	3	徐琳等编著（1986：41，42）
			31	土家语	ɕe³⁵	1	孙宏开等主编（2009：341）
			32	哈尼语	dza̠³³, dzo⁵⁵, dɔ³¹ dɛ³¹, kɣ³¹, tshɔ³¹ da̠³³, dɔ⁵⁵, dzɔ⁵⁵ ja³³	10	白碧波（1991：39—45）
			33	怒苏语	ŋi³⁵, dza⁵³, khuɿ³¹	3	《中国少数民族语言简志》编委会、《中国少数民族语言简志·丛书》修订本委员会（2009：828，829）
			34	拉祜语	tsɔ³¹	1	《中国少数民族语言简志》编委会、《中国少数民族语言简志·丛书》修订本委员会（2009：652）
			35	基诺语	tʃʌ³¹, tʃa³¹	2	蒋光友（2010：246）

续表

语系	语族	语支	语言	序数	存在动词	数量	语料来源
汉藏语系	藏缅语族	彝语支	纳西语	36	ndzy³³, dzy³³ dzɯ³¹, zi³³	4	《中国少数民族语言简志》编委会、《中国少数民族语言简志·丛书》修订本委员会（2009：724、745）
			苦聪话	37	mɯ³³, tɕuɛ³⁵, tsɔ³¹	3	常俊之（2011：86、149）
			壮语	38	mi²	1	韦景云等（2011：412）
	壮侗语族	台语支	布依语	39	li⁴	1	《中国少数民族语言简志》编委会、《中国少数民族语言简志·丛书》修订本委员会（2009：132）
			傣语	40	mi²	1	《中国少数民族语言简志》编委会、《中国少数民族语言简志·丛书》修订本委员会（2009：316）
			泰语	41	mi³³	1	发音人陈纯青等
		侗语支	侗语	42	me²	1	《中国少数民族语言简志》编委会、《中国少数民族语言简志·丛书》修订本委员会（2009：193）
			仫佬语	43	me²	1	银莎格（2012：272）

续表

语系	语族	语支	语言	序数	存在动词	数量	语料来源
汉藏语系	侗台语族	侗语支	毛南语	44	$mε^3$	1	《中国少数民族语言简志》编委会、《中国少数民族语言简志·丛书》修订本委员会（2009：648）
			拉珈语	45	mi^2	1	《中国少数民族语言简志》编委会、《中国少数民族语言简志·丛书》修订本委员会（2009：268）
		黎语支	黎语	46	$tsau^{55}$	1	《中国少数民族语言简志》编委会、《中国少数民族语言简志·丛书》修订本委员会（2009：403）
		仡央语支	仡佬语	47	$ŋε^{44}$	1	《中国少数民族语言简志》编委会、《中国少数民族语言简志·丛书》修订本委员会（2009：710）
			拉基语	48	$\tilde{i}^{55}$	1	李云兵（2000：196）
	苗瑶语族		莱洞语	49	$mε^{21}$	1	李如龙、侯小英等（2012：106）
			苗语	50	$mε^{31}$	1	余金枝（2011：104）
			畲语	51	ma^2	1	《中国少数民族语言简志》编委会、《中国少数民族语言简志·丛书》修订本委员会（2009：536、552）

续表

语系	语族	语支	语言	序数	存在动词	数量	语料来源
汉藏语系	苗瑶语族		瑶语	52	moŋ$^{2 \cdot 2}$	1	毛宗武等编著（1982：87）
			优诺语	53	mɔ^{13}	1	毛宗武、李云兵（2007：94）
			佤语	54	koi_	1	周值志、颜其香编著（1984：49、53）
南亚语系			德昂语	55	mɨh	1	陈相木、王敬嘞等编著（1986：61）
			布朗语	56	kui^2	1	李道勇等编著（1986：64）
			克蔑语	57	pã$ʔ^{53}$	1	陈国庆（2005：78）
			布兴语	58	lɛ̃ʔ	1	高永奇（2004：124）
南岛			马来语	59	ada	1	覃宝仪提供
			印尼语	60	ada	1	谢章鸿提供
阿尔泰语系	突厥语族		撒拉语	61	vara	1	林莲云编著（1985：84）
			塔塔尔语	62	bar	1	陈宗振、伊千里编著（1986：57）
			柯尔克孜语	63	bar	1	胡振华编著（1986：34）
	蒙古语族		蒙古语	64	bɛen	1	道布编著（1983：94）
			东乡语	65	bi-	1	刘照雄编著（1981：72）

续表

语系	语族	语支	语言	序数	存在动词	数量	语料来源
阿尔泰语系	满—通古斯语族		鄂温克语	66	bitʃin	1	朝克（2009b: 237）
			朝鲜语	67	itta	1	金宝兰提供
			鄂伦春语	68	biʃiŋ	1	朝克（2009a: 132）
			锡伯语	69	bi	1	李树兰等编著（1986: 46）
印欧语系	日耳曼语族		英语	70	be	1	霍比恩（2004: 807、808）
			德语	71	haben, sein	2	王昭仁等合编（1985: 480、1009）
	意大利罗曼语族		法语	72	est	1	刘明提供
			西班牙语	73	haber	1	罗启飞提供
	印度伊朗语族		波斯语	74	dɒræm, hæstæm	2	穆斯塔法提供
			塔吉克语	75	vid	1	高尔锵编著（1985: 63）
	斯拉夫语族		俄语	76	estʲ	1	李亮提供
不明系属语言			日语	77	iru, aru	2	野田宽达提供

语言类型学研究的一个重要环节是样本选择。一般的类型学研究有两种样本选择类型，一种是平衡的样本选择，即样本语言均衡地覆盖到语言的地理分布和发生学分布，并在数量上达到平衡；另一种是不平衡的样本选择，即样本语言为基于某一区域或发生学关系的语言。第一种样本选择是最理想的，但在实际操作中比较困难。后者虽然在覆盖面上不够均衡，但却可以细微地观察到前者所观察不到的语言现象。

本文的样本选择属于后者，主要样本语言为中国境内的汉藏语系语言和欧亚大陆其他语系的主要语言。

一、*存在意义的词汇包装*

语言符号的意义是人类对于客观事物、事件、认识等的反映。客观事物作为实体具有各种不同属性、特征和功能，如物理属性（形状、软硬等）、工具功能（汽车、飞机等）等。人类使用词汇形式对客观事物进行意义包装时，往往选取其突显的特征来包装整个事物。客观事物之间存在着一定的聚合关系，具有相同功能或相同特征、属性的事物构成一个聚合体。而这个聚合体的成员之间存在着一定的层级，如客观事物在生命度上存在区分，有生命的事物和无生命的事物分别构成一个聚合体。有生命的事物还可以根据生命度的强弱构成一个内部的层级，如人和动物的生命度高于昆虫，昆虫高于植物。不同的语言在对相同的客观事物进行意义包装时可以采取不同的策略和形式。

存在动词表达的是存在事件。存在事件由存在物、存在处所和存在方式三部分构成。根据我们对样本语言的考察，欧亚大陆诸语言对于存在事件的传信范畴，对于不同事物、处所、方式的意义包装都体现在动词上。对于存在事件传信范畴的意义包装主要体现在对存在事件的确定性，即对是否亲见、熟知、安排好等进行区分。对于存在物的意义包装主要体现在对是否有生、是否可以移动、是否具有特殊的物理特征（气体、液体等）、是否对本民族具有特殊意义的区分。在存在方式上主要对存在事物和存在处所之间的可分离性进行区分。就存在处所而言，主要对其形状特征如容器、平面等进行区分。

1.1 确定存在与不确定存在[①]

藏语支的藏语、门巴语、仓洛语使用不同的存在动词表达亲见、熟知与非亲见、非熟知的存在事件。藏语有三个表示存在意义的动词 $jøʔ^{132}$、$tuʔ^{132}$ 和 $jøʔ^{132}reʔ^{132}$，$jøʔ^{132}$ 表示所描述的存在是亲眼所见或自己熟悉的事物的存在，一般用于第一人称；$tuʔ^{132}$ 描述的是听说或不熟知的事物的存在，一般用于第二和第三人称；$jøʔ^{132}reʔ^{132}$ 是没有亲见与非亲见的区分，描写的是客观事实的存在。

门巴语有四个存在动词 nem^{35}、$neʔ^{35}$、$deʔ^{35}$、$neʔ^{35}kho^{53}deʔ^{35}$，分别适用于不同的人称。其中 $deʔ^{35}$ 不常用。门巴语的 nem^{35} 用于第一人称，$neʔ^{35}$ 和 $deʔ^{35}$ 用于第二、第三人称，另外还有一个词 $neʔ^{35}kho^{53}deʔ^{35}$ 用于第三人称，第三人称的两个动词在确认度上有区分，$neʔ^{35}$ 表示肯定，$neʔ^{35}kho^{53}deʔ^{35}$ 表示猜测。仓洛语也有四个动词 $tɕa^{55}ka^{55}$、$tɕa^{55}$、la^{13}、$tɕʼo^{55}$ 表示存在意义。这四个动词没

[①] 黄成龙（2013）将亲见、听说、熟知、预先安排等信息概括为"信息来源"。本人认为亲见、听说等信息的最基本的区分是确定的还是不确定的，属于言者对整个存在事件的情态表达。当然信息的来源是信息确定性的基础。

有人称上的区分。$tɕa^{55}ka^{55}$ 和 $tɕa^{55}$ 可以通用，反映的情况是说话人所熟知的。新发现的情况用 la^{13}。$tɕ'o^{55}$ 不常用。藏语支诸语言的传信范畴都是后起的，不是原始藏语共有的，西部藏语夏尔巴（Sherpa）话中存在动词并没有发展出表示传信范畴（evidentiality）的功能。

根据我们的考察，以上三种语言在有生、无生、可移动、不可移动、容器、平面等方面都不进行区分，只在存在事件的确定性上进行区分。（1）中门巴语的 $neʔ^{35}$ 既表示有生事物的存在也表示无生事物的存在。

（1）门巴语

a. 有生存在（786）[①]

tshi^{55}ta^{53}　ka^{31}　ŋa^{35}　neʔ^{35}.

河　（助词）　鱼　有

河里有鱼。

b. 无生存在（792）

mo^{35}ko^{53}　tshi^{55}ta^{53}　koŋ^{55} sum^{53}　neʔ^{35}.

那边　河　条　三　有

那边有三条河。

在我们考察的样本语言中，哈尼语的 ja^{33} 表示事物的偶然存在，见例（2）。白马语 $ʑa^{341}$ 表示有意识地放置或安排的事物或现象的存在，见例（3）。偶然存在的事物具有不确定性，而有意识地安排的事物则具有确定性。

[①] 我们在表1中注明了语料来源，但有些语言具有多个存在动词，由于表格空间的限制，我们无法分别注明，因此本文在所引用例句后标明了确切的页码。

（2）哈尼语（41）

ga⁵⁵ma³³a³³phju⁵⁵ʐ³³pha⁵⁵thɔ⁵⁵tɕhi³¹thɔ⁵⁵**ja³³**ŋa³³lu⁵⁵.
路（助）钱　的　包　一　个　　有（助）（助）
路上有一个钱包。

（3）白马语（78）

tʂho¹³ze¹³ sɑ⁵³nɔ⁵³ tʃhŋ⁵³ tʃhŋ⁵³ **ʒø³⁴¹**i¹³　　 tɛ⁵³ʔ
商店　（位助）什么 什么 有（将行）（属助）
商店里有什么东西？

1.2 有生存在与无生存在

生命度是事物具有的基本特征之一。在使用多个词汇形式表达存在意义的语言中，大部分语言如日语、义都语、格曼语、载瓦语、基诺语、纳西语等语言都使用不同的词汇形式编码有生事物和无生事物的存在。

（4）阿昌语

a.　有生事物（342）

ʂɯk⁵⁵⁻³¹ lia̯⁵⁵ khau³¹ tə³³ kuŋ³³ ta³¹ to³³⁻³⁵**pa³³** nɛiʔ⁵⁵.
树林　（处所助词）　野猫　一　只　有（进行体）
树林里有一只野猫。

b.　无生事物（114）

phen³¹thaʔ³¹ tə³³ khuaʔ⁵⁵ ta³¹ luŋ³³⁻³⁵ **nɑi³³** nɛiʔ⁵⁵.
桌子（处所助词）碗　一　个　　有（进行体）
桌子上有一个碗。

（5）浪速语

a.　有生存在（52）

pam³¹mɛ³¹nuŋ³⁵kjai³¹mjɔ³⁵ʃɔʔ⁵⁵**na³¹ʲ³⁵**tɔ⁵⁵ ʒa⁵⁵.

山上 牛 很多 有 着（助词）

山上有很多牛。

b. 无生存在（53）

pam³¹ thɔʔ⁵⁵ mɛ³¹ sak⁵⁵ **tʃɔʔ³¹** tɔ⁵⁵ ʒa⁵⁵.

山 上（助）树 有 着（助）

山上有树。

阿昌语有两个词汇形式 *pa³³* 和 *nai³³* 表示存在意义，*pa³³* 表示有生事物的存在，*nai³³* 表示无生事物的存在。浪速语的 *na³¹ʲ³⁵* 和 *tʃɔʔ³¹* 也分别表示有生事物和无生事物的存在，见例（4）和例（5）。有的语言如普米语、木雅语、尔苏语等使用一个动词表示有生事物的存在，没有专门表示无生事物的动词，见例（6）普米语的例句。

（6）普米语（557）

tʃə⁵⁵ ɣu¹³ dʒə⁵⁵ **ʒɵ⁵⁵**.

河（助词）鱼 有

河里有鱼。

1.3 特种类型事物的存在

在无生事物中，藏缅语族的傈僳语、纳西语和哈尼语还使用单独的动词编码植物的存在。纳西语和哈尼语使用单独的动词编码气体和液体的存在。载瓦语、浪速语、哈尼语等使用单独的动词编码路和脚印的存在。哈尼语还使用单独的动词编码文字、图画和绣花等的存在。在有生事物中，哈尼语还使用单独的动词编码蜜蜂、蚂蚁等昆虫的存在，见例（7）至例（11）。

（7）傈僳语（41）

dʒo³³ kua⁴⁴ tʃŋ⁵⁵ ma⁴⁴ dʒŋ³³ thi³³ dʒŋ³¹ **dɑ³⁵**.
下　边　漆　雌　树　一　棵　有

下边有一棵雌漆树。

（8）载瓦语（244）

xji⁵¹ ma⁵⁵ khjo⁵¹ **toŋ⁵¹** ʒa⁵⁵.
这（结助）路　有（语助）

这里有路。

（9）浪速语（53）

tshě³¹ mɛ³¹ khjik⁵⁵ khu³¹ **tuŋ³⁵** tɔ̠⁵⁵ ʒa⁵⁵.
这　里　脚　印　有　着（助）

这里有脚印。

（10）哈尼语（40）

lɔ⁵⁵xe⁵⁵ zo⁵⁵nei la³¹bɔ³¹ xu⁵⁵ta̠³³ a³³ a⁵⁵je³³ **da̠³³** ŋa³³.
衣领　　和　衣袖　上　（助）花　有（助）

衣领和袖子上有花。

（11）哈尼语（41）

a⁵⁵bo⁵⁵ do³¹phe³¹ a³³ a⁵⁵u³³la⁵⁵de³¹ tɕhi³¹ phu³¹ **dzɔ⁵⁵** ŋa³³.
树　根　　（助）蚂蚁　一　窝　有（助）

树根处有一窝蚂蚁。

1.4 可移动存在与不可移动存在

羌语支的贵琼语、普米语、羌语在存在方式上使用单独的动词区分不可移动的事物。从例（12）到例（14）我们看到不可移动事物主要指的是植物、村庄、建筑等在自然状态下不能自行移动的事物。

（12）贵琼语（106）

gui³³tɕhɔ̃⁵⁵ kɛ³³ xũ³³tshu⁵³ ø³³lø⁵⁵tsʅ³³ **bʉ**³⁵?

贵琼（方所助词）村子　几　有

贵琼有几个村子？

（13）普米语（557）

sɢo¹³ khu¹³ siɛ¹³sbõ⁵⁵ qo¹³ʐə⁵⁵ **diãu**¹³.

山（助词）树木　很多　有

山上有很多树木。

（14）羌语（14）

zguət le　 tɑ　ɕpiefu̥　o　 zgu　we.

岩石（指示）（助词）松树　一　棵　有

岩石上有一棵松树。

尔苏语、史兴语、扎坝语和拉坞语使用两个动词分别表示可移动事物和不可移动事物的存在，如扎坝语的 *tɕa³³ʐɛ⁵⁵* 表示可移动事物的存在，*ɕɛ⁵⁵* 表示不可移动事物的存在。

（15）扎坝语

a.　可移动事物（1013）

tɕa⁵⁵tsʅ³³ t'a³³ tɕə⁵⁵ti⁵⁵ **tɕa³³ʐɛ⁵⁵**.

桌子　上　书　有

桌子上有书。

b.　不可移动事物（1013）

ʐʅ¹³ wu³³ tʂʊ¹³ **ɕɛ⁵⁵**.

山　上　草　有

山上有草。

1.5 包含存在

纳西语、哈尼语、扎坝语和拉坞戎语还使用不同的动词表示一个事物包含另一个事物的存在。见例（16）、例（17）哈尼语和木雅语的例子。

（16）哈尼语（40）

a⁵⁵si³¹ ɣo⁵⁵tɕhe³³ a³³ u⁵⁵tɕu³¹ zo⁵⁵ne³³ pǫ³¹bja̠⁵⁵ **kɤ³³** ŋa³³.
果子　里面　（助）水　　　和　　糖　　有（助）
水果里含有水和糖。

（17）木雅语（919）

ɣui²⁴tɕ'ɐ³³　　　　　 tɕɔ⁵³　　**ndzʐ²⁴**ni³³.
酒（结构助词）　　　 水　　　 有　是
酒里有水。

1.6 容器存在和非容器存在

傈僳语、纳西语、载瓦语、景颇语等语言都使用专门的动词编码一个事物存在于一定的容器和范围之中。在这些语言中，有的语言所指的容器是封闭的容器，有的则指明是一个封闭的范围如院子等。有的语言把真正的容器如甑、瓶子等，封闭空间如房间、笼子等以及河流、水等都看作容器。由此可以看到不同语言对于存在处所的区分主要关注的是事物存在空间的形状。

（18）羌语（13）

tsɿ ʁɑ ʁzə gən ɑ hɑ **le**.
水（助词）鱼　很　一　些　有
水里有很多鱼。

（19）浪速语（53）

kui³¹ mɛ³¹ᐟ³⁵ pɛ̠³¹ ʧuŋ³¹ **pɔ³¹** tɔ̠⁵⁵ ʒa⁵⁵?
箱子　里　什么　有　着（助）

箱子里有什么？

（20）普米语（557）

ʧɑ⁵⁵ po¹³ ɣã⁵⁵ **kui⁵⁵**.
地（助词）金　有

地下有金。

（21）哈尼语（40）

ma⁵⁵tsa̠³¹ ɣo⁵⁵tɕhe³³ a³³ dzi⁵⁵ba³¹ **dɔ³¹**.
瓶子　里面（助）酒　有

瓶子里有酒。

（22）基诺语（249）

ja³¹khɯ³¹ va⁴⁴ ja³¹vu³³ thi⁴⁴ vu³³ ɯ⁵⁴ **ŋji³¹** a³³.
鸡窝（助）鸡蛋　一　只　仅　有（助）

鸡窝里只有一个鸡蛋。

普米语不使用专门的动词编码无生事物的存在，但使用专门的动词 *sta⁵⁵* 表示平面或平面之下事物的存在，存在处所有可能是固定的，存在物有可能是可移动的，也有可能是不可移动的。例句（23）的存在处所"山"是固定的，存在物"石头"与"山"之间可能是可以移动的关系，也可能是不可移动的关系，关键是"石头"和"山"之间是否是一体的。

（23）普米语（557）

sɢo¹³ khu¹³ sgø¹³ qo¹³ ʐə⁵⁵ **sta⁵⁵**.
山（助词）石头　很多　有

山上有很多石头。

二、不同语言存在动词系统的差异

2.1 存在范畴的次范畴

从共性角度看，在表达存在意义时共有十种特征被编码为单独的动词形式。这十种特征构成了一个存在意义包装的层级体系。在十个特征中，存在事件的确定性属于存在事件的传信范畴；其他特征都属于存在事件构成成分的特征。以上十个特征可以归纳为六个语义框架：存在事件的确信度、存在物的生命度、存在物的属性（可移动性）、存在方式、存在处所的形状和特种类型事物的存在。根据六个语义框架，存在范畴可以进一步划分为十个次范畴：确定的存在、不确定的存在、有生存在、无生存在、不可移动存在、可移动存在、包含存在、容器存在、非容器存在和特种类型事物的存在。见图1。

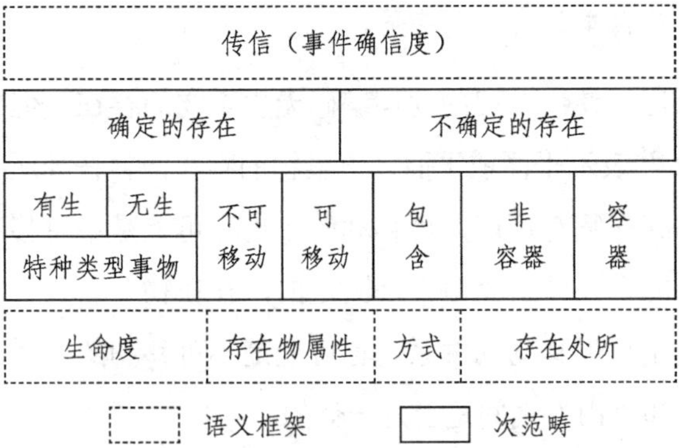

传信（事件确信度）						
确定的存在			不确定的存在			
有生 无生 特种类型事物		不可移动	可移动	包含	非容器	容器
生命度		存在物属性	方式	存在处所		

语义框架 　　 次范畴

图1 存在范畴的概念空间

2.2 不同语言系统的差异

根据我们对77种语言存在动词的考察，以存在动词的数量为参项，世界语言至少存在七种不同类型的系统，见表2。汉藏语系的汉语、壮侗语族、苗瑶语族、南亚语系、南岛语系、印欧语系、阿尔泰语系诸语言使用一个动词表达不同事物、不同方式和不同处所的存在意义。日语和藏缅语族的大部分语言使用两个或两个以上的存在动词表达存在意义。其中哈尼语是我们考察的语言中唯一使用十个存在动词包装不同存在意义的语言。

表2 欧亚语言的存在动词系统

类型	动词数量	语言数量	语系分布
传信区分系统	2~4	3	藏语、门巴语、仓洛语
无区分系统	1	46	汉藏语系壮侗、苗瑶语族，南岛、阿尔泰、印欧语系诸语言
二分系统	2	9	日语、藏缅语族语言
三分系统	3	8	汉藏语系藏缅语族语言
四分系统	4	6	汉藏语系藏缅语族语言
五分系统	5	4	汉藏语系藏缅语族的羌语支
十分系统	10	1	彝语支的哈尼语

我们把藏语、门巴语和仓洛语三种语言分为一小类。因为这三种语言仅在事件确信度上使用不同的动词进行编码。藏语除了使用两个动词表示亲见和非亲见之外，还有一个动词没有亲见与非亲见之分。门巴语第一和第二人称没有信息确认度的区分，仅在第三人称上有区分。仓洛语整个系统区分亲见与非亲见，见表3。

表 3　传信区分系统存在动词的意义包装

语言	确定	不确定
藏语	jøʔ^{132}（第一人称）	tuʔ^{132}（第二、三人称）
	jøʔ^{132} reʔ^{132}	
门巴语	neʔ^{35}（第三人称）	neʔ^{35}kho^{53} deʔ^{35}（第三人称）
	nem^{35}（第一人称）/neʔ^{35}/deʔ^{35}（第二人称）	
仓洛语	tɕa^{55}ka^{55}、tɕa^{55}	la^{13}

德语和伊朗语分别使用两个动词表达存在意义，但是这两个动词并不存在有生、无生等的区分。如德语的"der Ort hat nur 6000 Einwohner（这儿只有 6000 居民）"和"es war einmal ein böser König（从前有个凶恶的国王）"两句中的"hat（有）"和"war（是）"都表示存在，但没有有生、无生等的区分。日语、格曼语、义都语、基诺语、阿昌语和景颇语六种语言均具有两个存在动词。除景颇语之外，其他五种语言的两个存在动词分别表示有生事物和无生事物的存在。除了存在的确认度之外，这种有生和无生的区分系统地体现在各种类型存在意义的表达之中，如植物、脚印、文字等的存在日语都使用 aru 表达，蜜蜂的存在则使用 iru 表达。根据我们的考察义都语、格曼语和基诺语与日语一样，在表达其他类型的存在意义时也区分有生事物和无生事物，见表 4。

表4　二分系统存在动词的意义包装

语言	有生	无生	容器	语言	有生	无生	容器
日语	iru	aru		基诺语	tʃa³¹	tʃʌ³¹	
义都语	i³³/dʑi⁵⁵	kha³³		阿昌语	nɑi³³	pa³³	
格曼语	tɕau³⁵	kam⁵¹		景颇语		ŋa³¹	ʒoŋ³³

怒苏语、傈僳语、贵琼语、波拉语、勒期语、尔苏语和却域语有三个存在动词。这七种语言中，除了尔苏语以外，其他六种语言的一个共同点是使用两个动词分别表达有生事物的存在和无生事物的存在。怒苏语、波拉语和勒期语使用单独的动词表示容器存在。傈僳语使用单独的动词表示植物的存在，而尔苏语、却域语和贵琼语则使用单独的动词表示不可移动事物的存在。尔苏语与其他六种语言不同的是，在存在物的生命度上只突显有生命事物的存在，而在是否可以移动上区分可移动事物的存在和不可移动事物的存在。从移动的特性看，对于有生命的事物而言，在自然状态下（而非人为的捆绑等）都可以移动，但对于无生命的事物而言则存在可移动与不可移动之分，如房屋、山、植物等都不可以移动，而一般物品如桌子、椅子、杯子、农耕工具等都是可以移动的。

我们考察了使用动词表示不可移动事物存在的语言，所得例句基本上都包括植物类，但傈僳语使用专门的动词表示各类植物的存在，而其他语言则使用表示不可移动事物的动词表示植物的存在。从中我们可以看到，对于相同的事物不同的语言突显了其不同的存在特征。白马语也有三个动词，三个动词虽然分别表示一般存在、不可移动事物的存在和特意安排的存在，但三者之间没有严格的区分,见表5。

表5 三分系统存在动词的意义包装

语言	有生	无生	植物	不可移动	可移动	容器
怒苏语	ŋi^{35}	dza^{53}				khui^{31}
波拉语	ŋji^{55}	tʃaʔ^{31}				pa^{55}
勒期语	ŋje:i^{53}	tʃɔ:^{33}				laŋ^{35}
傈僳语	niɛ^{35}	dʒua^{35}	da^{35}			
贵琼语	nɔ̃^{55}	jɛ̃^{55}		bʉ^{35}		
却域语	ʐ̩^{35}	tɕi^{35}		wə^{53}		
尔苏语	dʒo^{55}			Xa^{55}	dʒa^{55}	

在我们考察的77种语言中,五种语言使用四个存在动词表达不同的存在意义。在编码存在物时,普米语和史兴语使用单独的动词表达有生事物,没有专门的动词编码无生事物。除了普米语之外,其他四种语言都使用两个独立的动词分别编码有生事物的存在和无生事物的存在。纳西语在区分有生存在和无生存在的同时,还使用另外两个动词编码植物和气体的存在。载瓦语和浪速语使用一个动词编码脚印的存在。在编码存在处所时,除了纳西语之外,其他五种语言都使用专门的动词编码容器存在。普米语在存在处所上除了区分容器存在,还区分平面存在。另外尔龚语、普米语和史兴语、载瓦语使用专门的动词编码不可移动存在,见表6。

表 6　四分系统存在动词的意义包装

语言	有生	无生	植物	气体	脚印	不可移动	可移动	容器	平面
普米语	ʒø⁵⁵					diãu¹³		kui⁵⁵	sta⁵⁵
载瓦语	ŋji⁵¹	tʃɔʔʔ³¹			tuŋ³⁵	tɔŋ³¹		pɔ⁵¹/luŋ⁵⁵	
浪速语	na³¹	tʃɔʔ³¹			tuŋ³⁵			zi³³	
纳西语	ndʐy³³	dʐy³³	dzɯ³¹	zi³³					
尔龚语	dʑi	dɯ				Wi		ndʐɯ	
史兴语	ji³⁵					dzɤ³³	dzã⁵⁵	khuɐ⁵³	

在 77 种语言中羌语、扎坝语、拉坞戎语、木雅语四种语言具有五个存在动词。在表示存物时，羌语使用两个动词分别编码有生事物的存在和无生事物的存在，另外三种语言中使用一个专门的动词编码有生事物的存在，没有专门的动词编码无生事物的存在。在表达存在处所时，四种语言都使用专门的动词编码容器存在。在表达存在关系时，扎坝语、拉坞戎语使用 2 个动词分别编码可移动、不可移动事物的存在。羌语区分不可移动事物的存在，见表 7。木雅语区分有生和包含存在。另外还使用两个动词编码存在事件的确认度，tɕə²⁴ 和 mə⁵³ 分别表示熟知和亲见可移动事物的存在。

表 7　五分系统存在动词的意义包装

语言	有生	无生	不可移动	可移动	包含	容器
羌语	zi̥	ʂə/xu	we			le

续表

语言	有生	无生	不可移动	可移动	包含	容器
扎坝语	tɕø⁵⁵		ɕə⁵⁵	tɕa³³zɛ⁵⁵	nɹjø⁵⁵	tɕʌ¹³
拉坞戎语	ɬje⁵³		dzaɣ⁵³	sti⁵³	χcçhu⁵⁵	khu⁵³
木雅语	ŋdzə̣⁵³			tɕə²⁴、mə⁵³	ndzɛ²⁴	k⁶uə²⁴

哈尼语是我们考察的语言中唯一一个使用十个动词表示不同存在意义的语言。在存在物上,哈尼语不仅使用专门的动词表示有生和无生事物的存在,还使用单独的动词编码某些特种类型事物的存在,如植物、气体、文字、昆虫的存在。另外哈尼语使用专门的动词编码容器存在和不确定的存在,见表8。哈尼语的存在动词有些可以替换使用,但使用不同的动词突显的是不同事物的特征。

表 8 十分系统存在动词的意义包装

语言	有生	无生	植物	气/液体	脚印等
哈尼语	dzo⁵⁵	dzạ³³	dẹ³¹	dɔ³¹	dɔ⁵⁵
	文字/绣花	昆虫(蜜蜂)	包含	容器	不确定
	dạ³³	dzɔ⁵⁵	kʐ³¹	tshɔ³¹	ja³³

哈尼语的十个存在动词中有七个是表示事物存在的,七个动词中有五个是表示某类事物存在的。这也从一个侧面说明存在物是存在事件中最需要进行突显的部分。从某种角度上讲,存在物

本身决定了存在处所和方式，如植物一定是生长在土壤里的，植物和土壤之间具有不可移动性。再如液体的物理性质决定了其只能存在于一个有形状的空间内。

三、存在意义包装的蕴含共性

从所考察的结果看，具有多个存在动词的语言除了日语以外，主要是藏缅语族语言。从所包装意义的特征层级上看，存在事件的确定性与不确定性属于说话者根据对事件信息所掌握的程度进行的推断，和存在事件构成成分的特征不在同一个层面，难以形成蕴含序列。而不同语言系统在使用动词编码处于同一个层面上的存在物、存在方式和存在处所时则具有一定的蕴含共性。

在除确定性与不确定性以外的八个特征中，存在物的生命度是存在动词意义包装时的首选特征，基本上具有两个或两个以上（藏语、门巴语、仓洛语除外）存在动词的语言都区分有生事物的存在和/或无生事物的存在。在区分这两个次范畴时，有的语言使用两个动词分别表示有生事物的存在和无生事物的存在，如日语、义都语等；有的则使用一个动词进行区分，如尔苏语、扎坝语等只使用一个动词表示有生事物的存在。景颇语使用单独的动词区分无生事物的存在。

另一个特征就是容器特征。具有两个以上存在动词的语言，有十三种语言使用单独的动词编码容器存在，其中八种语言使用单独的动词分别编码有生存在和无生存在，四种语言使用单独的动词编码有生存在，一种语言使用单独的动词编码无生存在，见表9。我们由此可以得到这样的蕴含共性：具有多个存在动词的语言中，使用单独的动词包装容器存在的语言，一定也使用单独的动词包装有生存在和/或无生存在。用箭头表示为：存在物的生命度（有生和/或无生）→存在处所（容器存在/非容器存在）。

表 9 存在物生命度与存在处所的蕴含共性表

语言	数量	有生	无生	容器
怒苏语、波拉语、勒期语、载瓦语、浪速语、尔龚语、羌语、哈尼语	8	+	+	+
普米语、史兴语、扎坝语、拉坞戎语	4	+		+
景颇语	1		+	+

存在物的属性——可移动性也是存在动词意义包装的特征之一。在所考察的样本语言中，有十种语言使用单独的动词编码移动性特征，其中五种语言使用单独的动词包装不可移动存在。这五种语言同时使用独立的动词分别包装有生存在和无生存在。另外四种语言分别使用独立的动词包装不可移动和可移动事物的存在，但仅使用独立的动词包装有生事物的存在。有一种语言使用独立的动词包装不可移动事物的存在，同时使用独立的动词包装有生事物的存在。我们由此可以得到如下蕴含共性：具有多个存在动词的语言中，使用单独的动词包装不可移动存在和/或可移动存在的语言，一定使用独立的动词包装有生存在和/或无生存在。用箭头表示为：存在物生命度（有生和/或无生）→存在物的属性（不可移动存在/可移动存在）。

表10　存在物生命度与属性的蕴含共性表

语言	数量	有生	无生	不可移动	可移动
羌语、载瓦语、尔龚语、贵琼语、却域语	5	+	+	+	
扎坝语、拉坞戎语、史兴语、尔苏语	4	+		+	+
普米语	1	+		+	

对于特种类型事物的编码，傈僳语使用单独的动词编码植物，纳西语使用单独的动词分别编码液体和气体。这两种语言不使用其他动词编码容器存在和不可移动事物的存在。还有的语言如哈尼语使用单独的动词编码脚印、文字、绣花、昆虫和蜜蜂等的存在，同时使用单独的动词编码容器存在。

我们因此可以得到两条蕴含共性，第一条为：如果一种语言使用独立的动词编码特种类型事物的存在，那么它也使用独立的动词编码有生和/或无生事物的存在。用箭头表示为：存在物的生命度（有生和/或无生）→特种类型事物存在。如果一种语言具有四个以上的存在动词，且使用独立的动词编码特种类型事物的存在，那么这种语言倾向于使用独立的动词编码容器存在及有生和/或无生事物的存在。用箭头表示为：有生和/或无生→容器存在→特种类型事物存在。将以上不同特征之间的蕴含共性整合在一起就得到图2。

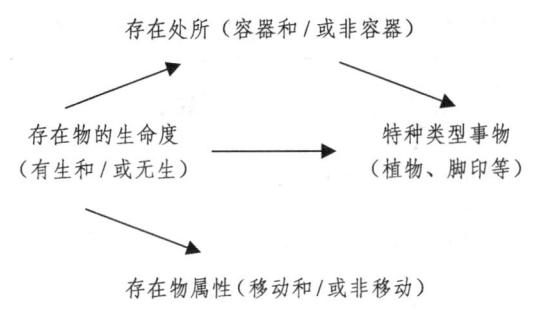

```
                存在处所（容器和/或非容器）
                  ↗                    ↘
存在物的生命度    →      特种类型事物
（有生和/或无生）         （植物、脚印等）
                  ↘
                存在物属性（移动和/或非移动）
```

图 2　存在动词意义包装的蕴含图

四、本文的结论

词汇类型学研究的关注点之一是词汇意义的包装，即哪些意义或者说哪些特征可能被包装成独立的词汇形式，在包装这些特征时存在哪些共性和差异，是否存在可能的限制因素。本文以 77 种语言为样本语言对存在动词的意义包装进行了考察，从共性角度考察了哪些特征会被编码为独立的动词。从个性角度考察了不同语言存在动词系统的差异。根据不同语言间的差异概括出可能被编码为动词的特征之间的蕴含共性。

根据我们的考察，世界语言在使用动词编码存在意义时采用了两种不同的策略：经济性策略和精细化策略。采用经济性策略的语言使用一个动词编码存在意义，如汉语、汉藏语系壮侗语族、苗瑶语族、英语等印欧语系语言以及阿尔泰语系诸语言。而采用精细化策略的语言使用多个存在动词编码不同的存在意义，如藏缅语族大部分语言。从共性角度看，我们所考察的样本语言共将十个特征包装成了存在动词（见图 1）。从个性角度看不同语言具有的存在动词数量表现出较大差异。以数量为参项，所考察样本语言可归为七种类型（见表2）。从不同语言系统表现出的差异看，在包装除传信范畴以外的特征时存在着一定的蕴含共性（见图2）。

理论上讲构成存在事件的传信范畴以及存在物、存在方式和存在处所的特征都有可能被包装成动词形式。我们的考察结果显示：对于存在物而言，存在物的生命度（有生和无生）最有可能被包装成动词的特征，使用两个或两个以上动词包装存在意义的语言，都使用一个或两个动词包装有生和/或无生事物的存在。存在处所和存在属性是可选择的两个特征，有的语言选择存在处所，有的语言选择存在物的属性。最有可能被包装成动词形式的处所是容器。最有可能被包装成动词的存在物的属性是可移动与不可移动。特种类型事物中植物、脚印、路、气体、液体最有可能被包装成独立的动词形式。

世界不同语言在编码存在意义时存在着共性和差异。不同民族对于存在事件共有的认知图式使得人们在编码存在意义时倾向于编码那些最具普遍性的特征，如存在物的生命度、存在物的可移动性、存在处所的特殊形状。造成不同语言差异的原因是不同民族生活的自然环境、观察事物的不同视角和不同的文化规约。对于相同事物的存在，不同的民族选择不同的特征进行意义包装。如对于液体、气体的存在，纳西语使用两个动词分别编码这两类事物，而怒苏语等语言则使用一个动词包装其存在的处所——容器。另外特种事物存在的意义包装具有较强的民族性，如哈尼语使用五个动词包装特种事物（植物、绣花、蜜蜂等）。我们考察的样本语言中，使用多个存在动词的语言主要是藏缅语族语言。藏缅语族诸民族生活在中国北起甘肃南到西南察隅地区，那里峰峦重叠，河谷深邃，日常生产多以农耕、狩猎为主，因此植物、道路、脚印等在人们的生活中处于至关重要的地位。绣花、文字等体现了这些民族对于历史的记载和对美好生活的向往。因此这些事物的存在都用动词进行了包装。

不同的语言在将不同的特征编码为动词时存在一定的限制，其边界为被包装成动词的特征不会超出存在事件构成成分的特征。目前在我们考察的样本语言中，哈尼语有十个存在动词，是目前所知最大的存在动词系统。随着考察语言的增加我们还有可能发现不同类型的语言，如六个存在动词、七个甚至十一个动词或更多，但我们可以推测其使用存在动词所包装的特征不会超出存在事件构成成分的特征，或为已经发现的特征的结合，如亲见的可移动的存在；或为存在事件构成成分的其他特征，如（容器的）封闭和半封闭等。

参考文献

[1] 白碧波（1991）哈尼语存在动词初探，《民族语文》第 5 期。

[2] 常俊之（2011）《元江苦聪话参考语法》，北京：中国社会科学出版社。

[3] 朝克（2009a）《楠木鄂伦春语研究》，北京：民族出版社。

[4] 朝克（2009b）《鄂温克语参考语法》，北京：中国社会科学出版社。

[5] 陈国庆（2005）《克蔑语研究》，北京：民族出版社。

[6] 陈相木、王敬骝、赖永良编著（1986）《德昂语简志》，北京：民族出版社。

[7] 陈宗振、伊千里编著（1986）《塔塔尔语简志》，北京：民族出版社。

[8] 戴庆厦（2005）《浪速语研究》，北京：民族出版社。

[9] 戴庆厦（2012）《景颇语参考语法》，北京：中国社会科学出版社。

[10] 戴庆厦、丛铁华、蒋颖、李洁（2005）《仙岛语研究》，北京：中央民族大学出版社。

[11] 戴庆厦、蒋颖、孔志恩（2007）《波拉语研究》，北京：民族出版社。

[12] 戴庆厦、李洁（2007）《勒期语研究》，北京：中央民族大学出版社。

[13] 道布编著（1983）《蒙古语简志》，北京：民族出版社。

[14] 高尔锵编著（1985）《塔吉克语简志》，北京：民族出版社。

[15] 高永奇（2004）《布兴语研究》，北京：民族出版社。

[16] 胡振华编著（1986）《柯尔克孜语简志》，北京：民族出版社。

[17] 黄成龙（2000）羌语的存在动词，《民族语文》第4期。

[18] 黄成龙（2013）藏缅语存在类动词的概念结构，《民族语文》第2期。

[19] 霍恩比（2004）《牛津高阶英汉词典》（第6版），王玉章等译，北京：商务印书馆。

[20] 江荻（2005）《义都语研究》，北京：民族出版社。

[21] 蒋光友（2010）《基诺语参考语法》，北京：中国社会科学出版社。

[22] 金鹏（1981）藏语拉萨话判断动词和存在动词的用法，《西藏民族学院学报》第4期。

[23] 李大勤（2004）《苏龙语研究》，北京：民族出版社。

[24] 李道勇、聂锡珍、邱鄂锋编著（1986）《布朗语简志》，北京：民族出版社。

[25] 李如龙、侯小英、林天送、秦恺（2012）《茶洞语研究》，北京：民族出版社。

[26] 李树兰、仲谦编著（1986）《锡伯语简志》，北京：民族出版社。

[27] 李云兵（2000）《拉基语研究》，北京：民族出版社。

[28] 林莲云编著（1985）《撒拉语简志》，北京：民族出版社。

[29] 刘照雄编著（1981）《东乡语简志》，北京：民族出版社。

[30] 毛宗武、李云兵（2007）《优诺语研究》，北京：民族出版社。

[31] 毛宗武、蒙朝吉、郑宗泽编著（1982）《瑶族语言简志》，北京：民族出版社。

[32] 任鹰（2009）"领属"与"存现"：从概念的关联到构式的关联——也从"王冕死了父亲"的生成方式说起，《世界汉语教学》第3期。

[33] 时建（2009）《梁河阿昌语参考语法》，北京：中国社会科学出版社。

[34] 史金波（1984）西夏语的存在动词，《语言研究》第1期。

[35] 宋伶俐（2011）《贵琼语研究》，北京：民族出版社。

[36] 孙宏开、齐卡佳、刘光坤（2007）《白马语研究》，北京：民族出版社。

[37] 孙宏开、胡增益、黄行主编（2007）《中国的语言》，北京：商务印书馆。

[38] 索绪尔（1980）《普通语言学教程》，高名凯译，北京：商务印书馆。

[39] 王昭仁、宋钟璜、韩文殿、杨德炎、周森荣、许素芳合编（1985）《德汉词典》，北京：商务印书馆。

[40] 韦景云、何霜、罗永现（2011）《燕齐壮语参考语法》，北京：中国社会科学出版社。

[41] 徐琳、木玉璋、盖兴之编著（1986）《傈僳语简志》，北京：民族出版社。

[42] 银莎格（2012）银村仫佬语参考语法，中央民族大学博士学位论文。

[43] 余金枝（2011）《湘西矮寨苗语参考语法》，北京：中国社会科学出版社。

[44] 翟会锋（2011）三官寨彝语参考语法，中央民族大学博士学位

论文。

[45] 赵燕珍（2009）赵庄白语参考语法，中央民族大学博士学位论文。

[46]《中国少数民族语言简志》编委会、《中国少数民族语言简志·丛书》修订本委员会（2009）《中国少数民族语言简志丛书（修订本）（卷壹至卷陆）》，北京：民族出版社。

[47] 周值志、颜其香编著（1984）《佤语简志》，北京：民族出版社。

[48] 朱艳华（2012）载瓦语存在动词的类型学研究，《民族语文》第 6 期。

[49] Clancy, Steven J. (2001) Semantic Maps for BE and HAVE in Slavic. *Glossos* 1.

[50] Clancy, Steven J. (2004) The Conceptual Nexus of BE and HAVE: A Network of BE, HAVE, and Their Semantic Neighbors. *Glossos* 5.

[51] Clancy, Steven J. (2010) *The Chain of Being and Having in Slavic*. Amsterdam/ Philadelphia: John Benjamins Publishing Company.

[52] Clark, Eve V. (1978) Locationals: Existencial, Locative, and Possessive Constructions. *Universals of Human Languages*. vol 4.

[53] Graham, A. C. (1965) 'Being' in Linguistic and Philosophy: A Preliminary Inquiry. *Foundation of Language*, Vol. 1.

[54] Croft, William (2001) *Radical Construction Grammar*. Oxford: Oxford University Press.

[55] Croft, William (2003) *Typology and Universals*. Cambridge: Cambridge University Press.

[56] Haspelmath, Martin (1997) *Indefinite Pronoun*. New York: Oxford University Press Inc.

[57] Kahn, Charles H. (1973) *The Verb 'Be' in Ancient Greek*. Hacken Pub Co. Inc.

[58] Koch, Peter (2001) Lexical Typology. In Haspelmath, Martin, (ed.) *Language Typology and Universals: An International Handbook*. Berlin & New York: Walter de Gruyte.

[59] Lehiste, Ilse. (1969) 'Being' and 'Having' in Estonian. *Foundation of Language* 3.

[60] Lyons, John (1967) A Note on Possessive, Existential and Locative Sentences. *Foundations of Language* 3.

[61] Lyons, John (1968) *Existence, Location, Possession and Transitivity*. In van Rootselaar, B. and J. F. Staal (eds.) *Logic, Methodology and Philosophy of Science* III. Amsteram: North Holland.

[62] Seiler, H. (1983) *Possession as an Operational Dimension of Language*. Tübingen: Gunter.

[63] Verhaar, John W. M. (1968a) (ed.) *The Verb 'Be' and Its Synonyms: Philosophical and Grammatical Studies, (3), Japanese/Kashimire/Amenian/ Hungarian/Sjpma*. Netherlands: D, Reidel Publishing Company.

[64] Verhaar, John W. M. (1968b) (ed.) *The Verb 'Be' and Its Synonyms: Philosophical and Grammatical Studies, (4), Twi/Modern Chinese/Arabic/ Veda*. Netherlands: D, Reidel Publishing Company.

基于"三一语法"观念的二语词汇教学基本原则 *

施春宏 蔡淑美 李 娜

关于汉语作为第二语言的词汇教学的基本原则,学界多有论述。比如,孙新爱(2004)认为词汇教学要把握"语素、字、词结合""在语境、句子中教学""结合词的组合关系和聚合关系"等原则;李如龙、吴茗(2005)提出对外汉语词汇教学的"高效之路"是在"区分频度、常用先教"的基础上推进"语素分析教学法";万艺玲(2010:161—179)提出的词汇教学原则包括"结合汉字特点、利用汉语词汇的特点、注重结合具体语境、结合文化背景因素、区分书面语词汇和口语词汇、注重教学中词汇的科学重现";刘座箐(2013)指出词汇教学要遵循"词汇量控制、适度扩展、阶段性、课型差异性"四项原则;毛悦主编(2015)则倡导"区分频度、分类教学、系统性、交际性和文化"五项原则;李先银等(2015)认为词汇教学的基本原则是"交际性、区别性、针对性、层级性、生成性、全面性",如此等等。

教学原则是教学实践的指导思想和基本出发点。有意思的是,

---

* 原文发表于《华文教学与研究》2017年第1期。

虽然面对的都是词汇教学这一对象，但各家提出的原则却多种多样，甚至差异很大。这就得思考，同样是谈原则，为什么会出现如此差异？也即，各家确立这些具体原则的依据是什么？这些原则又是从什么角度提出的呢？可能受到某种限制，上述文献对于如何确立这些基本原则大多并未做出说明。当然，从宏观角度来认识，这些原则基本应是围绕"汉语词汇系统的特点、汉语教学的规律和特点及语言学习的目的"（李先银等，2015）这些方面来确立的。然而，所立原则差异之大，不能不引发新的思考。通过分析，我们发现上述诸多原则是基于不同的角度和层面提出来的。有的属于教学项目的编排层面（如"区分频度、词汇量控制、课型差异性"），有的属于教学内容的选择层面（如"分类教学、适度扩展、区分书面语词汇和口语词汇"），有的属于教学进程的规划层面（如"常用先教、阶段性、层级性、注重教学中词汇的科学重现"），有的属于教学策略的处理层面（如"结合汉字特点，利用汉语词汇的特点，语素、字、词相结合，结合词的组合关系和聚合关系，注重结合具体语境，在语境、句子中教学，结合文化背景因素"），有的属于教学方法的使用层面（如"语素分析教学法"）；还有的则是从更为宏观的层面来考虑（如"交际性、针对性、系统性、全面性"等）。实际上，除了基于具体的教学策略和教学方法外，其他原则对于语音、语法、汉字等要素的教学大都同样适用，且基本都可以归入"因材施教"这个更高的层面。

作为总体指导着整个词汇教学过程的基本思想，二语词汇教学的基本原则应该从哪些方面来确立呢？词汇教学的原则具体有哪些？系统性和操作性何在？尤其是针对词汇系统中特异性鲜明而教学中长期存在但又不好解决的特殊现象（如涉及词汇—句法接口的词汇问题），能否提出更为有效的指导原则？如何才能把原则真正落实到具体教学过程中去呢？这些问题都值得我们进一步重新思考和探索。本文即在运用语言习得和语言教学新观念的基础上对此做出进一步的思考。

一、确立二语词汇教学基本原则的基本理念

原则是观念性的、指导性的，在一定程度上也体现为策略，具有可操作性。但原则又并非具体词语的教学方法，而是能够对教学方法、操作过程进行观念性指导的更高层面。基于此，我们认为二语词汇教学的原则设立应该体现"词汇 + 教学"及其关系的基本特征，即既要立足于汉语词汇系统的基本特点，又要从母语为非汉语的学习者最容易出现的词汇习得偏误入手，以有利于提高学习者学习效率并且有利于教师课堂讲练为根本目标。就此而言，自然要积极利用词汇的具体特征以及词汇跟语法之间的关系，但这些方面落实到原则层面，就要关注词语的形式、意义、用法和使用语境。只有这样才能将所谓的原则真正、具体地落实到汉语词汇教学中来。显然，这是一种"基于使用"（usage-based）的语言观和语言习得观、语言教学观。

首先需要说明的是，原则的确立似乎具有客观性，实际上并非完全如此。在对上述论及教学原则的文献进行分析后我们发现，所有的原则都或隐或显地具有理论（或理念）偏向性，不同的理论背景、教学理念对教学原则的确立和理解都有明显影响，甚至具体的教学实践也对研究者采取什么教学原则有导向作用，

即具有教学偏向性。本文对教学原则的理解也是如此。本文试图借鉴当代语言学和语言教学的新理念来重新审视词汇教学的基本原则问题。基于我们的理论探讨和教学实践,我们认为,近年学界提出的一种新型二语教学语法体系"三一语法"(Trinitarian Grammar)可以为此提供一种观念上的启发。这种语言习得观和教学语法观与当下方兴未艾的"构式语法"(Construction Grammar)理念相通,后者在语言习得中的有效性已有一定的实践基础。本文即从"三一语法"的基本理念出发,同时借鉴构式语法[尤其是 Goldberg(1995、2006)等所倡导的认知构式语法]的基本理念①,来探讨二语词汇教学的基本原则及其策略。

在展开论述之前,我们先对"三一语法"的基本观念和框架做出简单说明。与构式语法一样,"三一语法"所持的教学语法观是大语法观,即将语法和词汇视为一个连续统,甚至对两者并不做出严格的区分,而将所有语言单位都看作形式和意义/功能配对体的构式。在这种教学语法观中,词项本身也是构式,其特征不但包括形式和意义/功能方面的特征,还包括词语的用法特征。就此而言,讲意义和用法实际同时也是在讲句法。如教"给、送"和教双宾语结构,是互为表里的(当然,前者对所适用的语境有更具体的要求)。即使是句型句式这样的句法格式,也必须

---

① 构式语法的核心理念是将语言系统中所有层级的单位(无论是实体的语素、词、固定习语还是抽象的句式、格式甚至语篇)都视为"构式"(construction)。构式作为形式—意义对(form-meaning pair),"它在形式或意义方面所具有的某些特征不能从其组成成分或业已建立的其他构式中完全预测出来"(Goldberg, 1995: 4)。后来其内涵在此基础上有所修正,认为"即使有些语言形式是可以充分预测的,只要它们的出现频率足够高,也仍然被作为构式而存储"(Goldberg, 2006: 5),但核心内涵未变。

结合词项的说明才能阐释清楚某一句法格式的有限能产性问题。不仅如此,"三一语法"还遵从"大词库、小句法"的语言学理念,将很多传统研究中视为句法因素的现象放到了词库层面来处理,基本上只是将屈折形态、线性配置、照应关系等具有结构规则性的编码系统及其操作归入句法。而且,有的语言项目,在教学实践中到底是归入语法项目还是归入词汇项目(如离合词、二价动词、二价名词、二价形容词等,下文将举例论及),视教学者观察的视角和处理的策略而定,没有必要做出严格的区分。这样,"三一语法"所关注的语法项目实际上既包括一般句法项目(如句型、句式),也包括具有特殊句法、语义、语用表现的词项式语法点(如"别、了、都、往往"和"操心(操~心)、合作(跟~合作)、兴趣(对~的兴趣)")和特殊语块式语法点(如"请问、几岁、不怎么样、一……就……、都……了")[①]。

基于冯胜利、施春宏(2011、2015)的阐释,"三一语法"是一种新型的"三位一体"的二语教学语法体系,其基本框架包括三个方面:(1)句子的形式结构;(2)结构的功能作用;(3)功能的典型语境。这里的"形式结构"指语法点所处语句依照虚词和实词的组织安排而体现出来的成分序列及其特征,包括该句型的基本结构形式和对该结构的特征的说明。如对初中级汉语作为二语的学习者来说,"把"字句的基本形式结构是:A+把+B+V-R/PP,其中:B须是有定的NP;V需是行为性动词;V的后面要么带一般补语(R),要么带地点性成分(PP)。这个

---

① 还需说明的是,"三一语法"视野中的语法,还包括韵律语法、语体语法视野中的语法。限于篇幅,这里不再展开,但后文第四节谈论"词语辨析的最小差异原则"会有所涉及。

维度是有关"是什么样"的问题。"功能作用"指该句子结构在交际中具有什么用途,如"把"字句用来表达物体的位移或行为引发的结果。这个维度是有关"干什么用"的问题①。"典型语境"是指让功能发挥其作用的典型场所,如"把"字句的典型语境是"搬家、安置家具和物品"和"整理房间、打扫卫生"等,它的设置都跟位移/结果有关。这个维度是有关"在哪儿用"的问题,试图解决学生"语言习得脱离实际"和教师"语言教学无从下手"的问题。特别需要说明的是"功能的典型语境",它以功能实现的场景典型性,以及教与学两方面的适应性为前提,因此它不是语言分析和语言教学中所谓的一般语境,也并非简单地指汉语使用者最常见的语境,而是根据教学对象的认知经验、二语习得的特定阶段和语言教学的生动便捷而归纳出来的"教学型"语境。这三个维度彼此独立而又相互联系,构成一个有机整体,即化一为三,合三为一。这种三维一体的语法系统,体现了"场景驱动、功能呈现、法则匹配"这一教学法的科学性(冯胜利、施春宏,2015:前言),既有很强的实践价值,同时也有很高的理论意义。

基于"三一语法"理念及其体系,我们认为可以用它来重新认识二语词汇教学中的相关问题。当然,这不是说本文将词汇教学都看成语法教学,而是主要借助"三一语法"对语法项

---

① 需要特别提请注意的是"三一语法"对功能作用的特定理解。冯胜利、施春宏(2011)指出,该教学语法体系中所谓的"结构的功能作用"跟布拉格学派等功能学派提倡的"句法、语义和语用的交际功能"虽有学术的因承关系,但在领域和系统上有着本质的不同(体现出教学语法和本体语法的差异)。功能语法的功能一般以交际对象的"人"(如跟谁说时所用的)或语言形式的"义"为中心;而"三一语法"作为教学语法,它所注重的"干什么用"的"用",严格限制在所用的"事"上(虽然也涉及人),语言形式的意义也通过功能来呈现。

目的分析理念来重新审视二语词汇教学中涉及词汇—句法接口（interface）的问题。这些问题实际上正是词汇教学的重点和难点所在，可是同时又往往是传统的词汇学理念和词汇教学理念关注不够或不好解决的地方。如前所述，根据构式语法的基本理念，词项在本质上具有构式性（constructionality），即形式和意义（本文的意义取广义理解，包含功能）具有配对性，而且这种配对是在特定语境中规约化的结果。习得一个词项，除了要习得它的结构形式[①]，还要同时习得它的意义及其所适用的语境特征，而且只有了解了意义所适用的语境特征才能准确地把握意义本身。习得构式的过程，是对构式的形式和意义同时做出概括和存储的过程。而形式和意义的配对关系只有在具体语境、特定场景中才能被充分激活、有效习得。也就是说，只有活跃在语境中的词项，才是活的词项，才能实现形式—意义对的交际价值。甚至可以这样认为，构式的内涵，应该从一般意义上的"形式—意义对"拓展到"形式—意义—语境对"。从这个意义上说，形式、意义、语境三者之间具有结构关系上的对应性。从"三一语法"的理念来说，词汇教学的根本目标就是使学习者能够有效地组词造句构篇并将之正确地用于具体的交际场景中，因此可以而且需要通过有效的词汇学习来带动语法学习、语篇学习，或者说词汇学习除了词音词形词义学习外，本质上还是在语法中学习，或者说所学的是大语法观视野中的语法。由此可见，虽然是基于"三一语法"，但我们并不是将这里的词汇教学等于语法教学。当然，由于重点解决接口问题，将"形式—意义—语境"的互动

[①] 词汇习得，自然还要习得词内组构成分，如语音形式、构词词素、词法形式及汉字形式等，但它们不属于本文探讨的范围，故不论及。

关系结合到词汇教学中，所以词汇教学和语法教学自然有交叠，而这些交叠之处正是"三一语法"理念比较擅长处理的地方，这也是下文论及的有些原则在一定程度上适用于语法教学的原因。这种"大词库、小句法"的基本理念，正是本文确立词汇教学原则的根本理念。

由此可见，我们需要从词项本身的构式性特征和词汇—句法接口方面来考虑词汇习得原则的构建。我们建立教学原则时还需要考虑学习者词汇习得过程中的特点、难点和教师在教学过程中的难点以及词汇教学的便捷性、可操作性，这些都制约着宏观原则的针对性，即还需要建构一些偏于策略性的教学原则。

基于这样的考虑，从"三一语法"的基本理念出发并将之应用于词汇教学，我们认为可以初步重新构建这样一些二语词汇教学的基本原则：意义和用法相结合的原则、典型语境驱动的原则、词语辨析的最小差异原则、语际差异的对比参照原则。这几个方面的原则，可以大体分为两个维度：前两项原则立足于"三一语法"基本观念及其内涵的不同侧面（具体顺序有别），即"意义和用法相结合的原则"主要凸显形式结构和功能作用的匹配关系，"典型语境驱动的原则"主要立足于这种匹配关系得以呈现的功能性语境；后两项原则倾向于教学过程的策略性，是教学中为突破重点、难点而需要参照的最基本的操作性原则。这些原则都是围绕如何习得和教授词汇内容的关键之处展开的。除此而外，还应有教学用语与词汇等级相适应这样一般性的原则。

当然，并非所有词汇项目的教学都需要同等地采用这些原则。教学的着力点就是特殊之处、认知难点，因此原则也是针对特异之处、教学和习得中容易出现偏失（学生偏误和教师、教材等失误）的地方而设立的。也就是说，确立原则要立足于习得对象的特殊用法和用法偏误①。因此这里只是针对性的说明，而不是全面的概括，也不是教学技巧和方法。至于如何理解词义、如何记住词形、如何扩大词汇量、如何安排词汇教学进度等教学策略，本文不做讨论。当然，原则应该能够指导具体教学过程中的策略和方法。

还有一个问题也需要说明一下。上文提到，上述几项原则，有的似乎不只是词汇教学的原则，语法教学似乎也需要这样一些原则；而像"语际差异的对比参照原则"尤其是"最小差异原则"，似乎是各种语言要素教学都需要参照且特别重要的操作性原则。就此而言，这些原则似乎都不是专属于词汇教学的基本原则了。对此，我们的看法是，就教学原则层面而言，无论是词汇教学还是语法教学，甚至语音教学、汉字教学，带有共性的地方并不少，因此很难找到绝对属于某个层面的教学原则。不过，既然是基于"三一语法"的教学理念来审视词汇教学，上述这些原则必然带有它所秉承的语法观。这种基于"大词库、小句法"观念的词汇教学理念，必然会带上一些也适用于语法教学的影子。但毫无疑问，如果基于词汇教学来理解，则有所侧重。而且本文是基于大语法观来重新审视词汇教学问题，以词汇—句法接口问题作为关注的重点，因此这些原则的确立，实际上是以词项在语法结构中的实现和在交际语境中的使用作为考察角度的，它自然会使基于这种观念的词汇教学原则呈现出传统意义上的词汇教学原则所不

---

① 就本文而言，我们所面对的主要是涉及词汇—句法接口的词汇教学问题，而不是所有词汇教学问题。

具备的某些特征。因此，这些基本原则的设立和操作不但有理论偏向性，同样具有词汇教学偏向性。

下面就来具体阐释各个原则的基本内涵，并举例说明各个原则的基本操作策略。

二、意义和用法相结合的原则

"词"的教学包括词音、词形、词法、词义和词用（词语用法）等方面。这里不谈词音、词形和词法，主要看词义和词用的教学问题。词义，不言自明，此不赘述。一般所言的用法，所指相对宽泛，既包括词语的搭配条件和句法能力，也包括具体的格式表达或句式选择，还包括语境的选择等（当然也有只是将用法理解成功能作用的）。我们这里主要指与词语搭配有关的问题，即词语在组合中的适用情况，具体地说，就是词语对特定组配的结构选择和对相配词语的选择限制。词语的使用实际就是词语进入形式结构中所呈现的方式和所发挥的作用。就此而言，"意义和用法相结合的原则"实际上是基于"三一语法"体系中形式结构和功能作用两者的结合。

在词汇教学过程中，学习者不仅要了解词语的意义，更重要的是要掌握词语的用法，以便能够正确地使用。意义是在用法中的，离开了用法的词义，学生很难真正理解，更谈不上使用了。在实际的词汇教学中，一般都很重视词的意义，而对词的用法关注得并不充分。比较典型的表现就是各类教材中的生词表，除了词音和词形，有的给出词义，同时给出非目的语的对译形式。但在给出词义时，又常常以近义词来释义，而对具体用法的限制涉及很少；即便是语法点注释的内容，对用法的说明往往也不够具体。这样势必容易造成词语习得的偏误。鉴于此，在词汇教学活动中，教师要把词语的意义和用法结合起来进行，而且尤其要注意通过用法来理解词义，说明使用。下面结合二语学习者在学习汉语词汇时经常碰到的问题同时也是汉语教师面对的难题，具体说明意义和用法相结合的原则及其具体操作。

词语的搭配是组词造句的基础环节，是展现词语用法的一个微观窗口。因此，教师在讲解词义时要特别关注其句法组合和语义适配的特殊情况。离开了具体用法的词汇教学，学生可能不会用，或者一用就容易出错[①]。比如，有的老师在教"办法"这个词时，仅告诉学生它的意思是"办事的方法"，与英语的"way、means"相对应。学生好像也明白了"办法"的意义，但同时也造出了下面的句子[②]：

(1) *为了达到他们的目的他们会做各种各样的办法。
(2) a. *我的目标是汉语说得跟中国人一样好，因此我经常问老师什么样的学习办法是好的。
　　b. *第二个是自己能决定自己的工作办法，很自由。

跟"办法"搭配的动词一般是"想／有／没有～"而不能是"做～"（与英语"make a way"不对等）；其意义侧重于"办"和"做"

[①] 对"桌子、大象，吃、属于，好、漂亮"这样的词语而言，形式结构和功能作用都能从其词类特征（暂不考虑语体特征）推导出来，因而习得时并不容易出现问题，这自然就不会成为关注的重点。特殊用法才是用法教学的关键所在。"三一语法"作为教学语法，着眼点正是集中在那些"教学中很容易说明、习得者很少出现偏误"之外的现象。

[②] 以下例句如无特殊说明，均来自北京语言大学HSK动态作文语料库。

的方式，常跟做某事或解决某个具体的问题搭配在一起，如"解决环境污染的办法、想办法解决环境污染问题"等，而不跟"思想、学习、工作、科学"等表抽象意义的名词搭配（这些正好跟"方法"区别开来）。显然，这里的形式结构不是简单地指主谓宾、名动形之类的顺序安排，而是结合了特定的组配方式和语义特征，也即：形式结构已经蕴涵在特定组合之中，用法的讲解实际也是在进行更为精准的形式结构说明。这就是本文所谓的"用法"。

像"办法"这样的词，其组合搭配通常具有一定的选择范围，组合方式也比较自由。而有些词语因经常共现，便形成了一种惯常性搭配，如"挑起—纠纷／祸端／矛盾、缓和—矛盾／紧张局势、创造—条件／机会、解除—后顾之忧／警报"等；还有一些词语的组合搭配确定性更强、也更固定，如"（功能）衰竭、（阳光）明媚、可持续（发展）、锻炼（身体）"等，类似于凝固短语。对于这些凝固程度较高的特殊搭配，形式结构合乎一般组合规则，但组配词项相当受限（有时是单向受限，有时是相互限制），这就是语块理论（Chunk Theory）中所指的配选式语块[①]。对这样的语块性结构，我们在教学时就要适当地将其作为一个整体教给学生。没有意义和用法的结合，这些

[①] 配选式包括定选式和配伍式两个下位类型。定选式语块通常由两部分组成，一般是固定的有序搭配，其功能已经类似一个凝固的短语，如"端正态度、锻炼身体、天资聪颖"等；配伍式语块的两部分虽然共现，但搭配的确定性没有定选式强，如"挑起—纠纷／祸端／矛盾、创造—条件／机会"等，而且在一定程度上可以有多种组合方式，如"矛盾是由对方挑起的、挑起了一个新的祸端"等。关于语块系统的层级及各个子语块概念的内涵，参见薛小芳、施春宏（2013）的分析和说明。

特殊现象的教学就很难到位。

对词汇教学来说，结合句法功能谈用法是基本的路径之一。没有不依傍句法的词汇意义，这也是学习者把握词义的基本切入点。尤其需要注意的是，汉语词汇系统中有些词必须借助特殊的框式结构才能呈现其特殊的论元结构（argument structure），如离合词、二价名词（如"兴趣、印象、意见、好感"等）、二价形容词（如"有利、不利、冷淡、热情"等）、准价动词（包括准二价动词和准三价动词，分别如"见面、问好、结婚、吵架"和"表示、当作、介绍、协商"）等[①]。这里的用法主要是具有特异性的格式表达，而不是一般的规则性内容。这些词，出现偏误的概率很高，不结合用法，就讲不到位。

以离合词的使用为例。离合词的意义和用法，跟一般动词相比，最大的不同就是具有可"离"可"合"的特点，而其中"离"的形式、方式是学习者最难掌握的。对这样的词，光靠意义的说明（尤其是用外文对译的方式来说明词义）并不能使学习者有效掌握句法的使用特异性。因此需要将它们的实际用法直接呈现出来，并通过多次再现和操练，形成框式意识，以强化特殊形义关系习得过程中的"表层概括"[②]。语言教学，需要充分利用学习

[①] 准二价动词和离合词有重叠的地方，如"帮忙、问好"之类既是准二价动词，又是离合词；而"睡觉、冒险"只是离合词，"并存、道歉"之类只是准二价动词。

[②] "表层概括假说"（Surface Generalization Hypothesis）指的是："与表层论元结构形式相关的句法语义概括，通常比基于该表层形式与另一不同形式（这种形式被假定为前者句法上或语义上的派生形式）这两者之间所做的概括更加丰富。"（Goldberg，2006：25）表层概括假说和场景编码假说（见下）是构式主义研究路径基于其基本理念提出的一系列假说中两个至为基础的假说，这两种假说都强调语言知识来自于语言使用及在此基础上所做的概括。

者对语言用法的表层概括能力和认知加工机制。其实，如果从离合词的具体表现来看，也许先采取离合短语的方式来教学，更容易形成短语式的表层概括，然后再呈现离合词的句法表现。也就是说，对典型的离合词而言，其句法表现实际上更像"语"而不是"词"。

比离合词现象更为特殊的是汉语中的二价名词、二价形容词、准价动词等，它们的意义和用法的特殊性及其习得难度长期未受到重视。这些词在语义上关涉主体成分和对象成分，并且常常需要通过介词来引导对象成分形成框式结构（如"对……（的）兴趣、对……有利、跟……见面"），在用法上很特殊。如果在教学过程中仅仅讲解它们的词义而不强调其用法上的特殊性，学生很容易用错[①]。例如：

（3）a. *我印象天津非常深。
　　　b. *以上是我流行歌曲的一些感想。
（4）a. *这样的现象相反原来的目的，是不是？
　　　b. *我小时候却不太喜欢母亲，我总觉得怕她，她很冷淡我。
（5）a. *所以不常到外边去，不常见面中国人，还有我的学习进步也不太发展。
　　　b. *生活既忙碌又紧张，没回家乡问好你们。

不管是二价名词"印象、感想"、二价形容词"相反、冷淡"，还是准二价动词"见面、问好"，当它们所关涉的对

[①] 关于二价名词、准价动词习得的特殊表现，分别参见蔡淑美、施春宏（2014），杨圳、施春宏（2013）。

象成分要出现时，都需要通过"对"或者"跟"之类的介词来引导。因此，用介词来引导对象成分是这些表面上看来并没有多大联系的词语之间的共同特性。如例（3a）应该为"我对天津的印象非常深"；（4a）为"这样的现象跟原来的目的相反"；（5a）则为"不常跟中国人见面"，等等。学习者由于不熟悉这些词在用法上的特殊性，往往直接将对象成分置于它们后面做宾语，由此导致了上述偏误。而这样一些特殊的用法，学习者即便到了高级阶段也未必能很好地掌握。为了形成有效的表层概括，就需要在这些类型的词语教学中，采取框式结构的呈现方式，使词项的特异性和局部句法表征的共同性都能得到有效呈现。

上面所举用例都是实词教学，虚词教学自然也离不开意义和用法的结合。虚词，既是语法的，也是词汇的，有的偏向于语法，有的偏向于词汇。但虚词所表示的意义多为语法意义，不易把握，不结合用法几乎无法讲清。但更为关键的是，虚词正因为其"虚"，只有提供"语义背景"也即"典型语境"才能使其用法"实"起来，因此我们将虚词教学放到"典型语境驱动的原则"中说明，此不赘述。

由此可见，词的用法及其使用条件必然牵涉词的语法功能的问题。也就是说，在词汇教学中，必然渗透着对词语组配条件、语法功能的教学。这既涉及词汇问题，也关涉语法问题，更是词汇和语法的接口问题。当然，词汇不同于语法，词汇教学也不等于语法教学，但词汇教学中容易出现偏误的地方常常是语法上有特异性或者难以解释清楚的地方[①]。因此，如何适当、有效地将语法知识渗透进来，是值得我们思考的。如前所述，现代句法理论中有一种"大词库、小句法"的趋势，将很多传统认为是句法现象的特征放到词项中去，词项本身就不再单单是传统的词音加词义，而是负载了各种词项特异性的用法。这与对外汉语教学界所提倡的"强化词汇教学，淡化句法教学"（杨惠元，2003）有相通之处。二语词汇教学实际上也需要建立和贯彻"大词库、小句法"的教学观念，甚至将很多语法规则现象的习得也化解到词汇习得中去。赵金铭（1994：6）指出，"教学语法的研究，可以说主要是用法的研究"，讲用法的目的是让学生了解在什么情况下使用这个词语和使用这个词语时应该注意哪些问题。基于此，"意义和用法相结合的原则"也可以称为"词汇教学参照语法功能的原则"。参照语法，就是参照规则性内容，可扩展，可类推，相对普遍化，但同时也要特别关注句法规则的适用条件，进而认识其部分能产性问题，因为所有的语法规则都是受限的，都具有词项适应的特异性。这在词汇而言，就呈现为特异性、个体性（各别性），语言习得必须习得这样的特殊语项的知识，习得组装规则和特殊语项的配合内容。如果再考虑到语法功能所体现的词语序列、语类组配等，甚至考虑到韵律形式对词语使用的影响，那

---

① 孙德金（2006）讨论了对外汉语语法教学中"不教什么"的问题，认为这是对外汉语语法教学的重要原则问题。文中所提的两个原则问题是：属于词汇范畴的不教；属于共知范畴的不教。前者强调语法教学和词汇教学的分野。需要进一步说明的是，哪些属于纯粹的词汇范畴，哪些属于词汇—语法接口的范畴。如上面所论及的二价名词、二价形容词、准价动词等，既具有词项的特异性，又具有语法的规则性。对这样的词汇和语法的"中介"现象，往往应该成为词汇教学的重点，也是语法教学需要关注的对象。

么这项教学原则也可以进一步概括为"形式和意义及用法相结合的原则"①。

三、典型语境驱动的原则

词汇教学，一方面要让学习者掌握汉语词语的意义（即知道"是什么样"），另一方面要帮助他们掌握词语的用法（即知道具体"干什么用"，用于怎样的形式结构和搭配中，能实现怎样的语言形式）。不过，仅仅知道"是什么样"和"干什么用"并不意味着就知道了"在哪儿用"。"三一语法"的第三个维度"典型语境"就是试图解决"在哪儿用"的问题。将典型语境（即词语在什么样的场合中使用）这一维度考虑进来，就是要使学习者不仅实现"能懂"的目标，而且达到"会用"的水准。

首先需要说明的是，"三一语法"主张设立的典型语境，正如前文所指出的，是基于二语习得和教学的特征而归纳出来的"教学型"语境，并非理论研究和一般教学中所谓的语境，也非母语者的常用语境。这种语境既是认知的，又是教学的，具有二语习得阶段性和二语学习者的日常经验性。如"往往"用来表达带有

---

① 近些年，语块问题受到了语言研究和语言习得与教学研究的广泛关注（薛小芳、施春宏，2013）。语块包括多词结构、插入语、框式结构、关联词语、习惯搭配、口语惯用句式等。很多语块现象，在传统教学中都是词汇教学和语法教学都不怎么管的。这些单位放到哪部分教？尤其是那种既非习语又无句法层次关系的框式结构，若采取基于表层概括的整体习得和教学，显然更有效率。如"太……了"，这种框式结构是词汇到句法的过渡单位，结合词汇教学显然比较方便。因为虽然知道了"太+A"结构，就知道了"太……了"的组配可能，但未必知道"太……了"的整体功能。语块既是构式研究的重要内容，也应是词汇教学的一个重要内容，"三一语法"对此也做了较多的关注。

规律性或倾向性的情况，或对以往经验的总结时，教学中可以设立这样两个典型语境：1）谈某种习惯。例如：李红往往一个人逛街，一逛就是一整天。|这半年，吉米特别努力，往往工作到深夜。2）说人生常理。例如：不爱说话的人往往害羞。|人一到中年，记忆力就往往开始下降（参见冯胜利、施春宏，2015：155—156）。又如"离"用来表达 A 和 B 之间空间或时间上的距离时，教学中可以设立这样两个典型语境：1）谈两地、两人或两物之间的距离。例如，甲：北京大学离清华大学有多远？乙：不远，一站地儿。|电视离沙发太近了，看久了会伤眼睛。2）谈时间上的距离。例如：现在离春节只有一周了，得准备准备了。|离出发只有十分钟了，人怎么还没到齐？（参见冯胜利、施春宏，2015：102）设立这种语境的背景是，将说话视为做事，而做事就是做事的人在具体场景中实施某种行为。在这种语境中习得语言，既能使学习者进行"场景编码"，又能使语言学习者直观感知到发挥功能作用的典型情景[①]。这种语境的设置，要注意语境和语例在结构和功能上相匹配。

在词汇系统中，虚词的特异性至为鲜明，是最能体现既是词汇的又是语法的这个特征。目前的虚词教学，虽然在知识体系性介绍方面，多放到语法中，但就具体的词项教学而言，则列入词汇中；即便是放到语法中，也是多作为标记词的形式出现，跟一般的句型、句式之类的典型语法知识并不相同。而虚词教学一直是难中之难，"在外国人学习汉语所发生的错误中，有关虚词的

---

① 关于句式性构式的生成机制，构式语法提出了"场景编码假说"（Scene Encoding Hypothesis）："与基本句子类型相对应的构式将人类基本经验的事件类型编码为构式的中心意义。"（Goldberg，1995：39）

错误占一半以上"（李晓琪，1995）。"跟实词相比，虚词的数量少得多，……但它的使用频率很高，而且个性很强，运用复杂，所以从写作上看，不管是外国人还是中国人，毛病常常出现在虚词的使用上。"（马真，2004：5—6）虽然如此，但如果建构出恰当的认知语境，必然有利于提高虚词的习得效率。如"挨"有这样一种功能："被动用法，用来表达遭受某种动作，具有口语色彩。"教学时可以设立跟遭受打骂、批评有关的语境，如家里受父母惩罚，上课时受到老师批评。这都是初中级学生日常经验所熟知的惯常语境，教学中也便于激发学生的表达能力。这样，在结合一定的形式结构后，在"家里受父母惩罚"这一语境中就可以基本上造出类似于下面这样的表达：

（6）a. 这孩子跟父母撒谎，结果挨了一顿打。
　　　b. 我昨天跟爸爸吵嘴后，挨了妈妈的骂。

　　虚词有时即便放在单个句子中也还不能准确揭示其意义，只有在特定语境、具体场景中才能说明白。为此，马真先生提出了"语义背景"这个重要概念，即："某个虚词能在什么样的情况或上下文中出现，不能在什么样的情况或上下文中出现；或者说，某个虚词适宜于什么样的场合或什么样的上下文中使用，不适宜于什么场合或什么样的上下文中使用。"（马真，2004：193）对虚词而言，特定语用场景具体体现在上下文的语义背景上。在虚词教学中常常发生的现象是，老师讲完了某个虚词的意义和用法后，学生看起来很明白，但一用就出错。比如"终于"这个词，意义并不难理解，一般概括为"经过较长时间最后出现某种情况"；作为时间副词，用法也不太复杂。但许多学生在使用"终于"

时经常会出现偏误。例如:

(7) a. *他的生意越来越不好,终于破产了。
b. *我的爷爷也吸烟,吸烟得了病,终于他去世了,因此我讨厌吸烟。
c. *我认得一些同学,学了几年的汉语,考了汉语水平考试,但终于没有通过考试。

上面这些句子的"终于"都用错了,只能换成"最后"或"最终"。看来,学生从"经过较长时间最后出现某种情况"这一笼统的意义说明中还无法确切知道"终于"的使用背景。那么,到底什么情况下可以用"终于"呢?不妨对比一下使用正确的例子:

(8) a. 前几天一直下雨,今天太阳终于出来了。
b. 经过他们的努力,实验终于成功了。
c. 他学习很努力,终于考出了好成绩。

跟例(7)相比,这些句子展示了使用"终于"所应具备的特定背景:"终于"多用于"希望出现的、好的或令人满意的"情况,那些"不希望、不好的或不满意的"情况一般不用"终于",而要用不受此限制、仅表示时间或次序上排位在后的"最后"或"最终"。只有明确"终于"使用的背景,母语为非汉语的学习者才能准确把握它所表示的意义和用法,才能辨析清楚它与"最后/最终"等近义词之间的差异。基于"三一语法"的语法点分析,在设立句子性语境时,一般要求由相关句子来提供具体的背景,如上面例(7)和(8)中的前半句提供"某种状况经过了较长时间(接下来某种变化将会发生)"这样的语义背景,后半句提供"(承接前面状况而出现了)希望出现的、好的、令人满意的变化"

这样的语义背景，"终于"出现于后半句的语义背景中。这样就能使学习者基于表层概括而获得对语境的直观感知，而且教师也便于由此相对便捷地进行系列性的句型操练。

当然，回过头来看，上面关于"终于"的释义"经过较长时间最后出现某种情况"，实际并不到位。如何在释义中体现近义词的语境差异，确实需要专题研究，学界对此认识不多。用法和语境的结合，也应该是词语释义需要参照的一项原则。教师、教材应该把典型语境落实到词语释义当中。也即，典型语境驱动同意义和用法相结合应该是相通的，把典型语境融入意义之中进行教学，这样学生才能进行完善的表层概括。

如果从典型语境的角度来认识语义情景，就可以进一步帮助具体的教学，对了解"终于"的语义内容也更有帮助。如我们可以概括出"终于"所适用的典型语境：认真练习、复习而最后取得好效果：

(9) a. 这几天我一直在练字，现在终于会写毛笔字了。
b. 为了练口语，他天天去市场买菜，终于能说几句汉语了。

这样的句子可以造出很多，形成系列性的表达。典型语境驱动的关键就在于师生在互动中将教学点的形式和功能结合起来。而在典型语境中设置"问答链"，能够强化学习者的使用频率，建构并固化其知识结构。这也是实现建构主义教学模式的基本路径[①]。

[①] 语言学习的建构主义（constructivism）特别重视语言习得过程中的频率效应（frequency account），在使用中习得语言［参见 Gass & Selinker（2008：

在讲解虚词的语义背景时，一定要尽可能地结合典型语境，并用极其简单的句子将这种语境表达出来。这不仅是语境提取和设置本身的问题，也是在操练学生的篇章表达。

从上面的例子可以看出，词汇教学中紧密结合词语所出现的特定语境，可以起到事半功倍的效果。每一个词语的语法功能和使用场合都有特定的要求，而语境是涉及很多不同层面的、非常复杂的系统。语义背景只是特定语境的一个方面或者说一种视角，还有其他的一些方面，如语段、篇章、文化背景等等。而如何将词语的意义、用法和特定语境有机结合起来，如何选择和提炼适合学习者学习和理解的典型语境，如何在课堂上富有成效地通过典型语境来导入、操练，最终使学生达到恰当、自如使用词语的目的，是值得每一个教师思考、重视的问题，同时也是充满蓬勃生机的发展领域。

有时典型语境并不好归纳，或者归纳出来未必适合教学场景，这时例句所提示的语境功能就显得特别重要。例如语体问题一直没有引起汉语作为二语教学的关注，功能语法也未曾关注"使用中的语体问题"，但语体却是"三一语法"的"典型语境"中不可或缺的成分之一。实际上，语体是相关语境的进一步抽象概括。不同的词项（语法点），有时功能基本一致，但语体并不相同（使用的场所、对象和内容不同）。我们可以通过不同的例子（这是

219—226）的介绍和阐释］。基于建构主义的教学模式"强调以学生为中心，视学生为认知的主体，是知识意义的主动建构者"（何克抗，1997），教师在教学环节中要创设有效的知识情境，帮助学习者自主建构所学知识的意义。因此，学习者知道某个语言知识"在哪儿用"才是学习的关键。这就将研究教学中应该如何处理"在哪用"的问题作为知识学得的突破口。其实，语境设置也是促进学习者隐性学习（implicit learning）乃至隐性教学的重要而有效的途径。

语境的体现）来展示其差异，以强化学生语体语法的感觉。如近义副词"差点儿"和"几乎"的语体差异体现在，前者比较口语化，后者比较正式。因此，下面的句子就不怎么能换位：

（10）a. 他第一次跟女朋友约会就差点儿迟到。
　　　 b. 他几乎抵达终点了，却突然跌倒。

像"怪……的"，跟"挺"意思相同，用来表达具有比较高的程度，带有轻松评价的口气。它们都有口语色彩，但"怪"带有更多的俚俗语色彩。例如评价某人或某物时：

（11）a. 这人怪讨厌的，总在背后说人坏话。
　　　 b. 我买的这件衣服还没穿就过时了，怪可惜的。

四、词语辨析的最小差异原则

词语辨析（无论是显性的还是隐性的）是词语教学和习得的重要策略。为了帮助学习者将那些意义相近、句法特征相关、同音或写法相似的容易混淆的词语类聚——易混淆词（confusable word）区分开来，词语辨析就成了教学中不可缺少的一个关键环节，也是词汇教学过程中的一个难点。目前学界对易混淆词及其辨析原则和词典编撰等方面已经展开了较为系统的研究，如张博等（2008、2016）等。在易混淆词中，最为普遍、最为集中、最为顽固的偏误主要集中在近义词上，这是教学中为什么特别关注近义表达辨析的根本原因，而且近义词习得数量和质量也是判断语言习得水平高低的重要标志。因此，这里以近义词为代表，对词语辨析的基本原则做出分析和说明。

关于如何进行近义词辨析，学界早有讨论，成果也很丰富，主要集中在以下几个方面：（1）辨什么，即辨析的角度和具体途径问题，如从理性意义、色彩意义和用法、语境等各个方面来进行辨析。（2）怎么辨，学界提出了不少具体的辨析策略，基本上都主张抓近义词的主要差异。（3）以词典形式呈现的常用近义词辨析结果。由此可见，近义词辨析涉及众多方面和侧面。那么，近义词辨析以及相应的教学该以什么作为抓手呢？

词语辨析，应结合学习者的实际情况和具体教学内容，践行词语辨析的"最小差异原则"。所谓"最小差异"，指的是在词语辨析过程中侧重其区别性特征，一次基本上侧重一个方面，提供一个知识点，在"一切相同，只差一点"的最小差异对（minimal pair）里来进行比较，以降低新信息加工的难度[①]。有的教师在近义词辨析的教学过程中，常常从理性义、色彩义、用法等各个方面对近义词进行综合的、全面的分析，认为这样才能展示给学生最完整和系统的知识。实践证明，那些差异点较多的近义词比较在教学中如果一次性全都展示，全都讲练，学习者的认知负荷很重，难以产生积极的效果。下面以"不"和"没"的词义辨析为例，具体说明如何实施最小差异原则。

"不"和"没"这对近义词在否定的侧重点、时体要求、搭配对象和用法等方面都有区别。可是，这些差异不会全部都集中在某一次或某一句的表达中。在特定的语句里，它们之间的差异主要在于某一个关键点的不同。比如，在学到"没"的时候，学

---

① 发现或构建"最小差异对"（也作"最小对立对"）是语言研究的最为基本的分析方法，教学中也应如此。这里提出的"最小差异原则"和张博（2013）在讨论外向型易混淆词典的编纂原则时所提的"一异一辨"策略是相通的。

生的作文里出现了这样的偏误句：

（12）*我特别烦我父母，每天在我的身边像教孩子一样干涉我，所以我没去上课而且老师布置的作业也没做。

从上下文来看，此句中的"去上课、作业"是作者不想或者故意不做的事情，带有很强的主观意愿在里面，应该用否定主观意愿的"不"而不用否定动作行为发生的"没"。虽然"不—没"还有很多其他方面的差异，可是在这个特定句子中就只展现了一点。在教学过程中，教师可以通过正误句子的对比来突显其中的"最小差异"。例如：

（13）a. 我身体不舒服，打算不去上课了。
b. *我身体不舒服，打算没去上课了。

在这样具有"最小差异"的环境里进行比较，"没"和"不"的区别一目了然，教师这时再有针对性地对它们的使用要求加以说明，学生应该比较容易掌握二者在这点上的区别。

再看另一个"不"使用不当的例子：

（14）*但是我去年暑假不回日本，因为在这儿过比在日本过费用便宜得多。

这个句子中的"去年暑假"表明是过去的时间，此时应该用"没"而不用"不"。在这个句子中，"不—没"的最小差异在于对时体的要求有不同，"没"多用于否定已经发生的事情，"不"多用于否定现在的或者将来发生的事情。依据最小差异原则，不妨将其区别展示如下：

(15) a. *但是我去年暑假不回日本，因为在这儿过比在日本过费用便宜得多。

b. 但是我去年暑假没回日本，因为在这儿过比在日本过费用便宜得多。

c. 但是我明年暑假不回日本，因为在这儿过比在日本过费用便宜得多。

d. *但是我明年暑假没回日本，因为在这儿过比在日本过费用便宜得多。

原则上，关于"不"和"没"之间的复杂差别，都可以依据最小差异原则来一项一项地进行辨析。在辨析的过程中，教师应适当结合不同教学阶段的具体语法点来进行比较。比如在教能愿动词这一内容时，便适时展示"不"和"没"在与能愿动词搭配方面的最小差异，给出"一切相同、只差一点"的典型例句（实际也就是设置了典型语境），等等。这样，在每一个教学阶段，都根据教学内容的安排，抓住其中具有区别性特征的最小差异来进行讲练，每次集中精力解决一个方面的问题，其他差异可以先不管。待有教学内容的需要或者学生出现了其他方面的偏误，再进行辨析。

当然，并不是每一组近义词之间的差异都像"不"和"没"那样复杂和多面。很多近义词的区别比较简单，在教学时只要抓住其中最具有区别性特征的方面、给出"最小差异对"的典型例句，有时一两句话就足矣。这时最好的处理策略，就是在适当的语境中给出合格与否的用例来呈现其主要差异。如"满足—满意"：

(16) a. *妈妈对我这次的考试成绩很满足。

b. 妈妈对我这次的考试成绩很满意。

c. *我爱听、爱唱，没有机会就哼哼几句也觉得满意了。

d. 我爱听、爱唱，没有机会就哼哼几句也觉得满足了。

相较而言，"满意"的重点在"意"，表示他人或某事符合自己的心意；"满足"的重点在"足"，即自身感到已经足够了。

可见，近义词的讲练不能贪多求全，否则只能是欲速则不达。对于大多数学生，不必面面俱到地细讲，针对学生出现的错误讲清楚差别，让他们能正确运用即可。对于他们还没有遇到或还没有发生混淆的、目前还接受不了的、用于高水平表达的或者细枝末节的东西，可以暂不涉及。

词语辨析中还有一种现象长期未受到重视（虽然有时直觉上已经感受到了），即同义的单双音节词语的用法差异。近些年兴起的韵律语法、语体语法对此有了新的认识。例如：

(17) a. 阅读报纸　　　b. 读报

c. *阅读报　　　　d. 读报纸

(18) a. 昨天领导组织大家购买和阅读了新版宪法。

b. *昨天领导组织大家买和看了新版宪法。

以上两例中，"阅读"和"读、看"，"购买"和"买"都是近义词对，但它们音节数量不等，用法有别。例（17）中，双音节动词"购买"要和另外一个双音节动词构成"双配双"的韵律格式；而对应的单音节动词不受这个限制。这种单双音节的对立也体现了书面正式语体与口语非正式语体的对立。例（18）中，并列的单双音节动词后面所带的成分都不是单音节，似乎都应该合法了，但仍然形成了句法对立。这是因为"V 和 V（＋宾语）"这种格式的使用受到了语体限制，它是口语里不能说而书面语里可以用的句法格式。由此可见，虽然近义，但音节数量多少存在语体性质的差异，因而在词汇教学过程中要摆脱"裸体教学"。"三一语法"视野中的语法也将韵律语法、语体语法的基本认识纳入其所主张的教学语法体系中（参见冯胜利、施春宏，2015）。这也是当下词汇教学中所应该特别引起重视的方面。很多附载在词汇之上的内容，并不能通过传统词汇观和语法观就认识到位，需要在新的理论背景下使其显现。

值得注意的是，最小差异原则是针对具体的、特定的近义词教学活动提出来的操作原则，这并不意味着所有的词义辨析就只能以分散的方式来进行。在合适的阶段和时期，教师可以把近义词集中起来进行讲练。一般来说，初级阶段的近义词辨析采用分散的随机教学，到了中高级阶段可以适当进行集中系统教学；学期中采用分散教学，在期末的总结复习阶段可以挑选出一些常用的近义词，通过典型例句集中展示它们的主要差异，归纳出需要特别注意的方面，再让学生反复练习，巩固知识，培养语感。这也就是说，教师既要注重每一次细水长流的辨析，也可以根据需要展开集中强化的归纳总结，循序渐进地帮助学生构建近义词辨析的知识网络。

五、语际差异的对比参照原则

对母语为非汉语的学习者而言，在词汇学习过程中，还有一个较大的干扰来自于自身母语或所熟悉的其他语言。学习者往往将母语或其他语言中的某个词与汉语里的词对应起来，把母语词的意义、组合、搭配等用法类推到汉语的对应词上去。由于每种语言中词汇的语义系统或词语用法并不一致，这样的对应就造成了语际负迁移。

语际负迁移在不同语言背景下的学习者身上都具有普遍性。教材生词表所展示的与目的语（汉语）对应的外文对译词常常会给学习者带来很大的干扰，尤其是汉语中具有近义关系的一组词对应于学习者母语或某种熟悉的外语中的某一个词的情况。例如：

(19) a.*我的母亲是老一代人，她想女人到了一定的岁数就一定要结婚。（应为"认为"）

b.*但对父母来说，他们先想男子的家庭环境，然后想钱、学历等等。因此父母与子女之间常常发生问题。（应为"考虑"）

(20) *我每天很早上班晚上很晚才下班，工作得实在太辛苦，总觉得自己为何活着，为什么东西要吃这么多的苦。（应为"思考"）

(21) a.*我以为"绿色食品"和农药化学产品都要一起发展起来。（应为"认为"）

b.*虽然有时候我以为他们很可怜，不过这也是无可奈何的。（应为"觉得／认为"）

(22) a.*老师认为奇怪，调查以后，我们都知道了。（应为"觉得"）

b.*我年青的时候，我并不了解我父亲。那时我认为他不爱我，在他的眼光里我是废物，后来发现我的父亲也爱我。（应为"以为"）

(23) a.*有的人认为吸烟是我的一种权利，没什么理由干涉我的一种生活享受，但是我们不能只思考我自己，应该多想想别人。（应为"考虑"）

b.*他们为什么不去思考更好的办法呢？（应为"想"）

(24) a.*或者妻子也要振作一点，找好的方法去解决，不要考虑自杀就能了结自己的心愿，而且伤害到自己的亲人。（应为"认为／以为"）

b.*他一考虑要打水就开始发怒。（应为"想到"）

"想、觉得、以为、认为、思考、考虑"这些词构成一个易混淆的词群（张妍，2006），它们之间的差别又比较复杂，学习者如果分辨不出这些细微差别就很容易用错。除了义近混淆的因素，我们认为上述这些偏误在很大程度上也受到了英语的负迁移影响。汉语的"想、觉得、以为、认为、思考、考虑"都可以用英语的"think"或"think about"来对应，英语背景或熟悉英语的学习者常常按照"think"或"think about"的词义和用法来使用汉语的这些具有差别的近义词，因此出现了复杂的多对多式交叉混用偏误。

不仅意义相近的对译词会带来语际的负迁移,对于汉字文化圈的学习者,汉语和其母语中汉字词形相同相近的词语也容易带来语际偏误。学界已经注意到(鲁晓琨,1990;潘钧,1995;刘富华,1998;全香兰,2004;陈晨、许文平,2009;施建军、洪洁,2013等),在日语和韩语中存在着不少汉字词,其中有一部分汉字词在书写形式上和汉语词相同或相近,但意义和用法实际有别。这些同形词之间的差异常为日韩学生习得汉语时所忽视。例如:

(25) a.*他日常就很痛苦,他自己想死,要安乐死。(日本,应为"平时")

b.*非洲人也是跟我们一样的人间。(韩国,应为"人")

"日常"在日语和汉语中都跟"平时"这个意义有关,但二者的词性不太一样。汉语的"日常"是属性词,但日语的"日常"是名词。韩语中的"人间"是"人"的意思,而汉语的"人间"指的是"人类社会;世间"之义,二者在词义上有明显的区别。这些都是受母语中汉字词的影响而带来的语际偏误。

有时甚至在意义和词形上均没有什么联系的一些词语也会给学习者带来负迁移。例如:

(26) a.*在一间男校里,男生们最喜欢的就是电脑游戏里的打足球。(应为"踢")

b.*我最喜欢的是打扬琴的那位很漂亮的小姐。(转引自张博等,2008:53)(应为"弹"或"敲")

c.*也有人一边打二胡一边唱歌。(转引自张博等,

2008：53）（应为"拉"）

d.*如果长辈喜欢打围棋，那就针对围棋谈话。（应为"下"）

e.*如果你今天问他对什么有兴趣，他大概要回答"我喜欢时而看电影，时而打计算机。"（应为"玩电脑"）

f.*我父母以前没有学过电脑，他们常常批评整天打网的我，他们担心因为电脑我的成绩不好……（应为"上"）

"打—踢—弹—拉—下—玩—上"在意义上和词形上都没有什么联系，汉语母语者绝对不会将其弄混，但以英语为母语或熟悉英语的学习者出现了上述偏误。这主要是因为他们将"打"的意义及其用法误推到其他词上去。表示"做某种游戏"的"打"在英语中的对译词为"play"，而英语中的"play"不仅可以与"basketball、football、tennis"等表示各种球类运动的词语搭配，也可以与"piano、violin"等表示乐器的词语搭配，还可以与"chess、internet、computer games"等表示智力或娱乐游戏的词语相搭配。当学生知道"打篮球"的英译为"play basketball"时，就将英语"play"的其他搭配也搬到汉语中来，出现上述"打足球、打扬琴、打二胡、打围棋、打计算机、打网"等错误搭配，造成误用的情况。

值得注意的是，有的语际偏误在不同母语背景下的学习者中都普遍存在，如将"think/think about"的意义或用法套用到汉语的"想—觉得—以为—认为—思考—考虑"上。而有的语际偏误可能只在单一母语背景或少数母语背景下的学习者中存在。像下面这样的偏误只在蒙古学生中存在而一般不会被其他母语的学习者所混淆（周琳、萨仁其其格，2013）：

(27) a.* 我不打算出几个孩子。
b.* 熊猫繁殖能力不强，一般出一二小熊猫。

以上两例的"出"应为"生"，这种特异性语际偏误是受蒙古语的影响而导致的。

基于以上对母语为非汉语者在学习汉语词汇时所出现的语际偏误分析，我们认为在词汇教学中要贯彻"重视语际差异，加强对比研究"的原则，要有针对性地进行语别化教学。

所谓语别化（language-specific），就是针对教学对象的母语特点及通过与目的语的比较来选择和安排教学的语言项目，设计教学过程，选择教学策略（施春宏，2010）。也就是说，教师要关注学习者母语词汇的特点以及与汉语词汇的差别，既用其他语言的眼光来审视汉语，也需要用汉语的眼光来看其他语言。在词汇的差异比较中，教师还应区分出哪些词汇偏误是共通性的，哪些是特异性的。对于学生反复出现偏误且具有共通性的那些词语，教师在课堂上应采取集中训练的教学方式；对于某种语言背景下的学生出现特异性偏误的那些词语，教师应该采取有所分别、单个突破的教学方式。

六、余论

以上我们就汉语作为第二语言的词汇教学中既关系全局又独

具汉语特点的现象提出了相应的基本原则和实施策略。这些原则虽然无法涵盖汉语词汇教学过程中出现的所有问题，但却是针对教师在教学过程中最难处理和最容易忽视的方面、二语学习者在词汇习得中最容易出现偏误的地方来考虑的；是在现代语言学背景下基于"三一语法"的基本理念而建构起来的二语词汇教学的基本原则及相关策略。它们试图既将"交际性、针对性、系统性、层级性"等宏观原则真正落实到位，同时还具有很强的可操作性和实践性。

在二语词汇教学中，还有一个需要特别提出的地方，就是教师要特别注意教学用语的选择。不管是生词的释义、课文的讲解还是例词、例句的展示，都应该根据学习者的汉语水平和理解能力来考虑，遵循"教学用语与词汇等级相适应的原则"，即教师要尽量在学生能理解的范围内谨慎选用适当等级的词语来进行课堂教学，做到浅显、明白、易懂。具体来说，就是尽量用学生学过的词语来解释生词和讲解课文，尽可能避免使用学生没学过的词语尤其是高级词甚至超纲词来解释或举例。尤其是一般不要直接照搬基于本体研究的论著和工具书上的内容来教学，而是根据学生的语言水平对现成的释义内容进行"再加工"。还有一个不容忽视的方面就是语言学术语的使用，总的原则是"必要的不躲，不必要的不用"。

无论是词汇教学还是语音、语法教学，教师只有时时处处心中有学生（目标），胸中有乾坤（原则），手中有方寸（方法），才能在词汇教学中取得理想的教学效果。

参考文献

[1] 蔡淑美、施春宏（2014）基于汉语中介语语料库的二价名词习得研究，《语言文字应用》第 2 期。

[2] 陈晨、许文平（2009）汉日同形词对比与语际迁移偏误生成，《海外华文教育》第 2 期。

[3] 冯胜利、施春宏（2011）论汉语教学中的"三一语法"，《语言科学》第 5 期。

[4] 冯胜利、施春宏（2015）《三一语法：结构·功能·语境——初中级汉语语法点教学指南》，北京：北京大学出版社。

[5] 何克抗（1997）建构主义的教学模式、教学方法与教学设计，《北京师范大学学报（社会科学版）》第 5 期。

[6] 李如龙、吴茗（2005）略论对外汉语词汇教学的两个原则，《语言教学与研究》第 2 期。

[7] 李先银、吕艳辉、魏耕耘（2015）《国际汉语教学：词汇教学方法与技巧》，北京：北京语言大学出版社。

[8] 李晓琪（1995）中介语与汉语虚词教学，《世界汉语教学》第 4 期。

[9] 刘富华（1998）HSK 词汇大纲中汉日同形词的比较研究与对日本学生的汉语词汇教学，《汉语学习》第 6 期。

[10] 刘座箐（2013）《国际汉语词汇与词汇教学》，北京：高等教育出版社。

[11] 鲁晓琨（1990）汉日同形近义词辨析方法，《外语与外语教学》第 1 期。

[12] 马静、行玉华（2008）对外汉语教学词语释义的原则与方法，《重庆教育学院学报》第 4 期。

[13] 马真（2004）《现代汉语虚词研究方法论》，北京：商务印书馆。

[14] 毛悦主编（2015）《汉语作为第二语言教学——汉语要素教学》，

北京：外语教学与研究出版社。

[15] 潘钧（1995）中日同形词词义差异原因浅析，《日语学习与研究》第 3 期。

[16] 全香兰（2004）汉韩同形词偏误分析，《汉语学习》第 3 期。

[17] 施春宏（2010）面向第二语言教学的语言学教材编写中的若干问题，《语言教学与研究》第 2 期。

[18] 施建军、洪洁（2013）汉日同形词意义用法的对比方法研究，《外语教学与研究》第 4 期。

[19] 孙德金（2006）语法不教什么——对外汉语语法教学的两个原则问题，《语言教学与研究》第 1 期。

[20] 孙新爱（2004）对外汉语词汇教学应把握的几个原则，《云南师范大学学报（对外汉语教学与研究版）》第 2 期。

[21] 万艺玲（2010）《汉语词汇教学》，北京：北京语言大学出版社。

[22] 薛小芳、施春宏（2013）语块的性质及汉语语块系统的层级关系，《当代修辞学》第 3 期。

[23] 杨惠元（2003）强化词语教学，淡化句法教学——也谈对外汉语教学中的语法教学，《语言教学与研究》第 1 期。

[24] 杨圳、施春宏（2013）汉语准价动词的二语习得表现及其内在机制，《世界汉语教学》第 4 期。

[25] 张博（2013）针对性：易混淆词辨析词典的研编要则，《世界汉语教学》第 2 期。

[26] 张博等（2008）《基于中介语语料库的汉语词汇专题研究》，北京：北京大学出版社。

[27] 张博等（2016）《不同母语背景的汉语学习者词语混淆分布特征及其成因研究》，北京：北京大学出版社。

[28] 张妍（2006）欧美学生汉语中介语易混行为动词、心理动词及其辨析方法研究，北京语言大学硕士学位论文。

[29] 赵金铭（1994）教外国人汉语语法的一些原则问题，《语言教学与研究》第 2 期。

[30] 周琳、萨仁其其格（2013）蒙古学习者特异性汉语易混淆词及其母语影响因素，《语言文字应用》第 1 期。

[31] Gass, S. & L. Selinker (2008) *Second Language Acquisition: An Introductory Course* (3rd edition). New York: Routledge.

[32] Goldberg, A. (1995) *Constructions: A Construction Grammar Approach to Argument Structure*. Illinois, Chicago: The University of Chicago Press.

[33] Goldberg, A. (2006) *Constructions at Work: The Nature of Generalization in Language*. New York: Oxford University Press.

汉语动结式二字词组及其教学处理*

赵金铭

动结式是汉语重要的造词手段之一，称作补充式构词，如"推广"就是一个词。动结式又可以组成大量的词组，称作动结式词组，如"推开"就是一个词组，在句法结构中就叫结果补语。有时一个单音节动词，并未构成双音节动结式的词，语言生活中却构成不少双音节动结式词组。这是因为所有的单音节形容词都可以做动结式词组的补语，比如"弄"，就有"弄大、弄小、弄好、弄坏、弄红、弄黑、弄深、弄薄"等。一部分动词如"走、动、完、成、见、懂、破、翻、倒、停、住"等也可以，例如"弄走、弄完、弄懂、弄破、弄倒"等（丁声树、吕叔湘等，1979）。这就使得汉语中动结式二字词组的数量相当可观。

一、动结式是汉语具有特点的句法结构

由一个动词与另一个动词或形容词直接组合而成的动结式词组，是汉语句法系统中颇具特色的句法结构之一。因其句法关系

---

* 原文发表于《世界汉语教学》2016年第2期。

复杂多样，表达上灵活简便，而语义关系又非常丰富，因而一直是语法学界十分关注的研究课题。李临定（1986：198）说：动补结构"最能体现汉语结构简练而寓意丰富的特点"。动结式正是动补结构的一种。

语法学界虽对动结式词和词组的历史来源、结构形式、句法性质和语义关系等做过多方面的探讨，但至今在汉语语法理论研究和应用研究中依然占有重要位置。对动结式词组进行全面、系统探讨，当属施春宏（2008）。这是一部研究动结式句法、语义的力作，诸多问题都已有了结论。本文仅就外国人学习二字组动结式的词和词组所遇到的困难及处理办法做些探讨。

动结式词组外国人学习起来，是有一定难度的。由补充关系构成的复合词，如"改正、提高"是词，整体把握词义，还好理解，也不难使用。但同样是动结式的"改好、改错、改对、改坏、改糟、改破"等，却是词组，词典里是找不到的。外国学习者在表达中，不知哪些动词或形容词可以用作哪些动词的结果补语，也不知道自己组成的动结式词组是否妥当，因此应该用结果补语的时候，或因搭配不当而用错，或者干脆回避使用。有一则广告：皮鞋3折，"这鞋值哭了"。"值哭"不是词，像这样的词组，词典里查不到，外国学习者根本不理解，当然，也造不出来，就连母语者一时也不容易理解。

二、动结式的词和词组不易区分

动结式的词和词组，也不容易区分。在张斌先生主编的《现代汉语描写语法》（2010：58）"构词法与造词法"一章中，所举复合式合成词如下：

动+动：看见 打倒 放开 扩展 推翻 展开 达到 踢开 搬动 割断

动+形：看清 改善 纠正 证明 冻僵 降低 说明 看轻 搞臭

这里所列的"放开、踢开、搬动、看清、冻僵、搞臭"，《现代汉语词典》没收，显然是词组。

这也就是说，动结式复合词与动结式词组的界限并不是很清楚。语法学界也没能拿出区分二者的有效的界限标准，这是个连母语者都不容易说清的问题。

再看书中所引的动结式词组，举例如下（张斌，2010：308）：

V—V：听懂 戳穿 打死 赶跑 拿走

V—A：吃饱 长大 拧紧 晒干 走远 削平 挖深

其中"戳穿"在《现汉》中是作为词列出的，并非词组。而"穿"做补语的词组，又有"看穿、刺穿、打穿、滴穿、钉穿、说穿、凿穿、扎穿"等，均为动结式词组。这些是词典中所不列出的。

外国人学了一个动结式词组，再遇到一个新的结构相同的词组，并不能类推其语义。例如外国学习者学了"玩完了游戏，咱们就去打球"，再遇见"玩够、玩腻、玩傻、玩疯、玩穷"等词组，虽是同类型结构，却不知道是词还是词组，也不能推断其语义，等于重新学习新词。但是，在词典中却查不到这些词组。

有学者在解释动结式时认为，这种结构是"采用一系列双动联合结构，连续描述某种行为及其结果"。例如：

(1) 小偷<u>打破</u>了窗子，从里面<u>撬开</u>了门，<u>清除</u>了抽屉，<u>拿走</u>了所有值钱的东西。

在这个句子中，有好几个双动复合词"打破、撬开、清除、拿走"，这些双动复合词都是各自独立的（李英哲等，1990）。作者在这里既称作双动联合结构，又称作双动复合词，表明二者界限不明晰，认识也不统一。

倘若外国学习者问，对这两种结构形式一样的词和词组，怎样区分呢？朱德熙（1982：126）说："区别在于述补结构可以用'得'或'不'扩展，例如'长大'可以扩展成'长得大~长不大'，'看见'可以扩展为'看得见~看不见'；述补式复合词不能扩展，例如'改良'不能扩展为'*改得良~*改不良'，'扩大'不能扩展成'*扩得大~*扩不大'。"这不失为一种区分二者的方法，但是外国学习者是难以掌握的，他们不知道扩展后，是否合理。在语言现实中，对有些词组似乎也很难适用，比如：

(2) 那件事让他<u>悔青</u>了肠子。
(3) 早点儿去，别<u>办迟</u>了。
(4) 我的手都<u>举酸</u>了。
(5) 屋子里的东西都<u>搬空</u>了。
(6) 跑步<u>跑热</u>了，喝点水。

在对外汉语教材中，生词表中一般只标注动结式复合词，而对与复合词结构形式一样的动结式词组，则不做生词处理。学习者遇见这些词组，显然是很陌生的。汉语没有借以判定词并据以分出词类的形态标志，词和词组的界限不容易划分，这是造成外国人学习动结式词组产生困惑的原因之一。动结式词组本来就很复杂,加之外国汉语学习者对动结式词组这种句法结构的性质、来源和构成关系,不甚了解,在使用中易于出现带有类型特点的语法偏误。学会了一个动结式词组之后,并不具有构成新的动结式词组的能力,往往便避而不用。如何掌握汉语中存在的大量动结式词组,避免使用中产生偏误,成为教学中值得探讨的问题。

三、动结式词组是怎么来的?

汉语学习者回避使用或者用错,与其不了解动结式的来源或有一定关系。为了让学习者理解动结式,有必要梳理一下动结式词组的源流与演变,或许有助于避免偏误出现。在上古汉语中,动词有一种使动用法。例如:

(7)君岂有斗升之水而<u>活我</u>哉?(《庄子·外物》)

形容词也有使动用法。例如:

(8)工师得大木,则王喜,以为能胜其任也;匠人斫而<u>小之</u>,则王怒,以为不胜其任矣。(《孟子·梁惠王下》)

这里的"活我"就是"使我活","小之"就是"使其变小"。到了后代,这种使动用法往往为动结式词组所替代,例如"活我"变为"把我救活","斫而小之"变为"把它削小了"。王力先生说:由使动用法发展为动补词组是汉语语法的一大进步。因为使动用法只能表示使某物得到某种结果,而不能表示用哪一种行为以达到这一结果。若要把那种行为说出来,就要加个"而"字,如"斫而小之"。动补词组不用"而"字,所以是一种进步。

大约在汉代，动补词组已经产生了。王力先生称之为使成式①，例如：

(9) 带形容词的：汉氏<u>减轻</u>田租。(《汉书·王莽传》)
(10) 带不及物动词的：乃<u>激怒</u>张仪。(《史记·苏秦列传》)

"减轻""激怒"都已是动结式词组，这是由两个动词或一个动词和一个形容词直接黏合而成的。既然是两个动词的结合，或一个动词和一个形容词结合，如有宾语，就把这个宾语给了前一个动词，于是，就有可能被宾语隔开。例如：

(11) 检书<u>烧</u>烛<u>短</u>，看剑<u>引</u>杯<u>长</u>。(杜甫《夜宴左氏庄》)
(12) 石角<u>钩</u>衣<u>破</u>，藤枝刺眼新。(杜甫《奉陪郑驸马韦曲诗》)

这种情况之所以发生，可能是因为动结式词组发展的前一阶段动词和补语的关系还不是很密切的。这种情况持续到宋代，还有个别的例子。例如：

(13) 王婆<u>收拾</u>房里<u>干净</u>了。(《水浒传》第20回)

再往后发展，如有宾语，或放在动结式词组后面，或放在动结式词组的前面。例如：

(14) 是怕这气儿大了，<u>吹倒</u>了林姑娘；气儿暖了，又<u>吹化</u>了薛姑娘。(《红楼梦》第65回)
(15) 一句话又将宝玉<u>说急</u>了。(《红楼梦》第32回)

---

① 例(9)—(16)转引自王力(1989：263—265)。

又有将受事置于句首的,如:

(16) 只是杯盘果菜俱已摆齐了。(《红楼梦》第50回)

从这里我们看到汉语动结式词和词组的来源及其发展演变历程。有意思的是,外国学习者因其对现代汉语动结式的来源不了解,汉语历史上曾经出现过的动结式,如"活我""钩衣破",我们现在多已弃之不用,然而今天却成为外国人学习汉语的过程中常见的偏误。为什么会出现这种情况,这既是一个语言发展的理论问题,又是一个第二语言习得中值得探讨的问题。

四、外国学习者动结式词组使用偏误

在现代汉语中,动结式词组使用频率很高,但外国学习者却很少使用。该使用动结式词组时,他们往往避而不用。在使用汉语动结式词组过程中,经常出现的中介语偏误有两种:

一种是只表明了使某物得到某种结果,而没表示用哪一种行为或方式达到这一结果。也就是说,只有动结式的补语部分,而缺少动词。例如(李大忠,1996:176):

(17) *我妈妈今天早上六点醒了我。
(18) *坏了这个杯子的人不是他就是你。
(19) *没想到熟土豆的时间这么长。
(20) *我三天以前完了那个工作。
(21) *有人破碎了我的花瓶。

这些偏误很像古汉语中的使动用法。"醒了我"中的"醒",在学习者母语中可能有"叫醒、弄醒"之类的意思。"坏了杯子"

中的"坏",可能有"弄坏、打坏"的意思。"熟土豆""完了工作""破碎了花瓶"皆如是。

另一种情况是,组成动结式词组的两个动词中间,被宾语隔开。也就是说,将动结式词组中的两部分,分别看作两个独立的词,如有宾语的话,就把宾语给了前一个动词。这种情况很普遍。例如[①]:

(22)*司机没想到碰人死了。

(23)*办手续完了以后,她们低声说话。

(24)*听介绍完,我们开始参观。

(25)*我们一定要学中文好。

(26)*我现在能听汉语懂了。

(27)*写信完了,我就去食堂吃饭。

(28)*刚才我听中文广播懂了。

(29)*我碰椅子倒了。

这种情况之所以发生,可能是因为学习者对汉语动结式词组的构成还不太习惯,对两个动词,或一个动词加一个形容词,直接黏连,成为一个结构,还没完全掌握。既然是两个词,有了宾语,就给了前一个动词。这有点儿与汉语动结式发展的前一阶段的情形,动词和补语的关系结合得还不够紧密时出现的情况相近似。

为什么汉语学习者在学习动结式词组时,其偏误却与汉语历史上曾出现过而至今已弃置不用的格式相同?自然与其不了解动

[①] 例(22)—(24)转引自李大忠(1996:173),例(25)—(27)转引自佟慧君(1986:212—219),例(28)—(29)转引自程美珍主编(1997:189—194)。

结式的来源，且没掌握动结式词组的用法有关。原因何在，这是一个值得探讨的问题，本文尚未论及。

五、动结式词组的特点更像是复合词

那么，我们怎么看待动结式词组呢？从动结式词组的特点来看，是不是更像是复合动词呢？我们可以从韵律特征、概念结构和"态"范畴三方面来考察。

5.1 汉语动结式的韵律特点

从韵律上看，典型的动结式组成一个"重—轻"的韵律格式。就如"听见、气死、改掉、拿开"等结果补语就读轻声。这种读轻声的补语动词，其语法语义功能已经弱化，这种在语义上只能跟前面的动词发生关系常做补语的词，其语音形式弱化后，更加失去独立性，更加与前项动词结合成一个复合词（沈家煊，2004）。

另一种观点是，赵元任先生认为，动补（V—R）复合词一般是重音在补语，如"变坏、延长"，也就是重音在后。如果补语是双音节而第二音节是轻声，重音在第一个音节，如"扫干净"（赵元任，1979）。对二字动结式读音的看法虽不同，或重轻，或轻重，但是显然，都是作为一个复合动词而论其读音的。

5.2 汉语动结式的"概念结构"特点

一个动结式在概念上代表一个复杂的运动事件，复杂事件的"概念结构"是可以进行"概念分解"的，分解为一个"主事件"和一个"副事件"。比如："他嗓子都喊哑了。"主事件是"他嗓子哑了"，这是事件运动的基本架构；副事件"他喊"是这一事件运动的原因。又如："一阵大风刮跑了他的帽子。"主事件"帽子跑了"是结果，副事件"刮大风"是原因。这种主、副事件结构就是由动词和补语直接组成的，作为动结式的主要间架，已经形成一个整体，结合相当紧密，除了"得""不"之外，中间难以插入其他成分，应当作复合动词看待（沈家煊，2004）。

这种动结式间架是能产的，特别是单音节形容词几乎都可以充任结果补语。做动结式词组中补语的形容词是一个开放的类，一个"吃"，就可以跟形容词形成很多动结式词组，例如："吃饱、吃腻、吃病、吃胖、吃穷、吃晕、吃累、吃烦、吃够、吃撑、吃肥、吃错、吃多、吃少、吃遍、吃馋、吃长、吃成、吃定、吃开、吃空、吃快、吃惯、吃好、吃坏、吃久、吃垮、吃慢、吃恼、吃热、吃伤、吃死、吃脏、吃足、吃准、吃醉、吃全……"

但是，《现代汉语词典》却只收了一个动结式的词"吃透"，其他都因其为动结式词组而不收录。这种动结式词组是由两部分组成的，前一部分叙述某种动作行为或性质，后一部分补充说明动作行为或性质的结果，整体构成一个完整的概念。这种词组最明显的特点就是作为补语的形容词或动词直接与前面的动词黏连，中间不加任何其他成分。在别的语言中，这种表述一般是不能用两个实词直接连接的，或者动词要变一变，或者动词再配以别的成分。

因而，将动结式词组作为一个动结式复合词来看待，也许学习者更容易理解。

5.3 汉语动结式的"态"的特点

对于动结式中的补语，也就是结果，孟琮（1998）认为这种"结果"也是汉语的一种态。"形式是一个动词后边再加一个谓词成分。这个谓词成分表示因前边的动词所表示的动作（或行为）达到一种结果的状态。这个结果是状态，不是事物。所以不同于如'砌墙、写字'中的'墙、字'的结果宾语。动结式如'吃饱、停住'中的第二个成分，是结果补语，表示结果的状态。""结果是通过动作行为的完成来实现的，因此结果是一种完成的状态。'喝醉了'中的'醉'是结果，也是完成。"例如：

(30) 他喝醉了酒，我吃饱了饭。（状态）
　　 他喝完了酒，我吃完了饭。（完成）

这二者统称结果补语。用动词后面的补语来表示动作的状态和完成是汉语中具有特色的表达方式，意义上不容易把握。形式上是两个成分直接黏合，比较凝固，没有可借用的标记成分，这也是难以掌握的。因而，还是看作动结式复合动词更好。

5.4 汉语动结式是双动联合还是双动复合？

朱德熙（1982：127）说："带结果补语的述补结构在语法功能上相当于一个动词，其实有的述补结构在语义上也相当于一个动词。例如'弄死'相当于'杀'。"于是，"我们可以说述补结构是一种临时创造新动词的语法手段。尤其值得注意的是述语和补语的组合是极其自由的。例如'洗干净'是常说的，因为'洗'能导致的最自然的结果是干净。可是除了'洗干净'之外，也能说'洗脏、洗破、洗丢'，甚至还可以说'把我洗糊涂了''把他洗哭了'"。由此可见，动结式二字词组意义上相当于一个动词，结构上能产，极其自由，因此当产生一个新的动结式词组时，还是当作一个动结式复合动词更恰当。

六、历史沿革：动结式词组还是动结式复合动词？

现代汉语作为外语教学，已有近一个世纪的历史。在这个漫长的过程中，汉语教材是如何处理动结式的词和词组的呢？梳理一下，将有助于认识动结式词组，从而找出教学上合理的处理办法。

6.1 赵元任《国语入门》的处理办法

1948年，赵元任先生将其《粤语入门》改写为《国语入门》，应李方桂先生之请，在序论中特别撰写了语法，率先将美国结构主义语言学的理论方法运用于汉语语法研究，建立了中国现代汉语语法研究的基本框架。《国语入门》的英文版在国外则成为外国人学习汉语的教科书（赵元任，1948）。该书第二篇第五章"复合词"第19节"动词补语复合词"中说，"造词法里跟连动式相当的是动词补语复合词，例如：'我吃饱了'。连动式的第一个动词常常带宾语，动词补语复合词的第一个动词却决没有宾语。比方说'风刮倒了一所房子'，宾语在第二个动词或补语后头，不在主要动词的后头。动词补语复合词的意义总是表示结果的，不像动词结构连用式那么复杂，'刮倒了'的'倒了'是'刮'的结果"（转引自李荣，1985：199）。这是将动结式词组一律看作动词补语复合词。

赵元任先生1979年在吕叔湘先生《中国话的文法》中译本序中说，本书"是写了给外国人研究中国话用的"。在第六章"复合词""6.6 动补（V—R）复合词"中，延续了《国语入门》中的观点，更细分为3类：1. 凝固 V—R 复合词：不带中缀或其他插入成分，如"革新、改良、规定、说破"。这一类是词典中的词。2. 可带中缀的 V—R 复合词：这是介乎凝固的和可扩展的之间的中间型，只能在中间插入"得"和"不"，不能出入别的。如"完成、超过"。这一类词典中大部分也列为词。3.可扩展的 V—R 复合词：如"吃饱、吃得太饱、吃得不很饱"。注意：当可扩展的 V—R 复合词已经扩展之后，就不再是复合词而是短语了。这一类是词典所不列入的词组。有时一个动补（V—R）复合词就其字面意义讲是可扩展的，"这棵树我拉不倒"。就其熟语意义讲是凝固的，"你不肯去拉倒"。这两种情况都是动补复合词（赵元任，1979：205）。这就是说，早在1948年赵元任在教材中就将动结式词组作为动结式复合词处理了。

6.2 朱德熙《汉语教科书》的处理办法

1953年2月，中国政府派遣朱德熙先生赴保加利亚索非亚大学教授汉语，任期3年。其间，朱德熙先生与索非亚大学教师张荪芬合作编写汉语教材，1954年所编教材《汉语教科书》由保加利亚科学艺术出版社正式出版。这是在国外出版的第一部汉语作为外语的教材（董淑慧，2006）。教材认为，补语对保加利亚学生来说是个难点，因为保语中没有补语。书中讲解结果补语后，又专门对"着、见、住、开、掉、成、过、给、在、到、好、死"做补语的情况详加解释。书中第22课中结果补语举例如下：

动+形：说错　染红　拉长　晒黑　长大　提前

动+动：打倒　写完　看见　听懂　推翻　赶走

这之中既有词，也有词组。但在讲"打倒"时，分别讲了"打"和"倒"的意义和功能后，又举了：

打：打倒　打破　打翻　打坏　打死……

倒：打倒　推倒　滑倒　摔倒　晕倒……

书中（朱德熙、张荪芬，1954：119—127）特别指出："他念错了一个字。"不能说"*他念了一个字错了。", "他打破了一块玻璃。"不能说"*他打了一块玻璃破。"。

在各课所列生词表中，将双音节的动结式二字词组一律作为生词列入。例如：

晒黑　染红　长大　拉长　听见　赶走　打死　修好　摔倒（第22课）

急坏　睡着　拦住　走开　记住　听见（第23课）

烧焦（第24课）　刺穿（第25课）　睡醒（第28课）沾满（第29课）

谈起　碰扁（第30课）　弄脏　摔倒　吓倒（第32课）

挡住（第34课）　献给（第35课）　填平　敛起　发出（第36课）

可见，在朱德熙先生的对外汉语教材的生词表中，是把动结式的词和词组一律作为生词处理的。

6.3 丁声树、吕叔湘《语法讲话》的处理办法

丁声树、吕叔湘等在《中国语文》月刊1952年7月号至1953年11月号连续发表《语法讲话》。1979年由商务印书馆以《现代汉语语法讲话》单行本出版。书中吸收并借鉴了《国语入门》的分布理论和直接成分分析法，重视语序和五种基本句法结构。以致有人认为，《讲话》是在《国语入门》的基础上扩充的。《讲话》曾被周法高誉为"国内出版的最好的一本语法书"（苏金智，1999：134）。

但是《讲话》的读者对象是中国人，说汉语的人对词和词组是大致可以区分的。书中对动结式的词和词组的处理办法，是分别列出的。第二十章构词法20.4动补式是由一个动词性的成分加

一个补语性的成分造成一个词。如:"证明、扩大、推广、提高"。第七章补语,不用"得"联系的补语,有的表示结果,叫作结果补语。如:"吃饱、锁住、饿死、到齐、浸透、湿透"(丁声树、吕叔湘等,1979)。

这是因为赵元任的《国语入门》是写给外国汉语学习者、供学习汉语使用的。考虑到外国人学习的难点,对动结式词组就处理为复合动词。而《现代汉语语法讲话》是写给中国人看的,虽说是在《国语入门》的基础上扩容,并没有吸收针对外国人学习所考虑的内容,比如将双音节动结式有的作为词处理,有的就作为词组处理,这在汉语母语者凭语感一般可以将二者区分开。

6.4 国内第一本对外汉语教材《汉语教科书》的处理办法

对外汉语教学起步于1950年,最初,对外汉语教材是根据赵元任先生《国语入门》(1948)的体系改编而成,由邓懿教授负责。教材在使用中不断修改,到1958年编写成《汉语教科书》,由商务印书馆出版,成为我国第一部在国内正式出版的对外汉语教材。该教材的语法系统和分析方法,都留有《国语入门》的明显痕迹(程棠,2000)。1958年出版的《汉语教科书》虽脱胎于《国语入门》,但更多的则是参照以"中国社会科学院语言研究所语法小组"的名义,在《中国语文》月刊1952年7月号至1953年11月号连续发表的《语法讲话》。故而在动结式动词和动结式词组的处理上,并没有遵照《国语入门》的做法,而是在词类中列了动补结果动词,在按结构划分的词组中列了动(形)补词组。这在某种程度上是没有考虑到外国人学习汉语的难点与问题的。

几十年来,对外汉语教学界在处理汉语动结式词和词组的问题上,一直沿用1958年出版的《汉语教科书》的语法体系,

1995年王还先生主编《对外汉语教学语法大纲》，虽稍有调整，但在动结式词与词组的处理上并无改变。直至今日，国内的对外汉语教材几乎无一例外地都采用大纲的做法。存在的问题是，外国学习者对动结式词组掌握起来多有困难，总的倾向是要么用错，要么避而不用。

七、国外汉语教师对动结式词组的教学建言

对于如何教授外国人学习汉语动结式的词与词组，一些国外汉语教学工作者多将动结式词组作为动结式复合词处理。兹举两例：

美国佛罗里达州立大学陆孝栋（1986）认为"把车开走/开坏""喝完/喝醉""推开、晒干"等，这种"V1表示一个动作，V2表示因V1的动作而产生出来的结果"的结构，是一种结果复合动词。认为这是汉语句子结构中一种很特殊的现象，了解汉语语法的这个重要特性，具有双重意义，既能在语法教学上，对于一些困难问题，解说清楚，又能在语法理论上做出贡献。

德国美因兹大学柯彼德（1991）认为，对始自于《汉语教科书》（1958）的语法体系应进行大的修改，主张突出词法，例如将"动词＋结果补语"的句法结构处理为词法构造，也就是说，要将汉语动结式词组当作复合动词，并认为"汉语学生最大的困难之一是，在词汇里辨别这些'最小述补结构'，并了解它们的性质和用法"。这是汉语教学中的重要语法点之一。

这些汉语教师看到汉语动结式词组所具有的特点，也了解外国学习者学习这种词组所遇到的困难，故而在教学中灵活变通，

将动结式词组整体处理,作为复合动词来教、来学,可收到较为理想的学习效果。

八、国内学界所编学习动结式词组的补充材料

有鉴于外国学习者对动结式词组学习的困难,为了弥补对外汉语教材的不足,语法学界和对外汉语教学界都曾编有学习汉语动结式词组的补充材料,搜罗常用动结式词组,释义并举例,以利于外国学习者理解使用,以济教材之不足。兹举两例:

侯精一等编著的《中国语补语例解》(日文版),是给外国汉语学习者学习动补词组的专用工具书。"著者序"中认为:"汉语的补语用法灵活,语义指向也比较复杂,既是汉语句法的重要特点,也是对外汉语教学的难点。就其句法关系而言,哪些动词、形容词能够与哪些补语组合,哪些动词、形容词不能够与哪些补语组合,这其中虽然不无规律可循,但也往往带有很强的习惯性。""因此,仅凭抽象的句法规则就很难举一反三。从对外汉语教学和研究的需要出发,我们编写了这本《中国语补语例解》(日文版)。"

书中选取1 000余条,约1 500个义项。"分别举例说明不同义项的动词、形容词与各类补语的搭配用法,旨在通过大量的实例,为汉语学习者和使用者提供简明、实用的参考。"(侯精一等,2001:序)这样,外国学习者遇到一个生僻的动结式词组时,在遍查词典而无果后,可从本书找到答案。

王砚农等编《汉语动词—结果补语搭配词典》,也是一部供外国人学习汉语动结式词组的专用工具书。作者在前言中说,"结

果补语的使用频率很高，但学习汉语的外国人却很少使用它。这并不是因为'动词—结果补语'的结构形式复杂。而是因为外国人对汉语这一独特的表达方式不易掌握"。究其原因就是，他们不知道哪些动词、形容词可以做哪些动词的结果补语，自己尝试着搭配一下，又不知汉语中有没有这种动结式，难以判断对错。于是，只好不用。

词典收集了322个经常作为结果补语使用的形容词、动词及少量词组，以此作为词条。每一个词条下，尽量列出与该词条搭配使用的动词和一些形容词，并配上日常生活中所使用的例句。例句共5 000个左右，并有英文注释（王砚农、焦群、庞颙编，1987）。

这两本工具书，为外国学习者学习汉语动结式词组提供了很大的帮助，有助于学习者了解、熟悉并最终学会使用汉语动结式词组。

九、结论与动结式词组教学建言

动结式，由两个词直接黏合而成，表示动作（或行为）由于某种原因而产生结果。无论是造词（动结式构词）还是造句（动结式词组），都是汉语特有的结构形式。对动结式的构成与使用，母语者知道如何搭配符合语言习惯，故而习焉不察。动结式是个能产性很强的结构，不断有新的词组产生。作为动结式词组，词典一般不收。但如果经常使用，形成固定搭配，经过词汇化过程，就会成为词，词典就会收入。如："看好、抹黑"就已经成为词。

外国人在学习汉语的过程中，对于动结式二字词组不知如何搭配才符合汉语习惯，要么出现偏误，要么避而不用。对动结式词组，外国人理解起来有一定难度，故而是外国人学习汉语的一个难点。依据本文对动结式词组的认识，建议在对外汉语教材中，将动结式词组作为生词在词汇表中列出；或者将生词表中有关动结式的结构做两类处理，一类是词典中已收入的二字组动结式的词，另一类是二字组动结式的词组，并将其释义，以便外国人理解使用。这种处理办法在教学中并非一贯到底，一般说来，在基础汉语教学阶段，学习者对汉语动结式还没完全掌握，尚不会自己构造动结式词组时，能起到一些引领作用。到了中高级教学阶段，随着学习者汉语水平的提高，逐渐熟悉了动结式词组的搭配规律，并能够造出汉语中存在的动结式词组时，教材中再遇见新的动结式词组时，生词表中即可不再列出。

教授外国人汉语的语法体系，与供给母语为汉语的人的语法体系，应该有所区别。我们将汉语动补词组作为复合动词看待，并建议列入对外汉语教材生词表中，是为了便于外国学习者学习、掌握这种特殊的结构，并不意味着将汉语中出现的动补词组作为词条全部纳入现代汉语的词典中。我们这样处理，只不过是对汉语语法体系在对外汉语教学中的灵活变通。数量庞大的汉语动结式词组，还应区别对待。比如以"着（zhao）、见、住、开、掉、成、过、给、在、到"为补语的动结式，因数量较多，一般都会作为语言点，将补语的意义讲清楚，让学习者以类相从，教材可不必将这类动结式词组逐个列出。而由动词或形容词承担动结式补语时，一般应将其看成复合动词列出较好。至于哪些动结式词组可作为复合动词列入教材生词表，可参照王砚农等编《汉语动词—结果补语搭配词典》，如以"定"为补语的动结式，该书列出常用的11个："打定（主意）、讲定（工钱）、（电影）看定（了）、（摩托车）买定（了）、拿定（主意）、（这盘棋）输定（了）、说定（了）、下定（决心）、（一口）咬定、（房子）住定（了）、走定（了）"。在对外汉语教材的课文中，在基础汉语教学阶段，如遇到这些动结式词组，作为复合动词，列入词表，加以注释，将有助于学习者理解掌握。

参考文献

[1] 程美珍主编（1997）《汉语病句辨析九百例》，北京：华语教学出版社。

[2] 程棠（2000）《对外汉语教学目的原则方法》，北京：华语教学出版社。

[3] 丁声树、吕叔湘、李荣等（1979）《现代汉语语法讲话》，北京：商务印书馆。

[4] 董淑慧（2006）朱德熙、张荪芬编著《汉语教科书》评介，《世界汉语教学》第4期。

[5] 侯精一、徐枢、张光正、蔡文兰编著，田中信一、西植光正、武永尚子译著（2001）《中国语补语例解》（日文版），北京：商务印书馆。

[6] 柯彼德（1991）汉语作为外语教学的语法体系急需修改的要点，见《第三届国际汉语教学讨论会论文集》，北京：北京语言学院出版社。

[7] 李大忠（1996）《外国人学汉语语法偏误分析》，北京：北京语言文化大学出版社。

[8] 李临定（1986）《现代汉语句型》，北京：商务印书馆。

[9] 李荣（1985）《语文论衡》，北京：商务印书馆。

[10] 李英哲、郑良伟、贺上贤等（1990）《实用汉语参考语法》，熊文华译，北京：北京语言学院出版社。

[11] 陆孝栋（1986）汉语语法中的一些特性，见《第一届国际汉语教学讨论会论文集》，北京：北京语言学院出版社。

[12] 孟琮（1998）刘月华主编《趋向补语通释》序，北京：北京语言大学出版社。

[13] 沈家煊（2004）汉语"动补结构"的类型学特征，见赵金铭主编《汉语口语与书面语教学——2002年国际汉语教学学术研讨会论文集》，北京：北京大学出版社。

[14] 施春宏（2008）《汉语动结式的句法语义研究》，北京：北京语言大学出版社。

[15] 苏金智（1999）《赵元任学术思想评传》，北京：北京图书馆出版社。

[16] 佟慧君（1986）《外国人学汉语病句分析》，北京：北京语言学院出版社。

[17] 王力（1989）《汉语语法史》，北京：商务印书馆。

[18] 王砚农、焦群、庞颙编（1987）《汉语动词—结果补语搭配词典》，北京：北京语言学院出版社。

[19] 张斌（2010）《现代汉语描写语法》，北京：商务印书馆。

[20] 赵元任（1948）《国语入门》，北京：商务印书馆。（1952年李荣将其序论译为《北京口语语法》，由北京开明书店出版，后作为附录收入李荣《语文论衡》）

[21] 赵元任（1979）《北京口语语法》，北京：商务印书馆。

[22] 朱德熙（1982）《语法讲义》，北京：商务印书馆。

[23] 朱德熙、张荪芬（1954）《汉语教科书》，保加利亚：科学艺术出版社。

基于不同输入模态的词汇附带习得研究 *

莫 丹

零、引言

　　词汇附带习得（Nagy et al., 1985）是与词汇直接学习相对的概念，指学习者在听、说、读、写时，在注意力集中于理解意义的情况下附带习得词汇的过程。在这一过程中，词汇学习不是目的，而是语言活动的副产品（Huckin & Coady, 1999）。目前关于词汇附带习得的研究主要集中在以下三个方面：（1）对阅读活动中词汇附带习得的效果进行验证性研究。钱旭菁（2003）和朱勇、崔华山（2005）的研究都表明，学习者可以通过阅读附带习得少量词汇，学生的语言水平、词汇量与词汇附带习得存在一定程度的正相关。一些研究对阅读中词汇直接学习与附带习得的效果进行了对比，发现直接学习加附带习得的习得率和保持率最好，直接学习次之，附带习得最低。但附带习得的习得量最大，是阅读课堂最重要的词汇习得途径（干红梅，2008b）；词汇直接学习与通过阅读附带习得在理解性词汇知识和产出性词汇

---

* 原文发表于《汉语学习》2017年第6期。

知识的学习与保持中具有不同作用（张金桥，2008）；在反复学习的长时间段里，两种学习方法在不同时段显示出不同的特点，且具有互补性（吴门吉、陈令颖，2012）。（2）阅读中词汇附带习得的影响因素研究。朱勇（2004）考察了输入调整对中级学习者词汇附带习得的影响，发现边注的效果明显好于查词典；孙晓明（2012）发现词汇相关度、宣布词汇测试及词汇训练作业等三种任务都可以促进阅读中的伴随性词汇学习；干红梅（2008a、2009、2010、2011、2014）的系列研究发现语义透明度、语境、词语结构、词性等都会对词汇附带习得产生影响。（3）关于阅读中词义猜测的研究。研究者通过对学习者猜词过程的加工方式及其影响因素的分析，发现语素义、语素义与词义的关系、词的内部结构、多义词的义项和学习者的语言水平均对词义猜测产生影响（刘颂浩，2001；钱旭菁，2003；朱湘燕、周健，2007；张江丽，2010；干红梅，2012），而对某些因素，如语境的作用则有不同看法（钱旭菁，2003；刘颂浩，2001）。总的来看，研究者一致认为阅读中的词汇附带习得普遍存在，习得程度受到阅读文本、词语属性与学习者个体因素等多方面制约。目前对词汇附带习得的研究聚焦于阅读，没有涉及其他语言输入与输出活动。听与读同为输入模态，CSL 学习者在听的过程中是否也能附带习得词汇？听力与阅读中的词汇习得有何差异？国外不少研究发现词汇附带习得受到目标词在同一文本或不同文本中输入频率的影响（Saragi *et al.*，1978；Jenkins *et al.*，1984；Nagy *et al.*，1985；Rieder，2002）；从汉语词汇特性来看，构词语素的意义与词义之间的关系复杂多变，各构词语素与整词的语义相关度，即语义透明度对阅读中的词汇附带习得产生影响（干红梅，

2008a)。那么，在 CSL 听力输入模态下，输入频率与语义透明度对词汇附带习得的影响如何？它与阅读模态有无差异？本文尝试对上述问题进行分析并提出相应的教学建议。

一、研究设计

1.1 研究问题

本研究主要探究以下问题：

（1）听力与阅读两种输入模态下的词汇附带习得与保持有无差异？语言水平对两种模态下的词汇附带习得与保持有何影响？

（2）输入频率与语义透明度对两种输入模态下的词汇附带习得与保持有何影响？

1.2 实验设计

研究问题（1）采用 3*3 两因素混合设计，输入模态为被试间变量，包括听力、阅读与控制三个水平，词汇习得测试时间为被试内变量，包括前测、即时后测与延时后测三个水平，因变量为目标词词汇知识。研究问题（2）采用 2*3 项目间设计，采用完全随机方差分析方法。

1.3 关于被试

本研究被试为北京某大学对外汉语教学单位中级班的留学生，共 39 人，分别来自韩国、日本、泰国、俄罗斯、意大利、澳大利亚、美国、突尼斯等国家，入学时经笔试和口试判定为中级水平。其中 25 名被试作为实验组，随机分为听力组（13 人）与阅读组（12 人），分别接受听力模态输入和阅读模态输入，14 名被试为控制组。单因素组间方差分析结果显示，三组被试的听力成绩（$F(2, 36)=0.807$，$p>0.05$）与阅读成绩（$F(2, 36)=0.029$，$p>0.05$）均无显著差异，说明三组学生的听力与阅读水平基本一致。

1.4 实验材料

选取一篇主题与应聘有关的文章进行先导测试，请 13 名汉语水平与被试相当、不参加实验的留学生对其中不认识的生词进行标注。然后从所有被标注的词语中选出 10 名以上学习者均做出标注的 33 个词语，随机排列后对被试进行词汇知识先导测试。依据先导测试的结果，排除 2 名以上学习者已掌握接受性词汇知识的词语，对剩余 24 个词语的语义透明度进行评定。评定方法参照王春茂、彭聃龄（2000）的做法，请 10 位对外汉语教学专职教师对词义与第一词素和第二词素的意义相关程度分别以 1—5 度量表的形式评分，将每位教师给出的两个数值的平均数作为该教师对该词语义透明度的评定值，最后取 10 个评定值的均值作为该词语义透明度的最终数值。从 24 个词语中选出 18 个词作为目标词，其中语义透明度高与语义透明度低的词各 9 个（两组词的笔画数进行了必要的控制）。对目标词进行独立样本 t 检验，两类词语的语义透明度差异显著（$t=9.94$，$df=16$，$p=0.00$）。然后对文章进行改编，控制目标词在文中的出现频率，最终频率分布见下表 1：

表 1　目标词频率分布

频率	语义透明度	
	高	低
1次	大忌、暴露、口齿	搞砸、津贴、看好
2次	反馈、贬低、雇主	应届、猎头、风度
3次	胜任、反感、如实	跳槽、一味、分寸

由此我们得到包括18个目标词（出现频率分别为1—3次）的实验材料，生词量占全文总词汇量（440词）的4%。Laufer & Hulstijn（2001）的研究表明，词汇附带习得的前提条件之一是学习者必须认识全文95%以上的词汇，本文实验材料满足该条件。最后我们对实验材料进行录音，语速与被试听力课的录音语速接近。

1.5　实验程序

三组被试在同一周完成目标词词汇知识前测，时间均为15分钟。为减少滞留效应，一周后，实验组分别以听力和阅读方式接受实验材料输入。为了控制被试的显性词汇学习行为，达到考察真正意义上的词汇附带习得的实验目标，听/读前教师宣布会有听力/阅读理解练习，但未告知会有词汇知识测试。听力与阅读输入时长均为15分钟，听力播放两遍。然后收回阅读组的阅读材料，两个实验组完成听力/阅读理解练习，包括5道选择题和5道判断正误题，题干、选项与测试内容均与目标词无关，时间均为10分钟。收回听力/阅读理解练习后，实验组完成目标词词汇知识即时后测，控制组仅参加目标词词汇知识测试，时间均为15分钟。一周后，三组进行目标词词汇知识延时后测，时间均为15分钟。

1.6 测量工具

目标词词汇知识测试采用Paribakht & Wesche（1993）的五级词汇知识量表VKS形式，量表与评分标准如下表2所示：

表2 词汇知识等级与评分标准

词汇知识等级	评分标准	备注
I. 我没见过/听过这个词	0分	
II. 我见过/听过这个词，但不知道意思	1分	
III. 我见过/听过这个词，我想我知道它的意思	2分	
IV. 我认识这个词，意思是_____（汉语同义词或英语对等词）	1分	对词义的描述完全错误
	2.5分	对词义的描述部分正确
	3分	对词义的描述完全正确
V. 我可以用这个词造句。例如：_____（如果被试选择这一项，需同时填写第四项）	1分	对词义的描述完全错误，在语境中使用完全错误
	2.5分	对词义的描述部分正确，在语境中使用完全错误
	3分	对词义的描述完全正确，在语境中使用完全错误
	3.5分	对词义的描述正确，在语境中使用部分正确
	4分	对词义的描述正确，在语境中使用完全正确

三次词汇知识测试中目标词均随机排列，以不同顺序呈现。三次测试完成后，用SPSS20.0软件对各项数据进行统计分析。

二、结果与讨论

2.1 不同输入模态下的词汇附带习得与保持

多元方差分析结果表明，词汇习得测试时间的主效应显著，$F(2, 72)=298.09$，$p=0.00$，说明前测、即时后测与延时后测的词汇知识成绩存在显著差异；输入模态的主效应显著，$F(2, 36)=417.11$，$p=0.00$，说明三组被试间差异显著；词汇习得测试时间与输入模态的交互作用显著，$F(4, 72)=56.54$，$p=0.00$。进一步对其进行简单效应分析：（1）对三次测试条件下三组被试的词汇附带习得效果进行比较。在前测条件下，各组间的词汇知识均不存在显著差异，$F(2, 36)=59.48$，$p>0.05$，三组词汇知识均分都低于0.3，说明三组被试前测时基本都没接触过目标词。在即时后测条件下，三组词汇知识存在显著差异（$M_{控制}=0.56$，$M_{听力}=1.78$，$M_{阅读}=1.83$[①]），$F(2, 36)=2.46$，$p=0.00$，控制组显著低于听力组与阅读组，听力组与阅读组差异不显著（$p>0.05$）。在延时后测条件下，三组词汇知识存在显著差异，控制组显著低于听力组与阅读组（$M_{控制}=0.52$，$M_{听力}=1.18$，$M_{阅读}=1.26$），$F(2, 36)=15.75$，$p=0.00$，听力组与阅读组差异不显著（$p>0.05$）。（2）对阅读输入、听力输入与无输入三种条件下前测、即时后测与延时后测的词汇附带习得效果进行比较。控制组的三次词汇习得测试成绩差异不显著（$p>0.05$），听力组和阅读组的结果相同：前测与即时后测、前测与延时后测差异显著（$p<0.05$），即

---

① 控制组、听力组与阅读组的词汇知识成绩均值分别以 $M_{控制}$、$M_{听力}$ 和 $M_{阅读}$ 表示，下同。

时后测与延时后测的词汇知识成绩显著高于前测；即时后测与延时后测同样有明显差异（$p<0.05$），即时后测的词汇知识成绩显著高于延时后测。

为进一步探究语言水平对两种模态下词汇附带习得与保持的影响，我们将实验组被试按照听力与阅读成绩分为高、中、低三组进行单因素组间方差分析。结果如下表3和4所示：

表3 听力组各等级被试单因素组间方差分析结果

	均值			F	p	Post Hoc (Tukey)
	低水平组	中等水平组	高水平组	$(2, 10)$		
前测	0.21	0.22	0.35	0.75	0.496	
即时后测	1.39	1.82	2.13	9.79	0.004*	高水平>低水平
延时后测	0.99	1.18	1.38	0.75	0.500	

注：*$p<0.05$

表4 阅读组各等级被试单因素组间方差分析结果

	均值			F	p	Post Hoc (Tukey)
	低水平组	中等水平组	高水平组	$(2, 9)$		
前测	0.36	0.36	0.57	0.89	0.450	
即时后测	1.49	1.79	2.22	6.66	0.017*	高水平>低水平
延时后测	1.14	1.13	1.51	1.19	0.350	

注：*$p<0.05$

表3和表4数据表明：

（1）学习者在听力模态与阅读模态下都可以附带习得词汇。词汇的习得若以大致猜测到词义为标准（词汇知识成绩均值达到2分），被试的即时习得率在听力模态下达到22.2%，阅读模态下达到33.3%。已有对听力模态下附带词汇习得的研究主要以英语为母语的儿童和英语二语学习者为对象，结果均表明，学习者可以通过听力活动附带习得词汇（Elley，1989；Vidal，2003；汪红、甄薇薇，2014），我们对汉语二语学习者的研究同样证明了这一点。同时我们还发现，听力模态下的词汇习得与保持效果都略低于阅读，但并无统计意义上的显著差异。对于二者出现差异的原因，我们认为主要有以下几点：第一，学习者在阅读中趋向于获取显性信息，而在听力理解中倾向于语篇理解，这种"自上而下"的认知模式可能导致听力组被试对较大的组块投入更多注意，从而减少对目标词的注意（Sachs，1974）。第二，在我们的实验中，听力组通过听觉形式输入词汇，阅读组通过视觉形式输入词汇，而词汇习得测试是以视觉形式呈现的。对记忆结构的研究表明（桂诗春，2000），环境输入的声音、文字信息首先进入感觉记忆，主要包括视觉记忆和听觉记忆。听力组仅仅接收到目标词的语音刺激，将其储存在听觉记忆中；而阅读组接收到目标词的视觉刺激，将其储存在视觉记忆中。对于以视觉形式呈现的词汇习得测试，听力组首先要提取词的语音信息，与词形进行匹配。语音的听辨是一个主动合成和分析的心理过程，与学习者的背景知识相关，因此不同学习者可能对听到的相同语音做出不同分析。同时汉字作为汉语书写符号，缺乏语音的通达，在这一过程中很可能出现同音字的混淆，影响学习者对词汇的习得，而阅读组则无需经过语音与词形的匹配过程。

(2）学习者在听力与阅读模态下附带习得的词汇都停留在低层次的接受性词汇知识阶段，且较难保持。在即时后测中，听力组与阅读组的词汇知识均值分别为1.78和1.83，接近"知道词义，但不能表述"（评分标准为2分）的状态。在延时后测中，听力组与阅读组的词汇知识均值分别降至1.18和1.25，接近"见过/听过该词，但不知其义"（评分标准为1分）的状态。也就是说，听力与阅读活动后的即时后测中，学习者能大致猜测目标词的词义，但无法清楚地表述，一周后，学习者对目标词的知识回落到仅对目标词留有模糊的印象，已经无法猜测词义。听力组即时后测中"知道词义，但不能表述"（均分在2—3分之间）的词共有4个，占目标词总数的22.2%，在延时后测中减少为0；阅读组即时后测中"知道词义，但不能表述"的词共有6个，占目标词总数的33.3%，在延时后测中减少为1，占5.5%。吴门吉、陈令颖（2012）的研究表明，阅读中附带习得词汇的保持率较差；张金桥（2008）发现，阅读中的词汇间接学习方法能促进留学生理解性词汇知识的掌握，但两星期后，其促进作用消失。我们进一步发现，听力与阅读模态下附带习得词汇的习得与保持质量都较低。

究其原因，从词汇的习得质量方面看，我们认为，这是由听力与阅读过程中词汇附带习得的认知机制决定的。习得发生的前提是注意，注意到的信息才会习得（Schmidt，1990）。在听力输入与阅读输入的过程中，词汇是否受到注意与学习者的目标有关。如果学习者的主要目标是学习词汇，就会有意识地对不熟悉的生词进行加工；如果学习者的主要目标是在文本层面达成对语篇的理解，对那些不构成语篇理解障碍的生词，由于认知资源的有限性，学习者会主动将其忽略，只有生词的词义影响到内容的连贯性时，才会引起学习者的注意，从而采取策略去猜测词义。一旦对词义的猜测满足学习者理解语篇的要求，则会停止对该词的进一步加工。听力与阅读模态下的附带词汇习得本身即是学习者在以理解意义为目标的听与读过程中对词汇的伴随性习得过程，学习者将有限的认知资源优先用于语篇理解，导致对词汇的注意程度不高，即使对某些词语产生注意，也仅以猜测词义为目标，因此词汇知识仅能达到接受性词汇知识水平。

从词汇的保持质量方面看，在一周后的延时测试中，实验组的词汇知识虽然与控制组仍有显著差异，但较即时后测有较大回落，且不同水平被试之间的差异消失。为什么会出现这种现象？Laufer（2003）对阅读中词汇附带习得的研究发现，通过一次阅读所获得的词汇知识仅仅处于词汇习得的初级水平，产生的记忆多为模糊的或部分知识的记忆。要引发词汇习得的累积效应，依赖于后期目标词的接触频率和语境的丰富性。而在本实验中，听力组的词汇习得和保持与阅读组表现出完全相同的趋势，我们推测听力模态下的词汇附带习得与保持同样存在累积效应，如果学习者在后续的听力与阅读活动中能接触到目标词的相同词义、词形和搭配，对目标词的短时记忆就可能转化为长时记忆。实验组由于缺乏后期与目标词的接触，难以实现这一转化过程。从实验数据看，高水平学习者虽然在语言知识、词汇量等方面占优势，对目标词产生了更多注意，即时词汇习得显著优于低水平学习者，但依然达不到深加工水平，因此词汇保持丧失了优势。

2.2 输入频率与语义透明度对不同模态下词汇附带习得与保持的影响

我们以频率与语义透明度为自变量，以各组不同时间段的词汇知识为因变量进行项目间检验,结果显示,听力组的即时后测中,频率的主效应边缘显著,$F(2, 12)=3.85$,$p=0.051$,出现频率高的词汇习得效果更好;语义透明度的主效应不显著,$F(1, 12)=0.51$,$p>0.05$。对频率变量进一步进行事后检验发现,频率为1和3的词之间习得效果差异显著($p<0.05$),频率为1和2的词之间、频率为2和3的词之间习得效果差异不显著($p>0.05$)。听力组的延时后测中,频率的主效应显著,$F(2, 12)=5.18$,$p<0.05$,语义透明度的主效应不显著,$F(1, 12)=0.13$,$p>0.05$。对频率变量进一步进行事后检验发现,频率为2和3的词之间、频率为1和3的词之间习得效果差异显著($p<0.05$),频率为1和2的词之间习得效果差异不显著($p>0.05$)。在阅读组的即时后测中,频率的主效应显著,$F(2, 12)=7.53$,$p<0.05$,语义透明度的主效应不显著,$F(1, 12)=1.90$,$p>0.05$。对频率变量进一步进行事后检验发现,频率为2和3的词之间、频率为1和3的词之间习得效果差异显著($p<0.05$),频率为1和2的词之间习得效果差异不显著($p>0.05$)。阅读组的延时后测中频率的主效应显著,$F(2, 12)=5.87$,$p<0.05$,语义透明度的主效应不显著,$F(1, 12)=1.36$,$p>0.05$。对频率变量进一步进行事后检验发现,频率为2和3的词之间、频率为1和3的词之间习得效果差异显著($p<0.05$),频率为1和2的词之间习得效果差异不显著($p>0.05$)。

由上面的统计数据可知,无论是听力组还是阅读组,输入频率对词汇的习得与保持都表现出较强的影响力,而语义透明度则无显著影响。关于频率对阅读中的词汇附带习得的作用已有大量研究,虽然学者们对能实现词汇习得的词频数量说法不一,但各项研究都表明,频率对阅读中的词汇附带习得起着重要作用,且存在显著的门槛效应(Krashen,1981;Rieder,2002;Laufer,2003)。Nagy et al.(1985)认为,频率的主要作用在于提高目标词在语篇中的凸显度,从而诱发学习者的注意和认知加工行为。研究发现,频率对听力活动中的词汇附带习得同样具有重要作用。Laufer(2003)指出,1—2次接触产生的记忆多为模糊的或部分知识的记忆,很难产生词汇的习得。我们的研究表明,在单次听力或阅读活动中,出现3次的词语习得与保持效果相对来说是最好的。

另一方面,我们没有发现语义透明度对听力和阅读模态下词汇附带习得的显著作用,而干红梅(2008a、2012)的研究结果则显示中级汉语阅读中透明词的学习效果显著好于不透明词。我们发现,语义透明度对词汇习得的作用受到学习者尚处于发展阶段的语素意识、语素的多义性及语义透明词内部语素义与词义间复杂关系的制约。冯丽萍(2003)的实验结果表明,中级水平的留学生具有了一定的词素意识,但这种意识仍处于发展阶段,他们对合成词的词汇结构、对两个词素之间的语义关系还不敏感,本实验也有同样的发现。被试虽已初步具备语素意识,但缺乏必要的语言知识,不清楚某些透明词的语素义,如不理解"大忌"的"忌"(忌讳[1])与"贬低"的"贬"(指出缺点,给予不好的评价)之义而无从猜测整体词义,不理解"胜任"的"胜"(能够承担或承受)之义将整词解释为"任务"。对某些词语,被试有意识地利用语素线索猜测词义,却往往将不透明词误认为透明

---

[1] 括号内语素的释义出自《现代汉语词典》(第7版),下同。

词，试图对不透明词的语素义进行分析，如将"风度"解释为"风的多少"，将"一味"理解为"一样的味道"。语素的多义性也是一个重要影响因素：有的多义语素，被试只认识其中的某一个义项，如"反感"和"反馈"中的"反"，前者表示"反抗，反对"，后者表示"回，还"，大部分被试都正确猜测出了"反感"表示"反对的感情"，但因为不了解"反"的另一个义项，所以无法猜测"反馈"之义。

另外，语义透明词内部语素义与词义间的关系相当复杂，有的词义虽然与语素义紧密相关，但词义为语素义的引申或比喻义（符淮青，1985），如"口齿"意为"说话的发音，说话的本领"，被试如果要猜测成功有相当难度，有的望字生义解释为"口和牙齿"。在本实验中，语义透明度没有对听力与阅读中的词汇附带词汇习得产生显著影响，我们推测是上述因素共同作用的结果。

三、相关教学建议

基于上述实验结果，我们提出如下教学建议：

（1）在听力与阅读教学中，有必要采取即时任务强化的方法，从而提升词汇附带习得的效果。从本实验可以发现，在听力与阅读模态下都能产生一定的附带词汇习得，但这种习得仅维持在接受性词汇知识水平，且保持质量较差。这是由于学习者的认知资源主要用于语篇理解，对词汇的注意和加工程度不够，采用词汇相关任务可以迫使学习者在词汇上分配注意。任务形式可根据词汇的特点分为若干层次：重点词汇设计产出性练习，促使学习者在词形/语音、语义、句法与语用各层面进行精加工，将习得提升至产出性词汇知识水平，次重点词汇设计理解性练习，强化学习者对词形/语音与语义层面的加工。

（2）在听力与阅读教学中，需重视词汇的复现率。在本实验中，频率对听力与阅读中的即时词汇附带习得均表现出较强影响力，相对于出现1—2次的词语，出现3次的词语习得与保持效果都较好。但仅凭单次任务中的重复频率，词汇知识难以保持，很难进入长时记忆，需要通过多次的听与读来提高词汇复现率。从学习者的角度观察，高水平学习者的词汇即时习得优于低水平学习者，但一周后其词汇知识却出现较大回落，与低水平学习者之间的差异消失，同样说明词汇复现的重要性。

（3）在词汇教学中采取"有分有合"的教学方法，对语义透明词，在强化语素意识的同时，重视词义与语素义之间的复杂关系及语素的多义性，教学中应及时进行归类、梳理，对语义不透明词要引导学生理解整体词义。

总之，如果在教学中善加引导，词汇附带习得可以成为听力教学和阅读教学中词汇习得的重要方式，从而作为学习者克服汉语学习中词汇量"瓶颈"的辅助手段。

参考文献

[1] 冯丽萍（2003）中级汉语水平外国学生的中文词汇识别规律分析，《暨南大学华文学院学报》第3期。

[2] 符淮青（1985）《现代汉语词汇》，北京：北京大学出版社。

[3] 干红梅（2008a）语义透明度对中级汉语阅读中词汇学习的影响，《语言文字应用》第1期。

[4] 干红梅（2008b）浅析中级汉语阅读课堂中的词汇习得——以一次真

实的课堂教学为例,《云南师范大学学报(对外汉语教学与研究版)》第 5 期。

[5] 干红梅(2009)词语结构及其识别对汉语阅读中词汇学习的影响,《语言文字应用》第 3 期。

[6] 干红梅(2010)词性及其识别对汉语伴随性词汇学习的影响,《汉语学习》第 3 期。

[7] 干红梅(2011)上下文语境对汉语阅读中词汇学习的影响——一项基于自然阅读的调查报告,《语言教学与研究》第 3 期。

[8] 干红梅(2012)中级汉语学习者猜词过程和阅读模式分析,《华文教学与研究》第 2 期。

[9] 干红梅(2014)语境对汉语阅读过程中词汇学习的影响——一项基于眼动技术的实验研究,《汉语学习》第 2 期。

[10] 桂诗春(2000)《新编心理语言学》,上海:上海外语教育出版社。

[11] 刘颂浩(2001)关于在语境中猜测词义的调查,《汉语学习》第 1 期。

[12] 钱旭菁(2003)汉语阅读中的伴随性词汇学习研究,《北京大学学报(哲学社会科学版)》第 4 期。

[13] 孙晓明(2012)任务为导向的留学生伴随性词汇学习研究,《汉语学习》第 4 期。

[14] 汪红、甄薇薇(2014)英语听力训练中不同任务对词汇附带习得的影响,《外语教学》第 5 期。

[15] 王春茂、彭聃龄(2000)重复启动作业中词的语义透明度的作用,《心理学报》第 2 期。

[16] 吴门吉、陈令颖(2012)词汇刻意学习与伴随性学习的比较研究——以初级水平东南亚汉语学习者为例,《华文教学与研究》第 3 期。

[17] 张江丽(2010)词义与语素义之间的关系对词义猜测的影响,《语

言教学与研究》第 3 期。

[18] 张金桥（2008）汉语词汇直接学习与间接学习效果比较——以词表背诵法和文本阅读法为例，《汉语学习》第 3 期。

[19] 中国社会科学院语言研究所词典编辑室编（2016），《现代汉语词典》（第 7 版），北京：商务印书馆。

[20] 朱湘燕、周健（2007）留学生阅读中复合词词义猜测研究，《语言文字应用》第 4 期。

[21] 朱勇（2004）边注和查词典等输入调整对留学生伴随性词汇学习的作用，《世界汉语教学》第 4 期。

[22] 朱勇、崔华山（2005）汉语阅读中的伴随性词汇学习再探，《暨南大学华文学院学报》第 2 期。

[23] Elley, W. (1989) Vocabulary Acquisition from Listening to Stories. *Reading Research Quarterly* (24).

[24] Huckin, T. & Coady, J. (1999) Incidental Vocabulary Acquisition in a Second Language: A Review. *SSLA* 21(2).

[25] Jenkins, J., Stein, M. & Wysocki, K. (1984) Learning Vocabulary Through Reading. *American Educational Research Journal* 21(4).

[26] Krashen, S. (1981) *Second Language Acquisition and Second Language Learning*. England: Prentice Hall International.

[27] Laufer, B. & Hulstijn, J. (2001) Incidental Vocabulary Acquisition in a Second Language: The Construct of Task-induced Involvement. *Applied Linguistics* 22(1).

[28] Laufer, B. (2003) Vocabulary Acquisition in a Second Language: Do Learners Really Acquire Most Vocabulary by Reading? *Canadian Modern Language Review* 59(4).

[29] Nagy, W., Herman, P. & Anderson, R. (1985) Learning Words from Context. *Reading Research Quarterly* (3).

[30] Paribakht, T. & Wesche, M. (1993) The Relationship Between Reading Comprehension and Second Language Development in a Comprehension Based ESL Program. *TESL Canada Journal* 11(1).

[31] Rieder, A. (2002) A Cognitive View of Incidental Vocabulary Acquisition: From Text Meaning to Word Meaning? . *Views* (11).

[32] Sachs, J. (1974) Memory in Reading and Listening to Discourse. *Memory and Cognition* (2).

[33] Saragi, T., Nation, P. & Meister, G. (1978) Vocabulary Learning and Reading. *System* 6(2).

[34] Schmidt, R. (1990) The Role of Consciousness in Second Language Learning. *Applied Linguistics* (11).

[35] Vidal, K. (2003) Academic Listening: A Source of Vocabulary Acquisition?. *Applied Linguistics* (24).

初级汉语学习者同形语素意识与词义推测、阅读理解的关系研究 *

朱文文　程璐璐　陈天序

一、引言

阅读理解本质上是学习者对文本进行意义的建构，因此如何更有效地帮助学习者提取文本信息一直是研究者关注的焦点。阅读成分理论（a componential view of reading）认为，学习者的阅读能力是由不同层次的分技能构成的（Carr & Levy, 1990: 3; Koda, 2005: 19），包括元语言意识、词汇知识和词义推测能力等。其中，词义推测能力被认为是阅读理解能力的一个重要指标，指学习者综合语境信息和词内信息，利用已有语言知识推测未知词语的能力（Haastrup, 1991: 13; Wesche & Paribakht, 2010: 3—5）。而"元语言意识"是一种识别、分析及处理抽象语言结构的能力，这种能力使得语言学习者能够切分词语的语音和语素成分（Koda, 2007），主要包括语音意识和语素意识。其中，语素意识被定义为学习者为了理解词语意义对词内语素结构进行有意

---

* 原文发表于《世界汉语教学》2018 年第 2 期。

识剖析的能力（Carlisle，1995：189—210）。

　　国外阅读研究领域对学习者语素意识在词义推测及阅读理解中的影响一直较为关注。目前以英语作为目标语言的研究结果显示，无论对第一语言学习者还是第二语言学习者，语素意识在阅读理解中都发挥着重要作用，如 Nagy、Berninger & Abbott（2006），Kieffer & Lesaux（2012）。同样，语素意识对词义推测也有着重要的积极影响，如 Carlisle（2000）、Zhang & Koda（2012）。近年来，汉语作为第一语言的研究也进一步证实了语素意识对儿童词义推测及阅读理解发展的重要性，如 Ku & Anderson（2003）、Zhang（2016b）。

　　需要说明的是，与字母语言不同，作为语素音节语言的汉语，其语素意识可以细化为三个方面（Li et al.，2002：87—106）：（1）同形语素（homograph）意识。所谓"同形语素"，指两个语素字形相同，但在词中意义不同。我们认为，这其中又包含"同形同音语素"和"同形不同音语素"。前者如双音词"口水"和"口袋"中都包含语素"口"，两个"口"发音相同，但语素义并不相同，因此"口"在这两个词中属"同形同音语素"。"同形不同音语素"指字形相同但读音和意义均不相同，如"和面"的"和 huó"与"和平"的"和 hé"。（2）同音语素（homophones）意识。"同音语素"即两个语素发音相同，但字形和意义均不相同。如"蓝天"和"篮球"中，词首语素读音均为"lán"，但二者字形与意义均不同。（3）汉字的形旁（semantic radical）意识[①]，主要涉

[①] 形声字的义符（semantic radicals）是否可被看作语素（morpheme）在海外阅读研究中争议较大。由于篇幅限制，本文不涉及汉语语素概念的讨论。本文中的语素仅限于词汇层面，即是最小的音义结合体（朱德熙，1982：15）。

及学习者对形声字中表意形旁的理解，比如是否可以认识到"氵"在"江"中的表意作用。总的来说，同形语素意识和同音语素意识指学习者对于相应类别语素的敏感性。

对外汉语学界很早就针对词汇教学提出了语素教学法，并进行了与语素知识相关的习得研究。但多数研究关注语素自身的属性及其与词汇教学、习得效果之间的关系，如语义透明度（谭秋瑜，2011）、语素自由度（邢红兵，2006；王娟、邢红兵，2010；许晓华，2016）、语素义与词义推测的关系（张和生，2006；张江丽，2010）及语素义与词汇意义的关系对词汇教学法的影响（赵玮，2016）等。这些研究虽然从不同角度说明了汉语语素及学习者语素知识对汉语作为第二语言词汇、阅读学习的积极意义，但需要指出的是，上述研究均未把学习者的语素意识作为一种阅读分项能力进行直接测量。

尽管目前从学习者汉语语素意识角度出发探讨汉语第二语言阅读的研究仍比较有限，但值得关注的是，已有研究者开始使用实证研究方法直接考察汉语语素与词汇学习、词义推测及阅读理解的关系。郝美玲、张伟（2006）以41名初级阶段汉语学习者（学习时间为半年到一年）为样本，进行了语音意识测试、汉字快速命名测试、语素意识测试和汉字测试。通过多元回归分析，她们发现语素意识对留学生的汉字学习成绩具有独特的预测作用。Zhang（2016a）重点考察在海外项目中学习的中高级汉语水平留学生汉语语素意识在词汇学习中的重要贡献。171名被试参加了4项语素意识测试和2项词汇知识测试。结构方程模型显示，语素意识对于汉语作为第二语言的词汇知识有很好的预测作用。同时，回归分析也证实了语素意识作为一个多方面能力对词汇知识的重要性。张琦、江新（2015）以 88 名具有不同语言背景的中、高级汉语学习者为样本，重点探讨第二语言学习者汉语语素意识与阅读理解的关系。通过对被试同音语素意识、同形语素意识和阅读理解水平的测试，她们发现同形语素意识对阅读理解的预测作用要大于同音语素意识，且语素意识对阅读理解的预测作用受到学习者汉语水平的影响。高级学习者的同音语素和同形语素意识对阅读理解均有显著的预测作用，而中级学习者的同音语素及同形语素意识对阅读理解都没有预测作用。吴思娜（2017）以中级汉语水平的学生为研究对象，采用结构方程模型方法，考察了泰国汉语学习者词汇知识、语素意识、词汇知识推理与汉语阅读理解的关系。研究发现，语素意识对阅读理解的间接效应大于其直接效应。

上述实证性研究帮助我们进一步理解了语素意识在汉语作为第二语言的词汇、阅读中的重要性。然而令人遗憾的是，现有研究少有将语素意识分层次直接测量，对语素意识与词义推测、阅读理解之间关系的研究也尚有进一步挖掘的空间。许多关于汉语学习者语素意识的问题目前尚不清楚。例如，作为一项分层次（multilayer）技能，语素意识应该如何测量？

不同层次的语素意识是否对词语推测、阅读理解有不同影响？对于缺少足够语言知识的初级阶段学习者，语素意识是否对于他们进行词语推测以及阅读理解有所帮助？考虑到语素意识在汉语阅读能力发展中的重要性，本文将围绕上述问题进行展开。

鉴于篇幅所限，本文重点探讨汉语语素意识中的一个方面，即同形语素中的同形同音语素意识。为叙述方便，以下简称同形语素意识。我们将通过两个语素意识测试、一个词义推测测试和一个阅读理解测试，进一步考察：初级水平汉语学习者的同形语素意识与词义推测能力及阅读理解能力之间存在何种联系？具体来说，同形语素意识强的学习者是否在词义推测及阅读理解方面存在明显的优势？若答案为肯定，我们将考察同形语素意识在多大程度上可以预测初级汉语学习者的词义推测及阅读理解能力。在此基础上，我们将探讨初级汉语教学中学习者语素意识培养的问题。

二、研究方法

本研究对被试进行了四项不同的书面（纸笔）测试，所有测试均在课堂上完成。在全部测试结束后，我们统计被试在各项测试中的相应得分，使用 SPSS 21.0 作为统计分析工具，对获取的数据进行描述性统计、聚类分析、独立样本 t 检验、相关性分析及回归分析等统计分析，从而考察同形语素意识与初级阶段汉语学习者词义推测能力、阅读理解能力的关系。

2.1 被试

本研究以北京语言大学初级阶段来华留学生为研究对象，共有 40 名学生完成了全部四项测试，他们年龄在 18 至 20 岁之间，女生 18 人，男生 22 人。所有被试均为零起点学生，即来华前无汉语学习经验。他们在学习汉语至第二学期期中阶段参加测试。被试均为非华裔，分别来自阿尔巴尼亚（1人）、阿富汗（1人）、安提瓜和巴布达（2人）、巴布亚新几内亚（1人）、白俄罗斯（1人）、贝宁（2人）、赤道几内亚（2人）、东帝汶（3人）、俄罗斯（1人）、佛得角（1人）、格林纳达（1人）、海地（1人）、吉尔吉斯斯坦（2人）、几内亚比绍（4人）、津巴布韦（1人）、马达加斯加（1人）、马拉维（1人）、马来西亚（1人）、马里（1人）、秘鲁（1人）、缅甸（2人）、墨西哥（1人）、尼泊尔（1人）、萨摩亚（1人）、塔吉克斯坦（2人）、土库曼斯坦（1人）、瓦努阿图（1人）、委内瑞拉（1人）、乌兹别克斯坦（1人）等29个国家，不包括日本、韩国等汉字文化圈国家。

2.2 测量工具

本研究包含四项测试：语素测试-1、语素测试-2、词义推测测试和阅读理解测试。其中语素测试-1和-2改编自Ku & Anderson（2003）以及Zhang（2016a）使用的测量工具，分别从两个角度考察学习者的"同形语素意识"。词义推测测试和阅读理解测试均改编自"中国政府奖学金本科来华留学生预科教育结业考试汉语综合统一考试试卷"。需要说明的是，本文对汉字和词汇等测试材料的选择主要来自于《中国政府奖学金本科来华留学生预科教育教学大纲（基础汉语、专业汉语）》（2015版），在判断语素或词为已学还是未学时主要依据被试授课教师的判断，即教师依据对被试整体学习情况的了解，判断被试整体对于目标词的熟悉程度。下面我们对这四项测试分别做简要介绍。

（1）语素测试-1主要考察学习者是否有能力辨别同形的个体语素与词内语素意义是否相同。如果着眼于双音节词语来说，该测试可被视为考察学习者在心理层面对双音节词语进行切分（segmentation）的能力。为避免因对词义或语素义不了解而影响学生的判断，语素测试-1中所有的单字语素和双字词

均为学生已经学过的内容。在测试中,我们要求被试判断单字语素与双字词中同形的字是否具有相同意义,相同画√,不同画×。如:

1.( )鸡   鸡蛋
2.( )小   小心

第 1 题中,单字语素"鸡"与"鸡蛋"中的"鸡"意义一致,因此答案应为√。而第 2 题中,单字语素"小"与"小心"中的"小"意义显然不同,因此应划×。本测试共 20 个项目,总分值 20 分,每题答对得 1 分,答错或不答计 0 分。

(2)语素测试–2 主要考察学习者对同形语素意义的区分(discrimination)能力,即是否有能力识别相同字形的语素在不同词语中所表达的不同意义。与语素测试–1 中直接对比个体语素与词内语素相比,语素测试–2 要求学习者首先对多个词语中的语素分别进行切分和提取,然后进行意义的辨识和对比,其难度相对更大。理论上,切分能力与意义识别能力既相互关联又相对独立,需要学习者不同的认知能力。意义辨识能力需要更多具体语言知识的支持。该测试中,我们要求被试从三个词语中选取一个语素意义不同的词,如:

1. 口红   口水   口袋
2. 学者   读者   或者

第 1 题中,"口红、口水、口袋"三个词都包含同形语素"口",但"口红"和"口水"中的"口"显然都表示"嘴",而"口袋"中"口"的意义与"嘴"的意义并不直接相关。故此题正确答案应为"口袋"。本测试共包含 16 个项目，总分值 16 分，每题答对得 1 分，答错或不答计 0 分。

（3）词义推测测试主要考察学习者利用词内及句内信息猜测新词意义的能力。在该测试中，每题题干的句子中都有一个画线词语，要求学生从四个选项中找出一个跟该词意义相同或相近的选项。画线词语为未学过的词语，选项中的词语则均由已学过的汉字组成。如：

  1. 请你给我家人带口信，说我今天晚点儿回家。
   A. 口语　B. 消息　C. 信封　D. 邮件
  2. 医院里像他这样的病号很多。
   A. 病人　B. 衣服　C. 时间　D. 数字

本测试共 20 个项目，总分值 20 分，每题答对得 1 分，答错或不答计 0 分。

（4）阅读理解测试主要考察学习者综合阅读能力以及对篇章的理解能力，包括 10 篇从 50 字到 200 字不等的短文。学生根据短文内容对问题（针对段落大意和文章细节）进行回答。本测试共 21 个项目，总分值 21 分。每题 4 个选项，答对得 1 分，答错或不答计 0 分。

三、结果

我们对 40 名被试的四项测试结果分别进行了统计，结果显示初级阶段汉语学习者的同形语素意识与他们的词义推测和阅读理解能力均有显著关联，具体如下：

3.1 描述性统计和相关性分析

表1 描述性统计

	平均数（M）	标准差（SD）	最小值	最大值
语素意识-1	0.77	0.13	0.50	0.95
语素意识-2	0.61	0.16	0.19	0.88
词义推测	0.67	0.17	0.25	1.00
阅读理解	0.75	0.17	0.43	1.00

注：平均值、标准差、最小值和最大值均为该测试中学生得分与总分的比值。

表2 各项测试的相关性统计

	1.语素意识-1	2.语素意识-2	3.词义推测	4.阅读理解
1.语素意识-1	—		0.362* 0.428**	0.315*
2.语素意识-2		—	0.286（p=0.07）	0.336*
3.词义推测			—	0.624**
4.阅读理解				

注：*p<0.05,**p<0.01。

首先，从表1中语素测试-1和-2的数据（即平均数、标准差、最小值和最大值）我们可以看到，初级汉语水平学习者的同形语素意识存在一定的个体差异。其次，综合表1和表2的数据我们发现，除语素测试-2与词义推测之间存在接近相关（r（38）=0.286,p=0.07）外，其他各项测试之间都存在显著相关（p<0.05），即初级汉语学习者同形语素意识、词义推测能力和阅读理解水平这三者之间彼此紧密关联。以此为基础，我们将进一步分析这三种阅读能力之间的关系。

3.2 聚类分析和独立样本 t 检验

我们根据 40 名被试的语素意识测试-1 和测试-2 的成绩，应用两步聚类分析（two-step cluster analysis）将其分为两组：同形语素意识较高组（下文简称"高组"）和同形语素意识较低组（下文简称"低组"）。轮廓系数（silhouette coefficient）为 0.6，显示聚类效果良好。其中"高组"包括 22 名被试，语素意识-1 平均成绩 0.86（SD=0.05），语素意识-2 平均成绩 0.67（SD=0.12）；"低组"包括 18 名被试，语素意识-1 平均成绩 0.65（SD=0.09），语素意识-2 平均成绩 0.54（SD=0.17）。

随后，我们又分别统计了"高组"和"低组"的词义推测测试成绩，结果显示："高组"（n=22）的平均分为 0.76（SD=0.14），"低组"（n=18）的平均分为 0.56（SD=0.15）。独立样本 t 检验显示：$t(38)$=4.43，$p<0.001$，说明两组学生的词义推测能力在统计上差异显著，"高组"学生的词义推测能力显著高于"低组"学生。换句话说，同形语素意识强的学生，其词义推测能力也显著优于同形语素意识相对较弱的学生。

同样，我们又分别统计了"高组"和"低组"的阅读理解测试成绩，结果显示："高组"（n=22）的平均分为 0.87（SD=0.16），"低组"（n=18）的平均分为 0.69（SD=0.15）。独立样本 t 检验显示：$t(38)$=3.53，$p<0.05$，说明两组学生的阅读理解能力在统计上差异显著，"高组"学生的阅读理解能力显著高于"低组"学生。也就是说，相对于同形语素意识相对较弱的学生，同形语素意识强的学生在阅读理解方面也有明显优势。

3.3 单因素回归分析

以上统计分析显示,同形语素意识强的学习者在词义推测能力和阅读理解能力上存在显著优势。为进一步分析语素意识与词义推测能力、阅读理解能力之间的关系,我们分别以词义推测和阅读理解作为因变量,以语素意识-1作为预测变量进行了单因素回归分析[①]。词义推测的回归分析结果显示:$F(1, 38)=8.52$,$p<0.01$,同形语素意识是词义推测能力的显著预测变量,变异性为18.3%($R^2=0.183$)。根据Cohen(1988:413)对单因素回归分析中R^2值大小的度量(0.01,0.09和0.25分别表示小、中和大的效应量),说明同形语素意识对于词义推测的解释度接近大效应。同样,阅读理解的回归分析结果显示:$F(1, 38)=4.20$,$p<0.05$,同形语素意识是汉语阅读理解水平的显著预测变量,变异性为10.0%($R^2=0.100$),略大于中效应。这进一步证实了学习者的同形语素意识能够在很大程度上预测学习者词义推测能力和阅读理解水平的高低。我们还以阅读理解测试为因变量,以词义推测为预测变量进行了单因素回归分析,结果显示:$F(1, 38)=24.22$,$p<0.001$,即词义推测能力是阅读理解的显著变量,变异性高达38.9%($R^2=0.389$),效应量很大。

四、讨论

本文主要研究的问题是:同形语素意识强的初级汉语学习者

---

① 因为考虑到语素意识-2与词义推测之间为接近相关,且样本数量较小,因此本文没有对两者进行回归分析。我们将在以后的研究中进一步讨论两者的关系。

是否在词义推测及阅读理解方面存在明显的优势？如果是，同形语素意识在多大程度上可以预测学习者的词义推测及阅读理解能力？通过上文的数据分析我们看到，初级阶段的汉语学习者同形语素意识存在一定的差异，而这种语素意识上的差异又反映在他们词义推测及阅读理解的表现上。这一结果与我们的预测比较一致。

在词义推测中，语素意识可以帮助学习者充分利用词内信息和已有知识对陌生词语进行意义的推测。毕竟，语素意识代表着一种能力，即有意识地切分词内结构及识别语素信息。特别是对于语义透明度较高的词语，具备这种词内分析能力对于汉语学习者特别重要。例如，面对"险地"这样的完全透明词语，学生甚至无需语境的帮助，即可推测出该词的意思为"危险"+"地方"。而汉语中语义完全透明或半透明的词占常用词的93.53%（李晋霞，2011）。具体来说，李晋霞（2011）根据《现代汉语词典》的释义，发现在33 095个常用双音节、三音节词语中，9 488个（28.67%）词语为语义完全透明词，21 467个（64.86%）为语义半透明词，而只有2 140个（6.47%）为语义完全不透明词。因此，这也就不难理解为何具备较强同形语素意识的学习者在词义推测上表现更好。

而在阅读理解中，虽然语素意识强的学习者依然表现出明显的优势，但其贡献度似乎没有在词义推测中明显。本文中语素意识对阅读理解的贡献度为10%，效应量为中等。在张琦、江新（2015）的研究中，甚至没有发现中级水平汉语学习者的同形语素意识对阅读理解有预测作用。然而我们认为，这样的结果并不能降低语素意识在阅读理解中的重要性。参考阅读成分理论的观点，学习者的阅读能力（reading ability）可被进一步细分为各项分技能（sub-skills）。这些分项技能又分为低层级能力（lower-level processing）和高层级能力（higher-level processing）。其中低层级能力取决于学习者使用语素（morphological）、语音（phonological）和正字法（orthographic）信息来识别词语的能力（word recognition）（Nassaji，2014）。高层级能力是学习者使用句法（syntactic）和语义（sematic）信息理解词、句的能力（Landi，2010）。不同层级的分技能之间彼此独立又相互关联。低层级技能的获得可以对高层级技能有所贡献。具体到汉语来说，我们认为，语素意识、词义推测能力和阅读理解能力属于层层递进的三个层级的能力，低层级的能力对相邻的高层级能力有直接贡献。因此，语素意识作为一种低层级技能，可直接用于词义的推测，故而对词义推测贡献度较大。但由于语素意识与高层级的理解能力不属于相邻层级，而是间隔着词义推测能力，因此我们推测，它无法直接作用于更高层级的阅读理解能力，而是更多地以间接方式促进学习者的阅读理解能力。故而，其对阅读理解能力的贡献度虽相对较小但不容忽视。这一点也可以从语素意识对词义推测的重要贡献，以及词义推测与阅读理解之间的强相关关系（$r(38)=.624$，$p<.01$）得到证实。同时，词义推测能力是阅读理解的显著变量这一结果再次佐证了阅读成分理论中各分技能间的层级性关系。

需要承认的是，学习者的语素意识与其词汇知识水平存在显著关联（Zhang，2016a），即词汇水平（包括词汇量和词义理解的深度）高的学习者通常也具有较高的语素意识。而本文并未讨论在语素意识对词义推测及阅读理解的预测作用中，词汇知识对它们关系的影响。词汇知识水平是否会改变语素意识在词义推测及阅读理解中发挥的作用,将是我们今后进一步研究的重点。

五、教学建议

同形语素意识作为一种元语言能力,在多个层面都有利于学习者的汉语学习。由于汉语在词、短语、句子不同层面上的基本构造规律较为相似,学习者元语言能力的提高不但可以加强对词语层面的理解,而且可以进一步影响他们对更高层面的短语、句子乃至篇章的理解。首先,同形语素意识有助于减轻学习者的词汇记忆负担,提高学习效率,有助于长期的、可持续性的学习。其次,同形语素意识的培养有助于学生变被动的接受知识为主动的内化知识。如在学到"售货员"时,同形语素意识高的学生更易于将其与之前学过的"服务员、营业员"联系起来,从而总结出语素"员"表示"(工作或学习的)人"的意义。又如在学到"打电话"时,同形语素意识高的学习者更易于将其中的"打"与"打篮球"中的"打"进行联系和对比,自主归纳出同形语素"打"的不同意义。第三,同形语素意识可在一定程度上帮助学习者完成课堂学习的延伸,提高课外自主学习的效率。在课外学习中,学习者不可避免地会遇到大量没有学过的生词,如何合理、有效地处理这些生词对他们的课外学习效果至关重要。如果学习者具有较强的同形语素意识,能够在语境的帮助下,根据词内语素的组合自主分析、合理推测词义,降低理解障碍,那么就能够大大提高学习效率,从而实现有效的自主学习。

培养和提高学生的同形语素意识可以从多个角度入手。一方面,教师需要有意识地、系统地训练学生的语素意识。特别是在遇到构词能力强的语素时,可以采用多种方法训练学生,培养他们的语素意识。比如,可以让学生根据老师的提示,围绕某个语素扩展词语,如在学到"好吃"时,老师可以通过练习扩展出"好听、好看"等词。再如,当学到"同学"这个词时,可以围绕"同"这一语素,让学生猜测"同屋"和"同事"的意思。总之,这种有意识地以语素为核心,不断激活相关词语的训练方式,在帮助学生获得新词、扩充词汇量的同时,还有利于强化他们的语素意识。

另外,教材编写者们也应当有意识地在初级阶段汉语教材的课后练习中增加同形语素意识训练的内容,提供多种练习模式帮助这一阶段的学习者提高汉语同形语素意识。比如可在课后设计如下练习:

比一比:请用给出的汉字和方框里的汉字组词,比一比,看谁组的词多。

	电		
话	梯	船	刷
灯	视	影	车

总之,虽然关于汉语语素意识训练的相关研究在第二语言的研究中还不多见,但参考汉语作为第一语言的相关研究(如 Packard *et al.*, 2006),我们有理由相信,虽然学习者的同形语素意识发展存在个体差异,但通过教师主动的语素意识培养及合理训练,我们可以引导语素意识较弱的学生去理解词语的内部结

构,让模糊的语素意识变得清晰。同时,也可以让语素意识较强的学生能够更主动地应用这种能力对词语进行学习、分析。

六、结语

本文通过四项阅读能力测试,主要研究了初级阶段汉语学习者同形语素意识与词义推测、阅读理解的关系。我们发现,同形语素意识强的学习者在汉语词义推测及阅读理解方面都表现出明显优势。同形语素意识对学习者的词义推测及阅读理解能力均有独立的显著贡献。但是,还有很多问题值得我们进一步思考,如语素意识是一种多层级的能力,如何更加有效地测试汉语语素意识及其不同的下位能力?另外,由于语素通过汉字得以表征,所以关联同形语素的线索是意义,但是把握同形语素的前提是汉字的认知。所以,汉字认知与学习者同形语素意识的关系也值得我们进一步思考。还有,本研究在实验材料的选择上还需要进一步细化,今后除了依靠学生使用的教材及任课教师的判断外,还应增加实验材料选择测试环节。最后,由于样本数量有限,也使得我们无法使用更为有效的统计方法进一步分析各阅读分技能之间的关系。今后的研究中需要扩大样本数量、纯化被试的母语背景,通过诸如多因素回归分析、路径分析等方法,得到更为有力的实验证据。

参考文献

[1] 郝美玲、张伟(2006)语素意识在留学生汉字学习中的作用,《汉语学习》第1期。

[2] 李晋霞（2011）《现代汉语词典》的词义透明度考察，《汉语学报》第 3 期。

[3] 谭秋瑜（2011）初中级中文学习者语素意识的实验研究，《国际汉语教育》第 2 期。

[4] 王娟、邢红兵（2010）留学生单音节多义语素构词习得过程的实验研究，《语言教学与研究》第 2 期。

[5] 吴思娜（2017）词汇知识、语素意识、词汇推理与二语阅读理解——来自结构方程模型的证据，《世界汉语教学》第 3 期。

[6] 邢红兵（2006）《（汉语水平）词汇等级大纲》双音合成词语素统计分析，《世界汉语教学》第 3 期。

[7] 许晓华（2016）影响留学生半自由语素理解的主要因素及教学对策，《语言教学与研究》第 1 期。

[8] 张和生（2006）外国学生汉语词汇学习状况计量研究，《世界汉语教学》第 1 期。

[9] 张江丽（2010）词义与语素义之间的关系对词义猜测的影响，《语言教学与研究》第 3 期。

[10] 张琦、江新（2015）中级和高级汉语学习者语素意识与阅读关系的研究，《华文教学与研究》第 3 期。

[11] 赵玮（2016）汉语作为第二语言词汇教学"语素法"适用性研究，《世界汉语教学》第 2 期。

[12] 朱德熙（1982）《语法讲义》，北京：商务印书馆。

[13] Carlisle, Joanne F. (1995) Morphological awareness and early reading achievement. In L. B. Feldman (ed.), *Morphological Aspects of Language Processing*. Hillsdale, NJ: Erlbaum.

[14] Carlisle, Joanne F. (2000) Awareness of the structure and meaning of

morphologically complex words: Impact on reading. *Reading and Writing* 12.

[15] Carr, Thomas H. & Betty Ann Levy (eds.) (1990) *Reading and its development: Component skills approaches*. San Diego: Academic Press.

[16] Cohen, Jacob (1988) *Statistical power analysis for the behavioral sciences*, 2nd ed. Hillsdale, NJ: Lawrence Erlbaum Associates.

[17] Haastrup, Kirsten (1991) *Lexical Inferencing Procedures or Talking about Words: Receptive Procedures in Foreign language Learning with Special reference to English*. Tubingen, Germany: Gunter Narr.

[18] Kieffer, Michael J. & Nonie K. Lesaux (2012) Direct and indirect roles of morphological awareness in the English reading comprehension of native Spanish, Filipino, Vietnamese, and English speakers. *Language Learning* 62.

[19] Koda, Keiko (2005) *Insights into Second Language Reading: A cross-linguistic Approach*. Cambridge: Cambridge University Press.

[20] Koda, Keiko (2007) Reading and language learning: Cross-linguistic constraints on second-language reading development. *Language Learning* 57.

[21] Ku, Yu-Min & Richard C. Anderson (2003) Development of morphological awareness in Chinese and English. *Reading and Writing: An Interdisciplinary Journal* 16.

[22] Landi, Nicole (2010) An examination of the relationship between reading comprehension, higher-level and lower-level reading subskills in adults. *Reading and Writing* 23.

[23] Li, Wenling, Richard C. Anderson, William E. Nagy & Houcan Zhang (2002) Facets of metalinguistic awareness that contribute to Chinese literacy. In Li Wenling, Janet S. Gaffney and Jerome L. Packard (eds.), *Chinese Children's Reading Acquisition: Theoretical and Pedagogical Issues*. Boston,

MA: Kluwer Academic.

[24] Nagy, William, Virginia Berninger & Robert Abbott (2006) Contributions of morphology beyond phonology to literacy outcomes of upper elementary and middle school students. *Journal of Educational Psychology* 98.

[25] Nassaji, Hossein (2014) The role and importance of low-level processes in second language reading. *Language Teaching* 47.

[26] Packard, Jerome L., Xi Chen, Wenling Li, Xinchun Wu, Janet S. Gaffney, Hong Li & Richard C. Anderson (2006) Explicit instruction in orthographic structure and word morphology helps Chinese children learn to write characters. *Reading and Writing* 19.

[27] Wesche, Marjorie B. & T. Sima Paribakht (2010) *Lexical Inferencing in a First and Second Language: Cross-linguistic Dimensions*. Bristol: Multilingual Matters.

[28] Zhang, Dongbo & Keiko Koda (2012) Contribution of morphological awareness and lexical inferencing ability to L2 vocabulary knowledge and reading comprehension among advanced EFL learners: Testing direct and indirect effects. *Reading and Writing: An Interdisciplinary Journal* 25.

[29] Zhang, Haomin (2016a) Does morphology play an important role in L2 Chinese vocabulary acquisition? *Foreign Language Annals* 49.

[30] Zhang, Haomin (2016b) Morphological awareness in literacy acquisition of Chinese second graders: A path analysis. *Journal of Psycholinguistic Research* 45.

汉语二语者名名复合词学习中语义关系信息的作用 *

徐晶晶　马　腾　江　新

一、引言

　　复合指按一定规则把熟悉概念组合起来、产生新概念的过程，新产生的概念被称为复合概念。名名复合指两个名词组合起来形成一个新的复合词或者复合结构的过程，是汉语中一种重要且多产的构词方式。汉语名名复合词数量多（陆志韦等，1957：19），约占全部复合词的43%（周荐，1991），且内部语义关系复杂多样（黄洁，2008）。名名复合词的意义不只是语素义的简单相加，例如"书架"≠"书"+"架"，它的意义是通过选择语素与语素之间合适的语义关系进行整合所获得的（Wisniewski，1996；谭景春，2010）。语义关系（semantic relation）指复合词内部两个语素之间的意义关系，例如 teapot（茶壶）可以理解为 a pot FOR tea（泡茶用的壶，用途类语义关系），snowball（雪球）可以理解为 a ball MADE OF snow（用雪做的球，材料类语义关系）。

---

*　原文发表于《世界汉语教学》2017 年第 3 期。

语义关系不是显性的，仅仅通过构成复合词的两个语素无法直接获得，需要听者和读者进行推断（Kay & Zimmer，1976：239—246）。

"复合词在汉语中的地位远非英语可比"（张维友，2009）。对汉语复合词认知加工和学习机制的研究不仅可以增进我们对于复合词加工普遍性和特殊性的了解，而且对汉语复合词的教学也有启发意义（江新、房艳霞、杨舒怡，2016）。本文主要研究名名偏正复合词内部语义关系对第二语言学习者复合词学习的影响。

二、名名复合词理解中语义关系作用的研究现状

2.1 语义关系在名名复合词理解中的作用

Gagné & Shoben（1997、2002）提出关系竞争理论（the competition among relations in nominals theory，CARIN）来解释复合词的理解机制，该理论认为人们理解复合词时修饰语素和中心语素之间的各种语义关系首先会出现互相竞争，然后其中一种恰当的语义关系得到选择，成为修饰语素和中心语素的联结途径，最后形成整词概念。Spalding & Gagné（2011）在关系竞争理论的基础上进一步提出 RICE 理论（relational interpretation competitive evaluation），对关系竞争理论进行补充。该理论认为重复相同的语义关系并不一定会加速某一特定语义关系信息的提取，相反，不同的语义关系会抑制目标词语义关系信息的提取。

目前许多研究采用反应时实验考察语义关系的启动对复合词词义理解是否具有促进作用。Estes（2003）最早发现语义关系的

启动可以促进词义理解，例如当启动词是 bacon tongs（培根钳）时，对于目标词 pancake spatula（薄饼铲）的理解要显著快于启动词为 city riots（城市暴乱）时的理解，对此可能的解释是 bacon tongs（培根钳）和 pancake spatula（薄饼铲）具有相同的 FOR（用途类）语义关系，而 city riots（城市暴乱）是 HAS（地点类）语义关系。与之相反的观点来自于 Gagné、Spalding & Ji（2005）的研究，他们在 Estes（2003）研究的基础上，控制启动词与目标词的语义关系和相同语素的位置（修饰语素相同或中心语素相同），发现当启动词和目标词没有相同语素时，语义关系的启动对词义理解没有显著的促进作用。Gagné & Spalding（2010）还发现，当相同语素在不同位置时，例如启动词是 summer car（夏季汽车），目标词是 car port（停车场）（二者都是用途类语义关系，但相同语素的位置不同），语义关系的启动对词义理解有抑制作用。Ji、Gagné & Spalding（2011）更进一步的研究发现，语义关系的启动在透明词和不透明词的词义理解中影响不同，对透明词的词义理解有促进作用，对不透明词的理解则没有显著影响。总之，关于语义关系在英语复合词理解中作用的研究还没有得到一致的结论。

最近，有学者对汉语名名复合词加工中语义关系的作用进行了考察。例如高华（2012）在实验中选择了具有相同修饰语素的启动词和目标词，启动条件包括语义关系一致（例如：纸鹤—纸花）和语义关系不一致（例如：纸篓—纸花）两种条件。她发现汉语名名复合词理解中存在语义关系的启动效应，即当启动词与目标词语义关系一致时，被试对目标词的识别比不一致时快。Jia et al.（2013）和马腾（2014）采用事件相关电位（ERP）技术来研究汉语名名复合词加工中语义关系的作用，也发现语义关系对汉语名名复合词的加工有影响，而且大脑右侧对语义关系是否一致更为敏感。

2.2 语义关系的作用与语素重复的关系

很多研究发现，当启动词和目标词具有相同的修饰语素或中心语素时，语义关系的启动对复合词加工有促进作用（Gagné，2001、2002；Ji & Gagné，2007），语素重复会增强语义关系的启动效应（Raffray、Pickering & Branigan，2008）。Gagné（2001）发现，复合词的语义关系需要修饰语素的重复才能激活。Gagné 在一系列研究中（Gagné，2001；Gagné & Shoben，2002；Gagné & Spalding，2004），分别用熟词（例如 chocolate factory 巧克力工厂）、歧义词和陌生词（例如 plastic bee 塑料蜜蜂）作为实验材料进行研究。歧义词是指复合词在不同的语义关系下有不同的解释，例如 adolescent doctor（青少年医生）可理解为 a doctor who is an adolescent（年龄为青少年的医生），也可以解释为 a doctor for adolescents（给青少年看病的医生）。实验证实修饰语素会促进语义关系的激活，即启动词和目标词修饰语素重复时，一致的语义关系对英语复合词的加工具有促进作用，而中心语素重复时则没有这种促进作用。以左中心词序[①]的印尼语复合词和法语复合词为材料的实验得出了类似的结论（Storms & Wisniewski，2005；Nicoladis & Krott，2007），且发现修饰语素

[①] 根据 Dryer & Haspelmath《世界语言结构地图集》（*The World Atlas of Language Structures: WALS*）（2013）所提供的语言资料，左中心词序指在偏正式复合词中，中心语素居左，前置于修饰语素，如泰语、越南语、法语、印尼语、西班牙语、阿拉伯语等。

重复时语义关系的启动对复合词加工的促进作用大于中心语素重复时。

但是，对汉语名名复合词加工的研究得到了不同的结论。Ji & Gagné（2007）考察语义关系信息在汉语名名复合词中的加工以及不同语素的重复启动效应，研究结果显示，汉语名名复合词中也存在语义关系的启动效应。与英语名名复合词不同的是，无论目标词与启动词的修饰语素重复还是中心语素重复，语义关系的启动效应都存在。但是中心语素重复时，语义关系的启动效应更大。该研究的不足之处在于，不同组的实验材料之间没有进行很好的匹配，目标词和启动词的整词语义联系在语义关系相同组和语义关系不同组之间存在差异，实验中出现的启动效应可能只是整词语义联系的启动效应，并非词内语义关系的启动效应，因此实验结果仍需要进一步验证。

2.3 以往研究的局限和本文研究的具体问题

综上所述，已有研究表明复合词内部语义关系和语素重复位置都会影响母语者复合词的理解和加工。但就目前的研究来看，对名名复合词加工的研究还不够充分。首先，名名复合词加工中是否存在语义关系启动效应尚有争论。有的研究发现语义关系的启动对词义理解具有促进作用（Estes, 2003; Gagné & Spalding, 2009; 高华, 2012; Jia et al., 2013; 马腾, 2014），而有的研究没有发现语义关系的启动效应（Gagné、Spalding & Ji, 2005; Gagné & Spalding, 2010）。并且，已有研究中关于修饰语素或中心语素对语义关系的启动效应的影响结论不一致（Gagné, 2001、2002; Ji & Gagné, 2007; Raffray、Pickering & Branigan, 2008）。因此，需要对此问题做进一步的研究。

其次，汉语名名复合词的语素重复位置对语义关系启动作用的研究还比较少。对英语、法语等字母语言的研究大多发现修饰语素的重复对语义关系的启动具有促进作用，但 Ji & Gagné（2007）对汉语名名复合词理解中的语素重复位置效应进行考察，发现中心语素的重复对语义关系启动的影响更大。在汉语名名复合词理解中是否中心语素的作用大于修饰语素，还需要更多的研究来进行考察。

第三，已有研究大多是从复合词认知加工的角度进行的，复合词的学习是否受到语义关系的影响尚不清楚。在汉语第二语言教学中，教师经常采用"以旧带新、词语类聚"的方式进行生词教学，但是选择旧词或熟词时一般只关注是否含有与生词相同的语素。例如讲解生词"生手"时，首先让学生回忆含有语素"生"的熟词（学生、生病、生意、生人）来建立生词和熟词之间的联结（赵玮，2016），并不十分重视所提供的熟词与生词之间的语义关系是否一致。教师选择什么样的熟词进行生词教学可以取得更好的效果，这是一个值得研究的问题。

因此，本研究主要探讨汉语第二语言学习者在学习陌生的名名复合词时是否能利用熟词内部语义关系信息，语义关系的作用是否受到生词与熟词相同语素（是修饰语素还是中心语素）的影响。具体而言，本研究考察的问题包括：（1）生词与熟词的语义关系一致程度对学习者名名复合词的学习是否有影响？（2）语义关系的作用是否受生词与熟词语素重复位置的影响？

三、研究方法

3.1 实验设计

本研究是一个包括学习阶段和测试阶段的实验室教学实验,在学习阶段要求被试在四种条件下学习陌生的名名复合词,在测试阶段进行词义判断的测验。研究采用 2×2 两因素完全被试内实验设计,包括两个自变量:生词和两个熟词的语义关系一致程度(完全一致、部分一致)、生词和熟词语素重复位置(修饰语素重复、中心语素重复),因变量为词义判断测验的正确率。

3.2 被试

被试为在北京高校学习汉语 1.5—5 年的拼音文字背景留学生 28 人(美国 4 人、泰国 3 人、俄罗斯 2 人、捷克 2 人、阿塞拜疆、哈萨克斯坦、乌兹别克斯坦、老挝、孟加拉国、印度、印度尼西亚、德国、法国、拉脱维亚、罗马尼亚、西班牙、意大利、毛里求斯、突尼斯、澳大利亚、玻利维亚各 1 人),其中男生 8 人,女生 20 人,平均年龄为 23 岁,视力或矫正视力正常。

3.3 学习阶段

首先选择 40 个陌生的名名复合词[①](例如:信架、金壶、卡

---

① 有学者可能质疑实验材料不是复合词,但实际上实验选择的生词都是按照特定的词法模式产生的低频词,具有整体性且意义透明,按照董秀芳(2004:123—128)的观点,应该称为"词法词",与收入词典中的"词库词"相区别。她认为,按照句法标准,同一词法模式构成的都是词,因为它们在句法上的表现完全相同,都是作为一个最小的单位出现。一个形式不管是不是包含黏着语素,不管意义是否透明,只要是符合词法模式,就具备了词的资格,因此词法词也是词。陆丙甫(1993:39—46)认为,属于同一结构模式的 XY,如果 X 和 Y 中有一个是不成词语素,那么 XY 就是词,而且同类结构也都是词,而

包等）作为被试要学习的生词，每个生词都配有两个熟词（均为名名复合词）作为学习的辅助词。根据生词和熟词的语义关系一致程度、语素重复位置的不同，学习材料分为四组，每组包括20个生词以及对应的80个熟词。这四组学习材料分别是：（1）生词与两个熟词的内部语义关系完全一致且中心语素相同，例如：信架—衣架、书架（生词和熟词都是"用途类"语义关系）；（2）生词与两个熟词的内部语义关系完全一致且修饰语素相同，例如：金壶—金牌、金花；（3）生词与两个熟词的内部语义关系部分一致且中心语素相同，例如：信架—木架、书架（生词和其中一个熟词"书架"的语义关系一致，都是"用途类"，和另一个熟词"木架"的语义关系不一致，"木架"是"材料类"语义关系）；（4）生词与两个熟词的内部语义关系部分一致且修饰语素相同，例如：金壶—金牌、金库。40个生词共配有160个熟词。为了保证被试认识实验材料中的汉字，生词和熟词的语素均选自《高等学校外国留学生汉语言专业教学大纲》一年级一级、二级字表，再请两名留学生（来自被试群体）判断是否认识这40个生词中的汉字（如果认识就读出来，不认

不是词组。沈阳（1997）指出，对于一个无法用其他定义确定为词的形式，可以与肯定是词的同结构的单位相比较，如长度一致，就可确定为词。比如，比照"鸭蛋"可以确定"蛇蛋"是词，比照"画册"可以确定"画鼓"是词。另外，王洪君（1994）指出"雁蛋""狼肉"这样的名名组合，成词性较差，董秀芳（2004：123—128）认为由于这些词与人们的日常生活不够密切，因此人们的词感比较差。刘云、李晋霞（2009）提出词感差是因为受到词频的制约。根据以上分析，实验材料中陌生的名名组合其实可以看成是名名复合词。实验所用的一些生词在现实世界中都已经存在实体，比如"饭椅""画鼓"等在百度中都可以搜索到。

识就划掉）、是否认识 160 个熟词（如果认识就解释词义，不认识就划掉）。根据测试的结果，最终选取 16 个生词和 64 个熟词[1]作为学习材料。

为了考察复合词词义的理解机制，排除被试已掌握的复合词词汇知识的影响，本研究采用陌生的名名组合作为实验材料。这种实验范式已被国内外研究者用来考察名名概念合成的认知加工机制。例如 Murphy（2002：443—475）的"mountain magazine（山脉杂志）"、Jhean-Larose et al.（2011）的"voiture tortue（turtle car 乌龟汽车）"、刘烨等（2004）的"照片电车"、黄绣然（2008）的"球灯"、江新等（2016）的"象船"。

16 个生词在北京大学中国语言学研究中心 CCL 语料库中没有出现过或出现次数很少（0—7 次，平均 3.125 次），64 个熟词为中高频词（出现 175 次—11 759 次，平均 1 622.36 次）。对语素重复位置不同的两组生词的频率[2]（平均频率分别为：修饰语素重复组 0.3 375/ 百万，中心语素重复组 0.2 875/ 百万）进行 t 检验，结果显示，两组生词的频率差异不显著，$t(14)=0.33$，$p>0.05$。对四组熟词的频率（平均频率见表 1）进行单因素方差分析，结果显示，四组熟词的频率差异不显著，$F(3, 60)=0.057$，$p>0.05$。

---

[1] 需要说明的是，熟词中大部分为偏正式，只有三个词"饭菜""牛羊""毛发"是并列式，它们的语义关系与生词不一致，都出现在生词与熟词"语义关系部分一致"的学习条件中，因此不影响本实验对自变量的操控。

[2] 频率数据来自"北京大学中国语言学研究中心 CCL 语料库"。

表1 四组熟词的平均频率

语义关系一致程度	语素重复位置	平均频率（百万分之）
完全一致	修饰语素重复	174.200
	中心语素重复	150.394
部分一致	修饰语素重复	174.294
	中心语素重复	150.056

将每个生词和对应的两个熟词放在一张幻灯片上呈现给被试（见图1）。首先呈现生词（60磅红色[①]宋体字）及其词义解释（40磅红色宋体字），然后呈现两个熟词及其词义解释（40磅黑色宋体字）。在视觉呈现的同时，也采用听觉呈现（播放词和词义解释）。声音播放结束后，生词与熟词保留，词义解释消失，防止被试只关注生词的解释而忽略熟词。幻灯片用powerpoint制作成PPT。

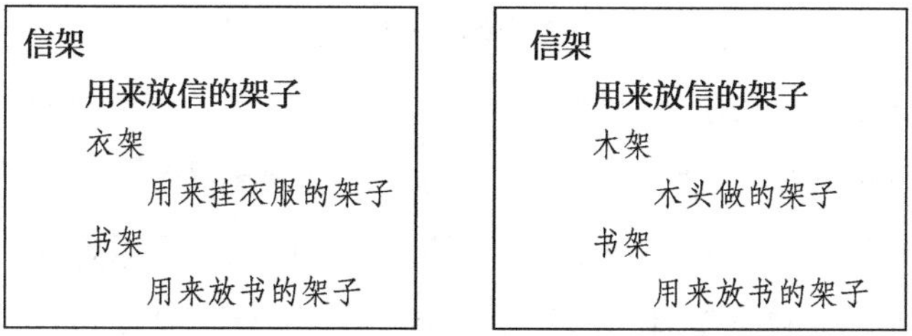

```
信架                          信架
  用来放信的架子                 用来放信的架子
衣架                          木架
  用来挂衣服的架子               木头做的架子
书架                          书架
  用来放书的架子                 用来放书的架子
```

(a) 语义关系完全一致   (b) 语义关系部分一致

图1 生词"信架"所用PPT示例

[①] 这里用粗体字代表红色字。

实验采用拉丁方顺序安排不同组的学习材料，对四组学习材料在被试间进行了平衡，保证每名被试对同一个生词只学习一次。因此，实验材料有四套（每套均包含语义关系是否完全一致、语素重复位置是修饰语素还是中心语素四个条件），被试分为四组，每组被试只完成其中一套材料的学习。学习时间大约为6分钟。

3.4 测试阶段

被试学习结束后进行词义判断测验。测验时，给每个生词提供一个解释，一半的生词解释是正确的，另一半是错误的，让被试进行正误判断。例如：

（1）信架：信做成的架子。（×）

（2）信架：用来放信的架子。（√）

之所以选择词义判断测验而不是生词解释测验，是考虑到生词解释任务比词义判断任务难，被试在短时间内学习记忆较多的生词，也许能够进行词义的判断，但是不能解释生词。使用词义判断任务，只要求被试能再认所学的生词及词义，能判断生词意义是否正确即可，词义判断测验对测量生词学习效果比较敏感。测验分为A、B两套，同一个生词在一套中出现正确解释，在另一套中出现错误解释。测试中还有16个没有学习过的陌生名名组合（例如：象船）作为填充材料。这16个名名组合中的语素均选自《高等学校外国留学生汉语言专业教学大纲》中的一年级一级、二级字表，不与所学习的生词的语素重复。被试完成测试大约需要10分钟。

3.5 实验实施

对被试进行个别施测。在笔记本电脑屏幕上给被试呈现每个生词的幻灯片,要求被试学习生词,并告诉被试学完之后要进行测验。正式实验之前,先进行四个生词的练习。这四个生词与熟词的关系和正式的学习材料一致。练习材料不出现在正式实验中。

四、结果

计算被试在不同条件下学习生词之后在词义判断测验中的正确率平均数和标准差(见表2)。

表2 不同学习条件下词义判断测验正确率的
平均数(%)和标准差(括号内)

生词和熟词的语义关系一致程度	语素重复位置	正确率平均数(标准差)
完全一致	修饰语素重复	75.893(0.220)
	中心语素重复	83.929(0.195)
部分一致	修饰语素重复	78.571(0.233)
	中心语素重复	66.964(0.233)

对正确率的平均数进行重复测量方差分析,结果显示,语义关系一致程度的主效应显著,$F(1, 27)=3.212$,$p<0.05$,生词和两个熟词的语义关系完全一致时,生词的学习效果比部分一致时好。语素重复位置的主效应不显著,$F(1, 27)=0.165$,$p>0.05$,修饰语素重复时的生词学习效果与中心语素重复时的效

果没有显著差异。

语义关系一致程度与语素重复位置的交互作用显著，$F(1, 27) = 6.418$，$p<0.05$。简单效应检验的结果显示，修饰语素重复时，语义关系的简单效应不显著，$F(1, 27)=0.280$，$p>0.05$；但是中心语素重复时，语义关系的简单效应非常显著，$F(1, 27)=7.890$，$p<0.01$，语义关系完全一致时生词的学习效果比部分一致时好。这个结果表明，语义关系一致程度对生词学习效果的影响受语素重复位置的制约：当生词和熟词中心语素相同时，语义关系完全一致条件的生词学习效果比部分一致条件要好，但修饰语素相同时二者没有显著差异。

五、讨论

5.1 复合词内部的语义关系影响第二语言学习者复合词的学习

本研究结果显示，当生词与两个熟词的内部语义关系完全一致时，生词的学习效果比部分一致时好。表明第二语言学习者对语素间的语义关系是敏感的，语义关系在理解和学习陌生的名名复合词词义的过程中发挥了重要作用。以往研究大多关注英语等使用拼音文字的语言的复合词加工（Gagné & Shoben，1997、2002；Wisniewski & Love，1998；Gagné，2001、2002），本研究结果揭示了汉语复合词内部的语义关系对复合词的理解和学习也具有重要作用。

这个结果符合关系竞争理论的预测。根据关系竞争理论，复合词理解过程中各种语义关系都得到激活，这些关系激活后会出现互相竞争，最后确定一个合理的语义关系。词义的通达过程会受到辨别这种语义关系难易度的影响。对于一个陌生的复合词来说，人们会通过辨别复合词内部语素之间的语义关系信息来建立整词的意义表征。当生词和两个熟词语义关系完全一致时，学习者重复接触到某种语义关系的频率较高，因此这种语义关系在与其他语义关系进行竞争时具有优势，更容易凸显，成为被选择的语义关系。本研究结果与 Gagné & Shoben（1997、2002）、Gagné（2001）对英语母语者复合词加工的研究结果一致，与 Ji & Gagné（2007）、高华（2012）、马腾（2014）对汉语母语者复合词加工的研究结果也一致。本研究为关系竞争理论提供了汉语第二语言学习者复合词学习的支持证据。

另一方面，当生词与熟词语义关系不完全一致时，即含有相同的修饰语素或中心语素的名名复合词内部表现出不同的语义关系时，学习者在复合词学习中较难掌握生词的词义。根据 Spalding & Gagné（2011）提出的 RICE 理论，不同的语义关系对目标词语义关系信息的提取产生抑制。这个理论来源于英语复合词的加工研究。本研究关于汉语复合词学习的结果支持这个理论，当生词和熟词语义关系不完全一致时，不同的语义关系对生词语义关系的获得产生了抑制作用，学习者同时接触到同一语素构成的复合词内部的多种语义关系，各种语义关系之间出现同等竞争，学习者较难从中做出选择，不容易判断生词内部的语义关系，因此对他们获得陌生复合词的词义造成干扰，导致其在词义测验中表现较差。

5.2 复合词内部语义关系的作用受到语素重复位置的影响，中心语素重复较为重要

本研究还发现，中心语素重复时语义关系完全一致条件的生词学习效果比部分一致条件要好，但修饰语素重复时二者没有显著差异。也就是说，本实验发现学习者在修饰语素重复条件下学习复合词，对于语义关系是否一致似乎并不敏感，而在中心语素重复时，一致的语义关系对陌生名名复合词的学习具有显著的促进作用。我们认为，语义关系仅在中心语素重复时起作用，这可能是因为在修饰语素重复的条件下（例如：金壶—金牌、金花），被试学习生词时语义关系并没有得到激活和利用，仅仅只有修饰语素重复的作用，这与彭聃龄、李燕平、刘志忠（1994）没有考虑语义关系情况下发现的首语素重复启动效应大于尾语素重复启动效应的结果一致；而在中心语素重复的条件下，语义关系得以激活和利用（Ji & Gagné, 2007），完全一致的语义关系（例如：卡包—钱包、书包）使得理解和记忆的效果得到加强，而不完全一致的语义关系（例如：卡包—钱包、纸包）则会对理解和记忆形成干扰，从而影响学生的学习效果。

这个结果与 Gagné（2001）、Storms & Wisniewski（2005）、Nicoladis & Krott（2007）、Raffray、Pickering & Branigan（2007）的实验结果并不一致。Gagné（2001）、Storms & Wisniewski（2005）、Nicoladis & Krott（2007）发现了显著的语素重复位置效应，并且修饰语素对语义关系有显著的启动效应，因此认为在使用拼音文字的语言中复合词内部的语义关系由修饰语素激活，中心语素则没有这种特殊的作用。而 Raffray et al.（2007）既没有发现修饰语素的激活作用，也没有发现中心语素的激活作用，因此认为首尾成分在英语复合词语义关系激活中具有相同的作用。

为什么我们关于汉语复合词中修饰语素和中心语素作用的研究结果与前人关于英语等字母语言的研究结果不一致？我们认

为，这可能与汉语复合词和英语复合词的组成不同有关。与汉语相比，英语是形态丰富的语言，词缀构词占有最重要的位置，复合次之，词根和词缀有明显的分别。英语复合词的构词成分必须是自由的，例如 honeymoon（蜜月），复合词的两个成分对整词理解的作用相对独立。而汉语则不同，汉语复合词主要是由两个或两个以上词根[①]合成的词，复合是汉语构词最主要的手段。汉语复合词中很多语素是黏附的，例如"房客"中的"房"，因此修饰语素和中心语素独立性较弱，整词的意义需要依靠两个语素的意义来共同确定（董秀芳，2004：132—134）。汉语偏正式复合词的中心语素确定词汇所指的概念范畴，因此修饰语素对于理解整词意义的作用不及中心语素重要。对学习者而言，生词所描述的概念范畴对理解该词更为重要，所以语义关系的效果只在中心语素重复时出现，而修饰语素重复时没有影响。

汉语复合词和英语复合词组成的不同可能导致二者的加工方式不同。汉语和英语都是中心语素在右的语言，但是汉语复合词的语义关系可能是由中心语素激活的（Ji & Gagné，2007），而英语复合词的语义关系可能是由修饰语素激活的（Gagné & Shoben，1997、2002）。

在汉语陌生名名复合词加工中，中心语素可能更为重要。本研究结果和冯丽萍（2003）对偏正式复合词加工的研究结果一致，她发现中心语素在汉语母语者偏正式复合词加工中的作用比修饰语素强，而且母语为英语的汉语第二语言学习者在加工时间较长时也出现了中心语素的激活作用。

[①] "词根"指意义实在、在复合词内位置不固定的成词语素和不成词语素（黄伯荣、廖序东主编，2007：222）。

此外，本研究的实验任务和范式与前人的不同。前人的实验任务一般采用启动范式，要求被试完成词汇判断任务或者复合词产出任务，目的是考察复合词的即时加工过程；而本研究是一个包含学习阶段和测试阶段的实验，要求被试学习陌生复合词之后完成词汇再认任务，采用的是非即时的词义判断任务。汉语第二语言学习者为了记忆陌生的词语，必须理解词汇的意义，寻找语素与整词之间的联系，并存储在心理词典中。由于中心语素对确定概念范畴发挥更大的作用（徐通锵，1997；Packard，2000：85—89；董秀芳，2004：132—134），中心语素重复更容易帮助第二语言学习者确定语素之间的语义关系，从而正确理解词义。这一点也可能是导致本研究与前人采用启动范式的反应时实验得到的结果不一致的原因。

六、教学启示

在传统的词汇教学中，教师一般在解释生词的同时列出几个含有相同语素的熟词来帮助学生联想记忆或分类归纳，例如解释生词"生手"时，通过联系"学生、生病、生意、生人"等熟词来建立生词和熟词之间的联结（赵玮，2016），但生词和熟词的内部语义关系是否一致，在教学中没有得到重视。本研究考察了语义关系对汉语复合词学习的影响，对于汉语词汇教学有一定的启发意义。

首先，本研究结果揭示了汉语复合词内部的语义关系对复合词理解的重要作用，生词与熟词的语义关系完全一致时学习效果比较好。这启发我们，在利用熟词进行生词教学时，应该关注生词和熟词之间是否具有相同的语义关系,要首先注意选择那些与生词语义关系一致的熟词进行讲解。例如,学习生词"枣糕"(材料类语义关系)时,首先可以选择内部语义关系一致的熟词"冰糕""蛋糕"来扩展,然后再选择"年糕"(时间类语义关系)这类语义关系不一致的熟词。

其次,本研究还发现中心语素重复时学习者对语义关系比较敏感。这启发我们在进行生词教学时,不仅要善于利用相同语义关系的熟词来帮助学生学习生词,而且还要注意在语义关系一致的熟词中选择与生词中心语素相同的熟词。例如,学习生词"画架"时,可以用"衣架""书架"这类中心语素重复且语义关系一致的熟词进行词汇扩展,这比选择"画笔""画板"这类修饰语素重复的熟词来进行扩展,对于生词词义的学习效果可能要更好。

七、结语

本研究以 28 名学习汉语的外国学生为被试,通过一个包含学习阶段和测试阶段的实验室教学实验,考察生词和熟词的内部语义关系一致程度对汉语第二语言学习者名名偏正复合词学习的影响,以及这种影响是否与生词和熟词的语素重复位置有关。结果显示,当生词与两个熟词的内部语义关系完全一致时,生词的学习效果比部分一致时好。但这种效应受语素重复位置的影响:中心语素重复时语义关系完全一致条件的生词学习效果比部分一致条件要好,但修饰语素重复时二者没有显著差异。研究结果表明,汉语名名偏正复合词的学习受复合词内部语义关系信息的影响,语义关系的作用与语素重复位置有关。

值得注意的是，本研究中被试虽然都属于拼音文字背景的学习者，但被试的母语背景不够单一。在不同语言中修饰语素与中心语素相对位置不相同，而且不同语言背景学习者的概念系统也可能不同。因此，在未来的研究中应更好地控制母语背景这个变量。还有，本研究测试被试是否认识复合词中的汉字时仅采用了两名被试，样本量不够大，将来的研究应增加评定汉字的被试人数。此外，本研究的结果只限于名名偏正复合词的理解和学习，其他类型复合词的学习还需要进一步研究。

参考文献

[1] 董秀芳（2004）《汉语的词库与词法》，北京：北京大学出版社。
[2] 冯丽萍（2003）中级汉语水平留学生的词汇结构意识与阅读能力的培养，《世界汉语教学》第2期。
[3] 高华（2012）汉语名—名偏正结构复合词内部的语义关系信息在复合词加工中的作用，北京语言大学硕士学位论文。
[4] 黄伯荣、廖序东主编（2007）《现代汉语》（增订四版），北京：高等教育出版社。
[5] 黄洁（2008）名名复合词内部语义关系多样性的认知理据，《语言教学与研究》第6期。
[6] 黄绣然（2008）汉语复合名词的理解：以动物、植物及加工品三类复合词为例，台湾成功大学硕士学位论文。
[7] 江新、房艳霞、杨舒怡（2016）汉语母语者和第二语言学习者名名组合的理解，《世界汉语教学》第2期。
[8] 刘烨、傅小兰、孙宇浩（2004）中文新异组合概念的解释及影响因素，《心理学报》第3期。

[9] 刘云、李晋霞（2009）论频率对词感的制约，《语言教学与研究》第 3 期。

[10] 陆丙甫（1993）《核心推导语法》，上海：上海教育出版社。

[11] 陆志韦等（1957）《汉语的构词法》，北京：科学出版社。

[12] 马腾（2014）语义关系信息对汉语名名偏正式复合词理解的影响，北京语言大学硕士学位论文。

[13] 彭聃龄、李燕平、刘志忠（1994）重复启动条件下中文双字词的识别，《心理学报》第 4 期。

[14] 沈阳（1997）现代汉语复合词的动态类型——谈谈语言教学中的一种词汇/语法单位范畴，《语言教学与研究》第 2 期。

[15] 谭景春（2010）名名偏正结构的语义关系及其在词典释义中的作用，《中国语文》第 4 期。

[16] 王洪君（1994）从字和字组看词和短语——也谈汉语中词的划分标准，《中国语文》第 2 期。

[17] 徐通锵（1997）核心字和汉语的语义构辞法，《语文研究》第 3 期。

[18] 张维友（2009）英汉语复合词比较研究，《湖北大学学报（哲学社会科学版）》第 1 期。

[19] 赵玮（2016）汉语作为第二语言词汇教学"语素法"适用性研究，《世界汉语教学》第 2 期。

[20] 周荐（1991）复合词词素间的意义结构关系，见《语言研究论丛》第六辑，天津：天津教育出版社。

[21] Dryer, Matthew S. & Martin Haspelmath (eds.) (2013) *The world Atlas of Language Structures Online*. Leipzig: Max Planck Institute for Evolutionary Anthropology. Available online at *http://wals.info*. (10 March, 2017).

[22] Estes, Zachary (2003) Attributive and relational processes in nominal

combination. *Journal of Memory and Language* 48.

[23] Gagné, Christina L. (2001) Relation and lexical priming during the interpretation of noun-noun combinations. *Journal of Experimental Psychology: Learning, Memory, and Cognition* 27.

[24] Gagné, Christina L. (2002) Lexical and relational influences on the processing of novel compounds. *Brain and Language* 81.

[25] Gagné, Christina L. & Edward J. Shoben (1997) Influence of thematic relations on the comprehension of modifier-noun combinations. *Journal of Experimental Psychology: Learning, Memory, and Cognition* 23.

[26] Gagné, Christina L. & Edward J. Shoben (2002) Priming relations in ambiguous noun-noun combinations. *Memory & Cognition* 30.

[27] Gagné, Christina L. & Thomas L. Spalding (2004) Effect of relation availability on the interpretation and access of familiar noun-noun compounds. *Brain and Language* 90.

[28] Gagné, Christina L. & Thomas L. Spalding (2009) Constituent integration during the processing of compound words: Does it involve the use of relational structures? *Journal of Memory and Language* 60.

[29] Gagné, Christina L. & Thomas L. Spalding (2010) Relational competition during compound interpretation. In Sergio Scalise and Irene Vogel (eds.), *Cross-disciplinary Issues in Compounding*. Amsterdam: John Benjamins Publishing Company.

[30] Gagné, Christina L., Thomas L. Spalding & Hongbo Ji (2005) Re-examining evidence for the use of independent relational representations during conceptual combination. *Journal of Memory and Language* 53.

[31] Jhean-Larose, Sandra, Bruno Lecoutre & Guy Denhière (2011) From

production to selection of interpretations for novel conceptual combinations: A developmental approach. *Acta Linguistica Hungarica* 58.

[32] Ji, Hongbo & Christina L. Gagné (2007) Lexical and relational influences on the processing of Chinese modifier-noun compounds. *The Mental Lexicon* 2 (3).

[33] Ji, Hongbo, Christina L. Gagné & Thomas L. Spalding (2011) Benefits and costs of lexical decomposition and semantic integration during the processing of transparent and opaque English compounds. *Journal of Memory and Language* 65.

[34] Jia, Xiaofei, Suiping Wang, Bao Zhang & John X. Zhang (2013) Electrophysiological evidence for relation information activation in Chinese compound word comprehension. *Neuropsychologia* 51.

[35] Kay, Paul & Karl Zimmer (1976) On the semantics of compounds and genitives in English. In Savas L. Tsohatzidis (ed.), *Meanings and Prototypes: Studies in Linguistic Categorization*. London: Routledge.

[36] Murphy, Gregory L. (2002) *The Big Book of Concepts*. Cambridge: The MIT Press.

[37] Nicoladis, Elena & Andrea Krott (2007) Word family size and French-speaking children's segmentation of existing compounds. *Language Learning* 57.

[38] Packard, Jerome L. (2000) *The Morphology of Chinese: A Linguistic and Cognitive Approach*. Cambridge: Cambridge University Press.

[39] Raffray, Claudine N., Martin J. Pickering & Holly P. Branigan (2007) Priming the interpretation of noun-noun combinations. *Journal of Memory and Language* 57.

[40] Raffray, Claudine N., Martin J. Pickering & Holly P. Branigan (2008)

Relation priming, the lexical boost, and alignment in dialogue. *Behavioral and Brain Sciences* 31.

[41] Spalding, Thomas L. & Christina L. Gagné (2011) Relation priming in established compounds: Facilitation? *Memory & Cognition* 39.

[42] Storms, Gert & Edward J. Wisniewski (2005) Does the order of head noun and modifier explain response times in conceptual combination? *Memory & Cognition* 33.

[43] Wisniewski, Edward J. (1996) Construal and similarity in conceptual combination. *Journal of Memory and Language* 35.

[44] Wisniewski, Edward J. & Bradley C. Love (1998) Relations versus properties in conceptual combination. *Journal of Memory and Language* 38.

附录：实验中不同条件的生词与熟词

生词	熟词 修饰语素重复		生词	熟词 中心语素重复	
	语义关系 完全一致	语义关系 部分一致		语义关系 完全一致	语义关系 部分一致
饭椅	饭馆、饭盒	饭菜、饭盒	卡包	钱包、书包	纸包、书包
金壶	金花、金牌	金库、金牌	豆园	果园、花园	田园、花园
毛裙	毛毯、毛衣	毛发、毛衣	蛇蛋	鸭蛋、鸡蛋	脸蛋、鸡蛋
皮袜	皮箱、皮鞋	皮毛、皮鞋	纸衣	棉衣、毛衣	雨衣、毛衣
雪碗	雪球、雪人	雪山、雪人	草门	石门、铁门	校门、铁门
茶芽	茶花、茶叶	茶杯、茶叶	酒房	书房、药房	库房、药房
牛脚	牛肉、牛奶	牛羊、牛奶	信架	衣架、书架	木架、书架
画鼓	画册、画报	画廊、画报	叶地	雪地、草地	山地、草地

CSL学习者同素同义单双音名词混淆分布特征及其成因*

于 洋

一、引言

在汉语中介语语料库中,我们发现了以下词语误用情况:

(1) 我的城市是新西兰最大的【市】,人口800 000左右。(英语者)

(2) 后来和父母来到印尼的万隆【城市】,在此我度过了我的大半生。(印尼语者)

(3) 父母和子女之间有对话的【家】一定没有代沟问题。(日语者)

(4) 我想我【家庭】只有两口人,我和我丈夫。(韩语者)

(5) 我觉得春天是很浪漫的【季】。(蒙古语者)

(6) 最近我的很多朋友得了感冒,可能是换【季节】的原因。(韩语者)

---

* 原文发表于《语言教学与研究》2015年第6期。

"市—城市""家—家庭""季—季节"等成对的词语含有相同语素,且理性义相同,本文称之为同素同义单双音名词。汉语本族语者在使用这类词语时一般不会彼此错误替代,然而汉语作为第二语言(以下简称 CSL)的学习者却时常混淆它们,当用单音词时误用了双音词,而当用双音词时却误用了单音词。

以往学界对同义单双音词的研究多集中在形容词和动词上,如李泉(2001)比较了同义单双音形容词在重叠能力、句法特征和句法功能方面的异同,并从语言结构的内部和外部两个方面解释造成差异的原因。程娟、许晓华(2004)考察了同义单双音动词的异同,提出了针对性的辨析方法。刘智伟等(2005)对比分析了同义单双音动词的词义、句法功能、语体色彩和音节搭配,归纳其异同,并探索造成差异的原因。季瑾(2005)讨论了同义单双音动词部分不可替换的类型及其原因。这些研究多从语义、句法、韵律等方面比较同义单双音词语的差异。

刘春梅(2007)是从汉语中介语角度对同素同义单双音名词进行的研究。刘文将其偏误归纳为四种类型:语义差异引起的偏误、音节限制引起的偏误、语体色彩上的偏误和受量词修饰时的偏误,并认为混用原因是留学生不了解 $N_{单}$ 和 $N_{双}$ 的语义关系、色彩差异、音节限制以及量词的使用问题。刘文未统计词语混用的频次及频度,因而我们无法得知哪些词语更易发生混淆;刘文也未对比考察词语偏误在不同母语背景学习者语料中的分布情况,因而无法判断词语混用是否受到母语影响。而且,刘文基于混用原因对词语偏误进行归类,但对引起偏误的具体差异却并未详细分析。诚如刘文所说,"到目前为止关于 $N_{单}$ 和 $N_{双}$ 间的相同和相异之处我们了解得还很不够"。

针对以往研究的不足，本文将基于北京语言大学"HSK动态作文语料库"，北京语言大学"汉语中介语语料库"，北京语言大学"不同母语背景的汉语学习者词语混淆分布特征及其成因研究"项目组[①]采集的英语、印尼语、蒙古语等背景学习者的汉语中介语语料，对比分析英、日、韩、印尼、蒙古语背景汉语学习者同素同义单双音名词混淆的分布特征，并尝试解释词语混用的原因。

二、同素同义单双音易混淆名词的确定

我们首先从项目组初步拟定的易混淆词词表[②]中筛选出由同素单双音名词构成的条目，剔除重复项，共得到70组词语（见附录）。由于本文的研究对象是理性义相同的单双音名词，因而参照《现代汉语词典》（第6版），筛出以$N_{单}$释$N_{双}$或以$N_{双}$释$N_{单}$的词语，共得到39组同素同义单双音名词（见附录）。然后，从语料库中提取出包含这些词语的所有语例，进行人工筛选并判定混用误例[③]。在统计数据时，将与混用无关的词语所在的语例予以删除，只保留同义名词在混用义项上的用例。如"家"有"家

[①] "不同母语背景的汉语学习者词语混淆分布特征及其成因研究"项目由北京语言大学张博教授主持，30多位教师、中外博士生和硕士生参与研究。项目组对英语、日语、韩语、印尼语、蒙古语等五种母语背景汉语学习者的易混淆词进行研究，并设计和编写系列易混淆词辨析词典。

[②] 该词表是由项目组中有丰富对外汉语教学经验的一线教师、精通汉语的外国学者以及项目负责人共同讨论拟定的，其中部分词对的确定参考了已有的CSL学习词典，或经过小范围测试。词典编写者将该词表中的词对放到汉语中介语语料库中查检，并对高频混用的词对进行辨析。

[③] 判定者张连跃、付冬冬、赵玮、张瑞婷、程潇晓均是语言学专业的教师或研究生，特此致谢。

庭""学术流派""指相对各方中的一方"等数个义项;而在语料库中,由于词对"家—家庭"的混用只在"家庭"义项上发生,因此在统计"家"的总使用词次时,不包括"儒家""公家"等词语的数量。之后,采用张博(2013)提出的兼顾混用绝对频次(成对词语误用的总次数)和相对频度(词语误用次数与使用次数的比值)的综合方法[①],对各组词语的混淆程度进行排序。最终,我们选择了混淆度排名前10位的词对作为本文的研究对象。这10组词语的混用数据如表1所示:

表1 10组同素同义单双音名词混用的绝对频次和相对频度

混淆词语	绝对频次			相对频度(%)		
	前词	后词	总	前词	后词	总
市—城市	30	60	90	2.7(30/1095)	4.2(60/1421)	3.6(90/2516)
声—声音	18	26	44	9.8(18/184)	2.7(26/978)	3.8(44/1162)
节—节日	17	30	47	1.8(17/934)	5.5(30/542)	3.2(47/1476)
家—家庭	56	27	83	2.4(56/2366)	4.5(27/600)	2.8(83/2966)
国—国家	72	98	170	2.8(72/2593)	1.8(98/5405)	2.1(170/7998)
时—时候	140	166	306	2.1(140/6552)	1.8(166/9272)	1.9(306/15824)
季—季节	10	8	18	12.3(10/81)	3.0(8/264)	5.2(18/345)
路—道路	18	16	34	1.7(18/1038)	6.5(16/245)	2.7(34/1283)
命—生命	24	0	24	29.3(24/82)	0(0/1285)	1.8(24/1367)
城—城市	12	0	12	3.0(12/398)	0(0/1421)	0.7(12/1819)

---

① 分别按照绝对频次和相对频度从大到小给所有词对排序,将词对的两个序号相加,再排序,就得到了词语混淆度序列。这种计算方法兼顾了词语混用的绝对频次和相对频度,能够准确反映词对的混淆程度。

三、同素同义单双音名词混用的语法分布特征

吕叔湘（1963）指出："同义的单音节成分和双音节成分在语法分布上有着重大的差异。"受此论断启发，我们将分别观察发生混用的单音名词和双音名词分布于哪些语法结构中。

3.1 $N_单$误用的语法分布

误用的$N_单$分布在主语、定语以及定中结构的中心语位置上。其中定中结构分为有"的"定中结构和无"的"定中结构，我们将前者标为"X+的+$N_单$"，后者标为"X+$N_单$"。无"的"定中结构按修饰语的不同又分为形名定中、代名定中、名名定中以及数（量）名定中，分别用"Adj+$N_单$""Pr+$N_单$""N+$N_单$""Q+$N_单$"表示。

$N_单$在不同语法位置上的误用情况如下：

3.1.1 $N_单$单独在主语位置上的误用

除"季""节""时"外的7个$N_单$在单独做主语时发生了误用。例如：

（7）二十年后，【国】独立了。（蒙古语者）

（8）我要说的是，虽然健康是重要的，但还是【命】是第一的。（日语者）

3.1.2 $N_单$单独在定语位置上的误用

单独做定语时发生误用的单音名词有"城""国""家""市"。例如：

（9）【国】的电力公司协同投资。（蒙古语者）

（10）在公共场所不抽烟,【市】的措施肯定大家的利益,保护个人的健康。（韩语者）

3.1.3 $N_单$在"X+的+$N_单$"中的误用

除"城"外,其他 9 个 $N_单$ 均有此类误用。发生误用的"X+的+$N_单$"中的 X 是多音节的形容词、名词、代词,或者是多音节的述宾短语。例如:

（11）我觉得春天是很浪漫的【季】。（蒙古语者）

（12）可是,日本走上一边妥协一边维护利益的【路】。（英语者）

（13）以前,我刚来北京的【时】,总是你被我安排。（韩语者）

3.1.4 $N_单$在"X+$N_单$"中的误用

a."Adj+$N_单$"

发生此类误用的有 7 个 $N_单$,误用总数为 72 次。从韵律结构上看,误用分为[$Adj_双$+$N_单$]（即[2+1]式）和[$Adj_单$+$N_单$]（即[1+1]式）两类。[2+1]式误用居多,共 55 次,占总数的 76.4%;[1+1]式误用有 17 次,占 23.6%。例如:

（14）至今笔者已在西部中等【城】贝勒维居住数十年。（英语者）

（15）这个传统【节】其实是蒙古农历新年。（蒙古语者）

（16）因为我的家乡很小,所以人家常常去大【城】办年货。（印尼语者）

b. "Pr+N$_单$"

"Pr+N$_单$"结构中单音名词的误用多发生在指示代词后。从韵律结构上看,出现误用的"Pr+N$_单$"均是[2+1]式。例如:

(17) 人们都喜欢这个【季】,所以他们去旅行。(蒙古语者)

(18) 现在韩国的法律说"任何【时】都不能在公共场所吸烟"。(韩语者)

c. "N+N$_单$"

只有"国"和"路"在"N+N$_单$"结构中发生了误用,且次数较少。从韵律结构上看,出现误用的"N+N$_单$"均是[2+1]式。例如:

(19) 因为印尼是热带【国】。(印尼语者)

(20) 选择人生【路】的范围和前代相比广大。(日语者)

d. "Q+N$_单$"

在"Q+N$_单$"结构中发生误用的单音名词有"城""国""季""家"。例如:

(21) 南非是非洲访问第一个【国】。(蒙古语者)

(22) 中国有四季,可是印尼只有两个【季】,即雨季和旱季。(印尼语者)

N$_单$在不同语法位置上的误用数据如表2所示。

表2 N单误用频次的语法分布

混淆词语	语法位置						
	单独做主语	单独做定语	定中结构的中心语				
			X+的+N单	X+N单			
				Adj+N单	Pr+N单	N+N单	Q+N单
城→城市	1	2	—	6	1	—	2
国→国家	7	9	2	32	12	6	4
季→季节	—	—	3	—	3	—	4
家→家庭	3	7	24	6	10	—	6
节→节日	—	—	7	7	3	—	—
路→道路	2	—	12	—	—	4	—
命→生命	5	—	19	—	—	—	—
声→声音	2	—	10	6	—	—	—
时→时候	—	—	131	3	6	—	—
市→城市	5	7	2	12	4	—	—
误用总频次	25	25	210	72	39	10	16

可以看到，表2的10个单音名词，在"X+的+N单"中发生误用的有9个，只有"城"没有此类误用；在单独做主语时，以及"Adj+N单""Pr+N单"中各有7个单音名词发生了误用；在单独做定语时，以及"Q+N单""N+N单"中发生误用的单音名词分别有4个、4个和2个。

从误用总频次看，在"X+的+N单"中发生误用的次数最多，其次是"Adj+N$_单$""Pr+N$_单$"、单独做主语、单独做定语，而在"Q+N$_单$"和"N+N$_单$"中发生误用的次数最少。

综合来看，单音名词最常在"X+的+N$_单$"中发生误用，其次是在"Adj+N$_单$""Pr+N$_单$"中，以及单独做主语时。单音名词也在"Q+N$_单$""N+N$_单$"中发生误用，但数量较少。

3.2 N$_双$误用的语法分布

在本文考察的10个双音名词中，发生误用的共有8个，"城市"和"生命"没有发现混淆误例。误用的8个N$_双$主要分布在宾语以及定中结构的中心语位置上。发生N$_双$误用的定中结构按修饰语的不同分为形名定中、代名定中、名名定中以及动名定中，我们分别用"Adj+N$_双$""Pr+N$_双$""NP+N$_双$""VP+N$_双$"来表示。

N$_双$在不同语法位置上的误用情况如下：

3.2.1 N$_双$单独做宾语时的误用

发生此类误用的共有五个双音名词，其中"节日""声音""季节""国家"单独做宾语时的误用常发生在单音动词后。例如：

(23) 每逢佳节倍思亲，那时候，我特别想父亲，希望与他一起过【节日】。（英语者）

(24) 现在正是换【季节】的时候，请你们多加注意身体。（韩语者）

(25) 回【国家】以后我会教汉语和普及中华文化。（印尼语者）

而"道路→路"的误用则主要发生在与框式介词"在……上"

搭配时[1]。例如：

(26) 目前很多人能够买车，在【道路】上到处可以看到车，听到它的噪音。（日语者）

(27) 呆若木鸡似地站在【道路】上，什么都看不见了。（韩语者）

3.2.2 $N_双$在"Adj+$N_双$"中的误用

"Adj+$N_双$"结构中双音名词的误用常发生在单音形容词后。例如：

(28) 这个会的音乐，舞蹈和食物总是会诱惑全【城市】的人。（英语者）

(29) 我毛毛腾腾地四下乱看，找到了那个大【声音】说话的人。（日语者）

3.2.3 $N_双$在"Pr+$N_双$"中的误用

在"Pr+$N_双$"中发生误用的有"城市""国家""家庭""季节"，其中的Pr是单音代词"本""该""各""某""他"等。例如：

(30) 该【城市】沦为一个不是很特别醒目的城市。（英

---

[1] 笔者在北京大学中国语言学研究中心（CCL）现代汉语语料库中检索，"在路上"有2 153条结果，"在道路上"有123条结果，二者数量相差悬殊。且后者123条大多为条例法规、时政新闻、使用说明、名词解释等，"在道路上"鲜见于日常叙事或文学作品中。可见，在言语交际中，汉语者更倾向于使用前者。笔者据此判定例（26）（27）为词语混用。本文其他较难判断正误的词语使用均在CCL语料库中检索对比后判定，如例（30）："该市"5 747条（已排除"该市场"等干扰项），"该城市"126条；例（31）："该国"6 151条，"该国家"53条；例（37）："喇叭声"252条，"喇叭声音"9条。

语者)

(31) 民族主义无疑带有该【国家】跟别【国家】竞争的味道。(英语者)

(32) 我【家庭】只有两口人,我和我丈夫。(英语者)

(33) 春、夏、秋、冬各【季节】的气候都不同。(韩语者)

3.2.4 $N_双$在"NP+$N_双$"中的误用

"城市""国家""季节""节日""声音""时候"在此结构中的误用常发生在[城市名+"城市"][国家名+"国家"][季节名+"季节"][节日名+"节日"][发声物+"声音"][时间名词+"时候"]的表达中。例如:

(34) 在北京【城市】里有很多名胜古迹。(印尼语者)

(35) 蒙古【国家】的人民很热情好客。(蒙古语者)

(36) 四月有劳动【节日】,九月过老师【节日】。(英语者)

(37) 因为街上的汽车喇叭【声音】太大,我真受不了了。(韩语者)

(38) 他25岁【时候】进入某公司。(韩语者)

3.2.5 $N_双$在"VP+$N_双$"中的误用

在此结构中发生误用的主要是"时候"。例如:

(39) 我来语言学院【时候】,学校安排长城参观。(日语者)

(40) 在冬季参观【时候】,可能冷所以要多穿点衣服。(蒙古语者)

$N_双$ 在不同语法位置上的误用数据如表 3 所示。

表 3 的 8 个双音名词中,在 "NP+$N_双$" 中发生误用有 6 个,同时,"NP+$N_双$" 中双音名词的误用总频次也是最高的。综合以上两点,我们认为双音名词在 "NP+$N_双$" 中最常发生误用。此外,"道路→路" 主要发生在与框式介词 "在……上" 搭配时,"家庭→家" 主要发生在与 "穷" 或 "有几口人" 搭配时。

表 3 $N_双$ 误用频次的语法分布

混淆词语	语法位置				
	单独做宾语	定中结构的中心语			
		Adj+$N_双$	Pr+$N_双$	NP+$N_双$	VP+$N_双$
城市→市	—	2	11	47	—
道路→路	16	—	—	—	—
国家→国	2	7	65	24	—
季节→季	4	—	2	2	—
家庭→家	—	—	27	—	—
节日→节	15	—	—	15	—
声音→声	4	8	—	13	1
时候→时	—	—	—	60	106
误用总频次	41	17	105	161	107

四、同素同义单双音名词的混用原因

CSL 学习者的词语混淆可能是语际干扰造成的,也可能是语内因素导致的。如果某对易混淆词只分布于少数母语背景学习者语料中，词语混淆特异性显著，那么其混淆有可能是语际迁移造成的；反之，若混淆词语的分布广泛，且不同母语背景学习者的词语混淆表现大体一致，其混淆则有可能是语内迁移造成的。

本文考察了同素同义单双音名词在英、日、韩、印尼、蒙古五种母语背景学习者语料中的混用情况。在混淆度排名前 10 的词对中，五种母语背景学习者都混淆的共有 6 组（国—国家、家—家庭、节—节日、声—声音、时—时候、市—城市），四种母语背景学习者混淆的共有 4 组（城—城市、季—季节、路—道路、命—生命），该类词语混淆广泛分布于不同母语背景学习者的语料中。从误用方向上看，8 组词语为双向误用；从误用的语法分布上看，误用的单双音名词分布在数个相同的语法结构中。该类词语的混淆表现大体一致，具有显著的共通性。由此推断，同素同义单双音名词的混淆原因主要是语内迁移。

那么，是哪些语内因素造成了学习者的词语混淆呢？刘春梅（2007）认为："留学生使用 $N_{单}$ 和 $N_{双}$ 出现偏误的主要原因是不了解 $N_{单}$ 和 $N_{双}$ 的语义关系、色彩差异、音节限制以及量词的使用问题。"具体而言，"语义关系"指单双音名词理性义不同（刘文以"海—海洋""分—分钟"为例说明），"色彩差异"指书面语体与口语语体的差别，"音节限制"为"单对单、双对双"，"量词的使用问题"指修饰单双音名词的量词不一定相同。由于本文以理性义相同的单双音词为研究对象，所以它们不存在刘文中的语义差异；同时，我们认为，单双音名词的语体色彩不仅限于书面和口语的区别；对于音节限制和量词的使用问题，从 3.1 节和 3.2 节的描写可以看出，"单对单、双对双"无法解释"$NP_{双}+N_{双}$"式误用（*北京城市、*蒙古国家、*劳动节日、*高中时候），而表 3 显示，双音名词恰恰最常在"NP+N$_{双}$"中发生误用；只有单音名词发生了涉及量词的误用，表 2 显示，"Q+N$_{单}$"式的误用数量较少。我们认为，这类词语误用的根本原因不在于量词。下面将基于文章第二部分的分布描写，从语义、语体、韵律和语用的角度探究 CSL 学习者同素同义单双音名词的混淆原因。

4.1 学习者不明单双音名词语义的不对等

单音名词大多不止一个义项，如"城"除"城市"义外，还有"城墙"和"城墙以内的地方"义，"市"有"城市"义和"市场"义，"家"有"家庭"义和"家庭的住所"义。而在初级 CSL 学习者的心理词库中，这些 N$_{单}$或许只有一个义项，因而他们无法察觉可能引发歧义的表达，形成了"*大城""*大市""*小市""*有的家"等词语误用。

4.2 学习者不明单双音名词语体色彩的差异

双音构词法是语体正式化的手段之一，汉语中大量"家庭"一类的双音名词均可视为应正式语体的需要而产生的结果。冯胜利（2010）指出，"家"和"家庭"、"路"和"道路"的语体色彩有着较为明显的差异，单音名词一般用于非正式语体，双音名词则常用于正式语体。CSL 学习者缺乏语感，不清楚单双音词语语体色彩上的差异，使得所选词语与句子在语体风格上发生冲突，因而造成了词语混用。

冯胜利（2010）认为，"正式与非正式""典雅与便俗"是构成语体的两对基本范畴。文章从语言的交际性来定义语体，"正式体的效应产生于共时的距离感（推远或拉近自己与对象的距离），而典雅体的效应来源于历时的距离感（抬高或拉平自己相对对象的位置）……正式与非正式是通过当代语言表达出来的，而典雅和通俗则是通过古代的词句来实现的"。

典雅语体具有自身的词汇与句法，其词汇就是现代汉语中那些仍在使用的文言成分，它们具有较高的典雅度，在某种程度上反映了说话者的文化背景。冯文指出，"'该+N'是古语今用"（N为单音名词），"'各'是典雅体嵌偶单音词"[①]，"各"有[各+N]必双的使用要求。我们认为，本文"*此城市""*该国家""*各季节"等"$Pr_单+N_双$"式误用中的$N_双$均有对应的$N_单$文言词。在与文言指示代词"本""此""该""各""某"等搭配时，汉语者更倾向于选择同属典雅语体的$N_单$，而CSL学习者在不了解$Pr_单$和$N_单$典雅语体属性且用法习得不全面的情况下，容易产生"$Pr_单+N_双$"式误用。

4.3 学习者不明单双音名词韵律制约规则的差异

理性义相同的单双音名词，其差异除了语体色彩外，还体现在韵律层面。由于韵律在一定程度上制约句法，因而，单双音名词能够出任的语法位置和进入的语法结构会有所不同。

汉语的标准音步是双音节音步，单音节不足以构成一个独立音步，因而在使用时不自由[②]（冯胜利，1996）。本文考察的$N_单$均具有一定的黏着性，它们一般不能单说，也不能单独充当主语或定语；王洪君（2000）从韵律句法角度将定语带"的"或为指代或数量成分的定中结构归为"自由短语"，它们内部较为松散，

---

　　① "嵌偶单音词"是指当代书面正式语体中必须通过韵律组合才能独立使用的单音节文言词。"句法自由、韵律黏着"是它们的基本属性，因此凡是可以在双音节的模块里自由组合的，都是嵌偶单音词。（冯胜利，2006：2）

　　② 感谢匿名审稿专家所指出的："要用此来证明文中涉及的单音名词的受限时，需一个一个考察，是否的确由此导致。"

其中心语位置无法满足 $N_单$ 黏着使用的要求。CSL 学习者对 $N_单$ 形义之外的韵律黏着属性不甚了解，所以会在主语或定语位置单独使用 $N_单$，或产出"X+ 的 +$N_单$"式（*最大的节、*刚来北京的时）、"$Pr_双$+$N_单$"式（*那个国、*这个季、*任何时）以及"Q+$N_单$"式（*两个季）的误用。

王洪君（2001）认为："2+1 不是形—名的常规模式，……对于形名定中来说，1+2 式最多见，2+1 式相当少见，1+1、2+2 式较多见。"由于形名定中结构对名词音节的限制，所以"*中等城、*传统节"都不能说。CSL 学习者不清楚这种韵律制约规则，因而产生了"$Adj_双$+$N_单$"式的误用。

4.4 学习者不明单双音名词因经济原则作用而形成的固化表达

Leech（1983）认为语言表达受到可处理性原则（the Processibility Principle）、清晰性原则（the Clarity Principle）、经济性原则（the Economy Principle）、表达性原则（the Expressivity Principle）四条原则的制约，其中经济性原则要求在不影响所要传递信息的前提下，尽量使用简洁、缩略的表达方式，从而节省说话人和听话人在编码和解码过程中花费的时间和精力，使言语交际变得快捷而流畅。"换季""大声""北京市""蒙古国""劳动节""高中时""回家时"等黏着性结构中的单音名词与其相应的双音名词在语义上并无区别，而由于经济原则的作用，母语者在使用中会自然选择更经济省力的单音名词，进而形成了一种具有规约性的表达。但 CSL 学习者缺乏语感，在没有习得过这些结构时，可能会选择双音名词，因而导致了"$V_单$+$N_双$"式（*过节日、*换季节、*回国家）、"$Adj_单$+$N_双$"式（*全城市、

*大国家、*大声音)、"NP$_双$+N$_双$"式(*北京城市、*蒙古国家、*劳动节日、*高中时候)以及"VP+N$_双$"式(*刚来北京时候)的误用。

综上,我们认为同素同义单双音名词混用的原因是多方面的。N$_单$和N$_双$含有相同语素,且理性义相同,这种干扰导致了CSL学习者的词语混淆。然而单双音名词在语义、语体色彩和韵律制约规则上,以及因经济原则导致的词语选择上存在差异,这四方面的差异均比较隐秘且复杂,母语者语感丰富,对此习焉不察,而CSL学习者却很难正确区分这些差异,在使用中往往选择了错误的词语,造成了同素同义单双音名词的混用。

五、余论及结语

同素同义单双音名词共存是现代汉语中一种特殊的词汇现象。吕叔湘先生在《现代汉语单双音节问题初探》(1963)中指出,单双音节是"性质颇为复杂的问题,其中有语法问题,也有语汇问题,修辞问题"。其复杂性还表现在单双音词语搭配方面,"形—名定中与名—名定中的单双音节搭配常规不同,……音节搭配常规是汉语史上双音化历程中名词、动词与形容词的发展差异和单双音节的语法功能分化造成的"(王洪君,2001)。单双音词还存在语体差异:双音构词法是语体正式化的手段之一,"从韵律上讲,它们是单音变双音;从语义上讲,是从具体到抽象;从语体上讲,是从口语到正式"(冯胜利,2010)。

同素同义单双音名词的种种差异给CSL学习者的词语正确使用带来了较大的困难,而现有对外汉语教材则较少对比该类词语的异同，教师对有可能发生的单双音词语混用不甚了解，因而在实际教学中也多单纯讲解课文里出现的生词。语言内外部因素的共同作用，造成了学习者的词语混淆。

我们认为，对外汉语教师在讲练该类词语时，应该比较清楚地了解其语义、语体色彩和韵律制约规则的差异，对可能致误的固化表达也要有所准备，并针对不同水平的学习者，采用不同的教学对策。对于初级学习者，教师在教授词语时无须对比相应的单（双）音名词，也不必讲解语义、语体色彩和韵律制约规则的差异，但如果学生混用了单双音名词，则务必予以纠正，否则便可能导致"僵化"（fossilization）的产生。同时，教师对"北京市""日本国""中秋节"等固化表达应有所强调和拓展练习，以预防"$NP_{双}+N_{双}$"式误用的发生。对于具备了一定语感和语言知识的中高级学习者，教师可以对课文中涉及的易混淆单双音名词进行辨析，提供嵌偶单音名词常用搭配项并让学习者练习使用，以及从易到难地分阶段讲解单双音名词语义、语体色彩和韵律制约规则的差异。

本文以理性义相同且含有相同语素的单双音名词为研究对象，考察其在汉语中介语语料库中的混用情况。对误用单双音名词的语法分布进行统计后发现，单音名词最常在"X+的+$N_{单}$"中发生误用，双音名词最常在"NP+$N_{双}$"中发生误用。通过对比分析可知，同素同义单双音名词的混淆广泛分布于不同母语背景CSL学习者的语料中，且具有显著的共通性。含有相同语素且理性义相同给学习者的词语选择带来了干扰，而单双音名词语义的不对等、语体色彩的差异、韵律制约规则的差异以及因语言经济原则作用而形成的固化表达却难以被学习者获知，因此造成了同素同义单双音名词的混用。

本文描写了同素同义单双音名词的混用情况,总结词语混用的语法分布特征,并尝试探析其混淆原因,最后提出了一些教学建议。下一步我们将继续研究单双音动词和形容词的混淆情况,对比归纳各词类单双音词语混淆的异同。

参考文献

[1] 程娟、许晓华(2004)HSK单双音节同义动词研究,《世界汉语教学》第4期。

[2] 冯胜利(1996)论汉语的"韵律词",《中国社会科学》第1期。

[3] 冯胜利(2006)《汉语书面用语初编》,北京:北京语言大学出版社。

[4] 冯胜利(2010)论语体的机制及其语法属性,《中国语文》第5期。

[5] 季瑾(2005)HSK甲级单双音同义动词部分不可替换的类型探析,《语言教学与研究》第5期。

[6] 李泉(2001)同义单双音节形容词对比研究,《世界汉语教学》第4期。

[7] 刘春梅(2007)留学生单双音同义名词偏误统计分析,《语言教学与研究》第3期。

[8] 刘智伟(2005)含同一语素的同义单双音节动词研究,北京师范大学博士学位论文。

[9] 吕叔湘(1963)现代汉语单双音节问题初探,《中国语文》第1期。

[10] 王洪君(2000)汉语的韵律词与韵律短语,《中国语文》第6期。

[11] 王洪君(2001)音节单双、音域展敛(重音)与语法结构类型和成分次序,《当代语言学》第4期。

[12] 张博(2013)针对性:易混淆词辨析词典的研编要则,《世界汉语

教学》第 2 期。

[13] 中国社会科学院语言研究所词典编辑室编（2012）《现代汉语词典》（第6版），北京：商务印书馆。

[14] Leech, Geoffrey (1983) *Principles of Pragmatics*. London: Longman Group Ltd.

附录：70 组同素单双音名词

同义（39组）	报—报纸	脖—脖子	城—城市	春—春天	春—春季	道—道路	地—地方
	店—商店	冬—冬天	冬—冬季	发—头发	房—房间	国—国家	海—大海
	季—季节	家—家庭	街—街道	节—节日	力—能力	路—道路	名—名字
	命—生命	命—性命	片—片子	秋—秋天	秋—秋季	声—声音	时—时候
	时—时间	市—城市	事—事情	数—数目	术—技术	天—天儿	味—味道
	音—声音	月—月亮	月—月球	种—种类			
近义（31组）	爱—爱情	爱—爱心	班—班级	层—阶层	车—车辆	车—车子	蛋—鸡蛋
	海—海洋	号—号码	河—河流	湖—湖泊	家—家人	课—功课	课—课文
	林—森林	米—米饭	年—年级	人—人口	人—人类	人—人们	人—人民
	日—日子	山—山川	事—事件	书—书本	书—书籍	树—树林	树—树木
	术—艺术	夜—夜晚	种—品种				

汉字理论及应用研究

60年来现代汉字研究与规范的三个阶段及相关问题 *

陈双新

现代汉字是指 20 世纪以来用于记录现代汉语的汉字书写符号系统。现代汉字学主要研究现代汉字的现状和实用等问题，包括现代汉字的性质、特点，现代汉字所负载的各种信息属性（如字音、字形、字序、字量），研究制定现代汉字在传统领域和计算机信息处理中的规范、标准以及相关的语文政策等（蔡富有、郭龙生主编，2001：122）。几十年来，尽管现代汉字和现代汉字学的概念①学术界还未取得共识，然而随着汉字应用问题的日益重要和汉字信息处理技术的发展，这一领域的研究在近几十年发展很快，成果丰富。

---

* 原文发表于《励耘语言学刊》2016 年第 2 期。
① 与其相关的概念还有"现行汉字"。费锦昌在《汉字研究中的两个术语》（1989）文中提出："'现行汉字'指称的是汉字发展过程中的一个横断面，范围十分宽泛。凡是现今通行在社会领域内的汉字都在它界定的范围之内。比如我国主管部门颁布的规范字、我国主管部门的文件允许出现的繁体字和异体字（如翻印古籍、用作姓氏，等等）、通行于方言区的方言字、台湾和港澳现今通行的汉字，甚至日本、南朝鲜等国现今使用的汉字，等等。"因此，"现行汉字"所指的范围比"现代汉字"要大很多。

新中国成立至今的 60 多年来，根据研究的侧重点和所针对领域的不同，现代汉字的理论研究与改革实践可分为面向扫盲和人际交流、面向汉字规范化标准化信息化、面向人机交流和虚拟空间三个发展阶段。

一、第一阶段：面向扫盲和人际交流的现代汉字研究与规范

这一阶段的起止时间是 1949—1979 年。

在本阶段，国家发布了一系列有关汉字简化、异体字整理和统一印刷汉字字形方面的政策，现代汉字研究自然是紧密围绕这些工作而展开。

1954 年 12 月 23 日，中国文字改革委员会（简称文改会）成立，为国务院直属机构[①]。在百废待兴的新中国建立之初，汉字改革工作就受到党和国家最高领导人的直接领导和关注，迅速成立专门机构，可见这项工作的重要性。那么，当时这项工作为什么那么重要？

新中国建立之初，我国文盲占总人口的 80% 以上。为了使广大工农群众摆脱愚昧，中共中央、国务院把扫盲作为"新中国的一项重要工作"和"社会主义建设中的一项政治任务"[②]。1956 年，

[①] 作为其前身的中国文字改革协会 1949 年 10 月 10 日即已成立。参阅费锦昌（1997：119、155、193）。

[②] 我国的扫盲教育从清末开始。1908 年（光绪三十四年），清政府颁布了举办简易识字学塾的计划，提出十年后人民识字者达到 5%。民国时期由政府和民间举办的各种扫盲教育举措和实验蓬勃开展，而晏阳初领导的中华平民教育促进会在河北定县所做的十多年的平民教育工作、江苏无锡的民众教育、广西的

中共中央颁布的《关于扫除文盲的决定》指出："大张旗鼓地开展扫除文盲运动，以求在5年或者7年内基本扫除全国文盲。"整个50年代，在工人、农民、部队、青年团、工会、妇联、合作社等各类人群中都蓬蓬勃勃地开展起了以识字、认读报刊为目标的扫盲运动（刘立德、谢春风主编，2006：34）。而要加快扫盲的速度和提高扫盲效率，就要首先解决汉字字数多笔画多带来的难记难写问题。为此，新中国成立后就着手进行汉字简化和异体字整理工作，发布了多个对今天的汉字规范使用仍有重大作用的文件，而每一个文件发布之前都有一批全国权威专家学者的深入研究，政府有关部门和学术机构召开的一系列高规格工作会议和学术研讨会，保证了这些文件的权威性和贯彻执行的有效性。

这一时期的现代汉字研究，基本上都是为了减少当用汉字字量、减少当用汉字的笔画数、减少字形分歧和便于书写，降低汉字记、写、认的难度，从而为扫盲工作服务。限于篇幅，下文仅简要介绍国家发布的汉字规范标准。

1955年12月文化部、文改会联合发布的《第一批异体字整理表》（简称《一异表》）和1956年1月国务院公布的《汉字简化方案》这两个重要规范的情况，详见后文。

为了使汉字印刷体的字形趋于统一，笔画结构力求与手写楷书一致，以减少初学者阅读和书写的困难，1965年1月，文化部

国民基础教育、山东邹平的"乡学""村学"教育、陶行知的"乡村工学团"等等，在当时就影响甚大，在扫盲教育中也起到了一定作用。当时在中国共产党领导下的革命根据地的扫盲教育更是有规模、有成效。新中国成立后的扫盲工作是此前这些工作的继承和重大发展。参阅刘立德、谢春风主编《新中国扫盲教育史纲》（2006）第一章"新中国扫盲教育的历史传统与基础"。

和文改会联合发出《关于统一汉字字形的联合通知》，并随文发布《印刷通用汉字字形表》（6196字）。该字形表虽然涵盖于1988年公布的《现代汉语通用字表》，但其隐含的字形规范原则一直沿用至今，《通用规范汉字表》（后文简称《字表》）在2009年公开向社会征求意见时曾对其略做调整，但时机不够成熟，也因为征求意见稿只是解决了部分不合规则的字形问题，在2013年国务院颁布《字表》时将此问题暂时搁置。其后，国家语委设立字形问题科研项目，该问题有望不久能得到系统梳理和解决。

我国的地名数量繁多、历史悠久，一部分地名用字生僻、难写难认。鉴于此，这一时期对全国县以上地名用字进行了整理与简化。在广泛征求意见的基础上，经国务院批准，从1955年3月到1964年8月，分9次更改了35个县以上政区的生僻难认的名称用字，它们是（"县"字均省略）：

陕西14个：鄠→户、盩厔→周至、醴泉→礼泉、邠→彬、栒邑→旬邑、郃阳→合阳、鄜→富、葭→佳、雒南→洛南、商雒→商洛、洵阳→旬阳、汧→勉、洵阳→千阳、郿→眉。

江西7个：新喻→新余、鄱阳→波阳、新淦→新干、雩都→于都、寻邬→寻乌、虔南→全南、大庾→大余

四川4个：酆都→丰都、越嶲→越西、呷洛→甘洛、石砫→石柱

新疆3个：婼羌→若羌、于阗→于田、和阗→和田

黑龙江2个：瑷珲→爱辉、铁骊→铁力

贵州2个：婺川→务川、鰼水→习水

广西1个：鬱林→玉林

青海1个：亹源→门源

50 年后再回首,应当肯定,其中一些字形简化很成功,如:改"雒"为"洛",改"郃阳""洵阳"为"合阳""旬阳"(商伟凡,2015:91)。然而,对有些历史悠久、意义确切的汉语地名用字的简化,也带来了湮灭地名的本义即地名的"灵魂"的负面作用,而这一点越来越被今天的当地人看重,因而其中某些被简化的地名后来又恢复了原字形(如鄱阳),也有个别地名用字有望被恢复或仍在讨论之中[①]。

这一时期还有一件重要工作是"二简字"的发布、推行与停止使用。1977 年 12 月 20 日,由中国文字改革委员会拟订的《第二次汉字简化方案(草案)》发布,《草案》共收简化字 853 个。然而,时隔四个月之后的 1978 年 4 月,在胡愈之、王力、周有光等 23 位专家的联名反对下,教育部在《关于学校使用简化字的补充通知》中就明确说明:"今秋使用的教材,凡未发排的,不再使用新简化字。使用了新简化字的教材……再版时改用原字。"该"草案"可以说是使用时间最短的规范,尽管当时文改会组织了王力等最权威专家对其进行全面研究以期修改完善,《中国语文》《社会科学战线》等刊物也发表了系列讨论文章(吴甲丰,1978;闻进,1978;陶伦,1978;徐仲华,1978;于夏龙,1978),但 1986 年 6 月 24 日国务院批转国家语委《关于废止〈第二次汉字简化方案(草案)〉和纠正社会用字混乱现象的请示》

---

① 黑龙江省的"瑷珲"县半个世纪前被改为"爱辉"。当地虽然提出过将现黑河市爱辉区(即原爱辉县)恢复为"瑷珲"二字的申请,但更改县和市区及其以上地名用字需国务院批准,而更改乡镇地名用字只需省级政府同意。2015年 5 月,黑龙江省政府批准将黑河市爱辉区爱辉镇政区名称用字恢复为"瑷珲"。这样就出现了"黑河市爱辉区瑷珲镇"的用字混乱现象。"爱辉区"的地名用字更改将来也可能会得到批准。

的通知明令废止。然而其影响今日犹存，因为确实书写简便，一些中老年人手书时还会自然而然地使用"二简字"字形。在《字表》研制过程中，有人提出应该吸收"二简字"中简化较好的字形（比如"橘"简化为"桔"），考虑到尽量保持字形的稳定，《字表》研制课题组没有接受这一建议。

二、第二阶段：面向汉字规范化标准化信息化的现代汉字研究与规范

这一阶段的起止时间是 1980—2000 年。

这个时期的汉字论争以科技和经济建设的需要为背景，讨论比较客观，比如汉字的性质成为 80 年代论争的中心问题，就是因为这一问题关涉汉字的功用和前途，影响到汉字改革的政策和道路（比如是否再提汉字改革要走世界共同的拼音方向）。这次论争涉及面也比以前广泛得多，讨论的触角伸向了生理、物理、心理、神经、数理等学科，进行多层次、多视角的理论探讨（参见王伯熙，1988：206）。

这一阶段起始的标志性事件是 1980 年 3 月国务院发出《关于充实和加强中国文字改革委员会的通知》，在 5 月 20 日召开的此通知发出后的文改会第一次全体会议上，通过了《关于研究和制订标准现代汉字表的建议》和《制订标准现代汉字表的科研计划》。《人民日报》对此次会议报道的标题是《促进文字改革，实现文字标准化》，这标志着国家的汉字政策和现代汉字研究由汉字拼音化、汉字简化转入了汉字规范化标准化建设的新时期。1985 年 12 月，国务院办公厅发出《关于中国文字改革委员会改名为国家

语言文字工作委员会的通知》，虽只是机构更名，实质上则折射了国家语言文字工作重心的重大转变。

这一时期，在语言文字主管部门的安排下，学术界加强了现行汉字定形、定音、定量、定序的研究整理，制定并发布了《现代汉语常用字表》《现代汉语通用字表》（1988年）、《信息处理用GB13000.1字符集汉字部件规范》（1997年）、《GB13000.1字符集汉字笔顺规范》《GB13000.1字符集汉字字序（笔画序）规范》（1999年）等一系列规范标准，为全社会的文字应用、汉字规范化和信息处理提供了依据。

本时期内发表或出版了不少重要的现代汉字研究论著。1980年，《语文现代化》丛刊第二辑发表的周有光先生《现代汉字学发凡》一文，标志着现代汉字学学科的建立。张静贤《现代汉字学教程》（现代出版社，1992年），高家莺、范可育、费锦昌《现代汉字学》（高等教育出版社，1993年），苏培成《现代汉字学纲要》（北京大学出版社，1994年，2001年修订版；商务印书馆，2014年第3版），杨润陆《现代汉字学通论》（长城出版社，2000年；北京师范大学出版社，2008年新版）等，均为有影响的现代汉字学著作。王均主编的《当代中国的文字改革》（当代中国出版社，1995年）全面总结了新中国成立之前和之后的文字改革工作，保存了丰富的文字改革史料，对成功的经验和失败的教训都客观叙述，是关于中国文字改革的权威论著。

在这一阶段，汉字信息处理方面所取得的突出成就特别值得重视。20世纪80年代，曾经有一种很流行的说法，认为方块汉字不能适应现代计算机的要求，因此需要改革，需要走西方文字拼音化的道路。但在我国学者的努力下，计算机处理汉字的各种难题逐步得到解决，而且发展极为快速。1978年1月，《计算机学报》发表中科院计算所竺迺刚、倪光南、陈芷英的《汉字输入与人机对话》的论文，引起国内外业界的关注。1978年11月在青岛召开了"全国汉字编码学术交流会议"①，会上倪光南做了"计算机与汉字信息处理"的发言（后发表于1979年8月28日《光明日报》），针对当时在汉字输入码和内码方面存在混淆的状况，提出："尽管汉字输入计算机可以采用不同的方法，但是进入计算机后，每个汉字应当用标准码表示……需要制订统一的、信息交换用的汉字标准码。"这一设想很快就促成了汉字编码的第一个国标。1981年5月，国家标准局发布《信息交换用汉字编码字符集·基本集》（GB2312-80），共有汉字6763个，适用于一般汉字处理、汉字通信等系统之间的信息交换。在此后的20年时间里，它都是汉字编码研究、汉字库、汉字信息处理等方面的权威标准，为国家信息化事业的早期发展发挥了十分重要的作用。2001年在由中国工程院倡议主办的"20世纪我国重大工程技术成就"评选中，共评出了25项重大工程技术成就，其中"汉字信息处理与印刷革命"仅次于"两弹一星"，居第二位。

三、第三阶段：面向人机交流和虚拟空间的现代汉字研究与规范

这一阶段的起止时间是2001年至今。起始的标志性事件是

---

① 这次会后成立了由康奉为主任、刘涌泉为副主任的"中国汉字编码研究会"，即后来的中国中文信息学会。

《中华人民共和国国家通用语言文字法》2001年1月1日开始实施。

新世纪以来，电脑的普及速度、互联网的发展速度远远超出人们的预料。如果说前两个阶段国家的语言文字工作和学界的现代汉字研究基本上都是围绕如何更好地服务于人们的手头应用和公文、传媒、教育等一般社会应用，那么新世纪以来，现代汉字的研究、管理和有关规范标准的制定，主要面向人机交流和网络空间。据笔者最近统计的1949年到2015年12月国家发布的仍在使用的251项语言文字规范标准中[①]，针对计算机信息处理的规范标准达190项，时间越靠后，这方面的规范标准所占比例越高。

全国人大教科文卫委员会1997年1月开始起草并于2000年10月31日九届全国人大常委会第18次会议审议通过的《中华人民共和国国家通用语言文字法》，是针对当时一些地区方言盛行，社会上滥用繁体字、乱造简化字较为普遍，大肆宣扬繁体字的"神奇"或主张恢复繁体字的声音时见媒体，一般社会语言生活中滥用洋名、乱造音译词的现象很突出等语言文字使用乱象。该法颁布15年来，上述现象虽然有不少变化但依然存在，在十多年来各省相继颁布了该法的实施办法之后，国家语言文字主管部门正在根据当前的语言文字新形势、新问题制定其实施办法[②]。

---

① 已废止或被新版本取代的则不在其中。如因《通用规范汉字表》的发布而停止使用的《第一批异体字整理表》《简化字总表》《现代汉语常用字表》《现代汉语通用字表》，均不再统计。

② 教育部语用司2015年工作要点中"主要工作"的第二条为"继续完善语言文字法律法规体系。启动《〈国家通用语言文字法〉实施办法》研制工作"。"继续研制《〈国家通用语言文字法〉实施办法》"列入了语用司2016年工作要点中"重点工作"第五条。

另一个重大事件是 2013 年 8 月国务院公布《通用规范汉字表》，这是新时期汉字方面的重大政策。在《字表》十多年（2001—2013）的研制过程中，课题组组织召开了系列学术研讨会，全国学术界对字表所涉及的各方面问题进行了全面深入研究，其成果最集中的体现是商务印书馆 2004 年出版的"汉字规范问题研究丛书"一套四册：《简化字研究》《异体字研究》《汉字字形研究》和《汉字规范百家谈》。这些著作既有对新中国成立以来国家发布的有关规范标准的全面梳理和研究，也有针对新世纪以来汉字现实与虚拟空间的应用以及应海内外交流和国际传播需要而进行的专门研究，提出了很多建议。这方面的重要论著还有很多，不细列。

两岸文字和计算机字符集文字的研究亦引起重视。陈双新、张素格（2010）对 CJK 字符集中中国大陆与台湾地区 18 368 个同编码字符中的 9 000 多个差异字形进行了全面细致的研究，差异字形表现在笔形、笔画数、笔画交接方式、组字部件和结构方式等方面。这些差异虽然基本不影响阅读，但从信息化和标准化角度来看，还是应该逐渐走向统一。程荣《两岸三地汉字字形问题探讨》（2014），考察对比内地规范字形与港台地区标准字形的异同，对其间"一对多"的差异做重点分析。发现内地认定的繁体字和异体字有相当一部分与港台地区标准字不对应，香港地区教学标准字与台湾地区标准字之间也存在差异。这方面研究与两岸关系的发展直接相关。20 世纪 90 年代，中国大陆与台湾地区交往不久，也出现不少两岸语言文字比较研究的论著（费锦昌，1993；孙剑艺，1995；利来友，1998；高更生，1999）。

四、几个焦点问题

60年来,现代汉字研究领域涉及很多重要问题,字序、笔顺、部首、字音、字量、现代汉字的性质、现代汉字学学科等,学界都有过持续讨论,但与大众关系最密切的大概可算是繁简字、异体字、人名用字等问题。

4.1 繁简字问题

新中国成立以来的汉字整理与规范特别是简化工作,不少人都以为以前从未有过,这是极大误解。王宁(2010)曾指出:"20世纪中期——也就是新中国成立以来的文字改革运动,几乎在所有的问题上,都是初期运动的延续。文字改革的骨干队伍,实际上是初期运动各方主力的合流;文字改革的三大任务——简化汉字、推广普通话、制定和推行汉语拼音方案,正是初期运动所提出的主要措施的实施。所不同的是,新中国成立以来的文字改革,从有组织领导的群众运动,转变为顺应民意、依靠专家的国家行为。正是因为国家行为带有政策的强制性,才能使有志之士半个世纪以来所从事的文字改革工作在较短的时间内迈出了一大步。"因此,20世纪前期的现代汉字研究与改革,无论是有关理论和思潮的提出,还是百家争鸣的具体改革方案,都直接影响了新中国成立后的汉字改革与汉字规范工作。

汉字简化存在于汉字发展演变的全过程中,只是以往的汉字简化是自发的而不是有组织的,是单个的而非系统的。将汉字简化作为一个时代、社会讨论的核心问题并影响到国家层面的文字政策,始于19世纪末并持续到20世纪早中期。

19世纪末开始的汉字改革与简化运动是伴随着清政府的半封

建半殖民地化而产生的。虽然当时关于汉字改革的主流认识，是与传统文化彻底决裂态度的废除汉字，从而走拼音化道路。然而，少数致力于微观汉字改革探索的社会贤达还是提出了不少汉字简化设想，特别是民国时期，不少汉字拼音化的实践者在经历了相当多拼音方案的设计和小范围实践之后，发现此路比预想的艰难得多，于是慢慢转而将视角投至汉字简化上来。

我们把清末民国时期几个与汉字简化有关的标志性事件简要说明如下：

1892年，卢戆章发表了中国人自己创造的拼音方案《一目了然初阶》（中国切音新字厦腔），该书打破了几千年来的汉字神圣说，提出了"字体代变""趋易避难"的观点。他还大量运用当时流行的简体字，仅在《中国第一快切音新字原序》和《凡例》中就用了100多个，其中跟现在的简化字相同的有"帮、尽、难、时、圣、过、尔、当、则、与、实、报、话、体、万、属、对、传、头、东、记、说、计、语、爱、两、号、虽"等28个（参见高更生，1992）。

1909年，教育家陆费逵在《教育杂志》创刊号上发表《普通教育应当采用俗体字》，这是第一篇明确提倡简体字的论文。

1922年钱玄同向"国语统一筹备会"提交了《减省现行汉字的笔画案》（钱玄同，2011：69），这是中国历史上有关简化字的第一个有可操作性的具体方案。在此想特别说明其中提出的八种简化策略。1956年颁布的《汉字简化方案》也用了八种简化方法（张书岩等编著，1997：34—35），我们将二者列表比较如下：

表1 《减省现行汉字的笔画案》与《汉字简化方案》简化方法比较

序号	《减省现行汉字的笔画案》的简化方法	《汉字简化方案》的简化方法
1	将多笔画的字就字的全体删减，粗具匡廓，略得形似者，如壽作寿，關作关	保留原字轮廓：卤（鹵）娄（婁）伞（傘）肃（肅）
2	采用固有的草书者，如為作为，東作东，實作实，會作会	草书楷化：时（時）东（東）长（長）书（書）为（為）专（專）
3	将多笔画的字仅写它的一部分者，如聲作声，寶作宝，條作条，雖作虽，虧作亏，獨作独	保留原字特征部分，省略一部或大部：竞（競）务（務）医（醫）开（開）
4	将全字中多笔画的一部分用很简单的几笔替代者，如觀作观，鳳作凤，劉作刘，邊作边，辦作办，蘭作兰	符号代替：仅（僅）赵（趙）区（區）鸡（雞）权（權）联（聯）
5	采用古体者，如禮作礼，處作处，從作从，雲作云	利用古旧字体 利用古本字：虫（蟲）云（雲）号（號）从（從）卷（捲）夸（誇） 利用古代异体：万（萬）无（無）尔（爾）礼（禮） 利用废旧字形：胜（勝）亲（親）
6	将音符改用少笔画的字者，如遠作远，燈作灯，遷作迁，墳作坟，襖作袄	改换较简单的形旁或声旁： 改换声旁：运（運）辽（遼）补（補）态（態） 改换形旁：硷（鹼）鳘（鱉） 声形都换：惊（驚）华（華）护（護）
7	别造一个简体者，如竈作灶，響作响	另造新会意字：尘（塵）体（體）双（雙）
8	假借他字者，如義借义，薑借姜，驚借京，乾借干，幾借几，舅舊借旧（即白字）	同音代替：丑（醜）后（後）几（幾）余（餘）谷（穀）只（隻衹）

可以看出，新中国建立后的汉字简化完全吸收了民国时期相关的学术成果。钱玄同（2011：69—70）还指出："这种通行于平民社会的简体字，在明清以降，今日以前，都是用在账簿、当票、药方、小说、唱本……上面，所谓'不登大雅之堂'者。我们现在应该将它竭力推行，正式应用于教育上、文艺上，以及一切学术上、政治上。我们不认它是现行汉字的破体，认它为现行汉字的改良之体。正如我们对于白话文学一样，不认它是比古文浅鄙的通俗文学，认它是比古文进化的优美文学。"这段话及那段历史值得今天对简化字仍有偏见者深思。

1935年8月，国民政府教育部委托著名语言文字学家黎锦熙主持制订了《第一批简体字表》（后文简称《简体字表》）①，公布了324个简化汉字。将《简体字表》与文改会1964年编印的《简化字总表》（简称《总表》）中的相应字形逐个比较后发现：二者完全同形的共212个，占65.4%。二者略有不同但极其相似共64个，如"炎、掇、淡、废、芦、苏、者"等，占19.8%。二者字形不同的共48个，占14.8%。有些字前者简化了而后者未简化，如"衺（覆）、伩（儒）、午（卒）、皃（貌）、甾（留）、廿（念）"等，其中有些被1977年公布的《第二次汉字简化方案（草案）》采用。这是历史上第一个由政府正式公布的推行简体字的文件。在当时的延安等解放区和中国共产党领导下的其他地区，也开始了拉丁化新文字、手头字、大众语语言文字改革运动（王均主编，1995：25、41、46、52）。

---

① 国语统一筹备委员会曾初选了2 400多字，后来教育部详细审查并函征前国语统一筹备委员会意见后才产生出324个简体字。参阅魏建功（2012：358）《汉字局部改造的问题》。

可见，新中国建立后的汉字简化无论是从这项工作来说，还是从具体的简化字形的来源来说，都上承汉字发展和规范的历史，有广泛而深厚的使用基础。

新中国成立后，国家汉字改革研究与管理部门立即开展汉字简化的有关工作。在充分吸取历史上包括民国时期汉字简化的实践经验的基础上，1956年1月31日国务院公布《汉字简化方案》。由于当时的思想认识是把汉字简化当作改革文字、通向拼音文字的"过渡"，对整理和简化的理论方法、汉字的学理和系统性、古今贯通、海内外协调、字形的匀称美观等问题缺乏深入细致的科学论证，更不可能考虑到计算机信息处理繁简字转换问题，因此给今天留下了一些学术界批评较多的问题。

近些年随着传统文化的升温和与港澳台地区交往的日益密切，繁简字问题不断引起海内外各方面人士的关注，社会上也出现了多种影响较大的观点，有人主张完全恢复繁体字，有人主张恢复部分繁体字[①]，有人主张"识繁写简"。

全面恢复繁体字的言论基本都来自非语言文字专业人士，有关论述既没有深入的学术研究，也没有广泛的社会调查，学术界对此回应不多，纵有回应，也因大多刊载于专业刊物而起不到应有的作用。

部分恢复繁体字的意见则基本都来自从事语言文字研究的专业人员。因这一意见是针对非对称繁简字即一个简化字对应两个以上繁体字（学术界称其为"一对多"或"一简对多繁"）而提

---

① 这方面意见较多，仅举一例：《通用规范汉字表》研制期间，香港中国语文学会曾致函课题组，建议恢复"鬥、髮、範、幹、鬍、後、裏、鬚、禦、雲、徵、鍾、鎔、穀"14个繁体字。

出的[①]。从纯学术角度来说，这类合并简化确实有不合理之处，在计算机繁简字转化中出错率也集中在这类字，但当前也不好做出将它们全部恢复的简单处理，因为从历史来看，这种字形合并现象早就存在并一直使用，汉字简化只是对这种习以为常使用方式的确认而不是创造；从现实应用来看，在不涉及繁简转换的现代汉语文本中，"一对多"也确实没什么问题；从使用习惯来看，这些字都十分常用，如果恢复简化前的写法，会给一般使用者带来很大不便。在两难的境况下，比较稳妥的做法还是维持现状，毕竟如许多人所主张的，一定程度地保持语言文字使用的稳定性就是最大的方便，这也是《通用规范汉字表》（后文简称《字表》）最终没有恢复一个繁体字的原因。关于"识繁写简"，业内和业外都有人提出过。从了解汉字发展演变的过程、把握汉字的形义关系、传承汉字文化的角度来说，"识繁"很有必要。在中小学教学中，可以根据识字教学或便于理解古文词义的需要而教授一些繁体字及浅显的字形演变相关知识。

4.2 异体字问题

异体字的概念，学术界有严式和宽式（或称广义与狭义）两种。前者指音义全同、记词职能完全一样、仅仅字形不同，在任何语境下都能互相替代而不影响意义表达的一些字样（参见王宁主编，2013：49）。后者指只有部分用法相同的字，包括包孕异

[①] "一简对多繁"指将两个或多个同音或近音字合并为一个字形，合并后的字形或是原有的字形，如将"后、後"合并为"后"，"斗、鬥"合并为"斗"，"干、幹、乾"合并为"干"，"蒙、濛、懞、朦"合并为"蒙"等；或是新造的字形，如"發、髮"合并简化为"发"，"歷、曆"合并简化为"历"。这类字到底有多少组，有104、131、118组等不同的统计数字，《通用规范汉字表》整理为94组。

体字（如豆［荳］）、交叉异体字（如夹［裌袷］）、同音异义字（如脍［鲙］）、异音异义字（如案［桉］）等多种情况（参见高更生，1991；裘锡圭，2013：198）。

1955 年 12 月 22 日，文化部、文改会联合发出《关于发布〈第一批异体字整理表〉的联合通知》，明确指出异体字属于“不规范字”的范围，在通用层面书写现代汉语文本时，不能使用异体字。《一异表》列异体字共 810 组，精简去 1 055 字，基本解决了当时的用字混乱现象，减轻了学习者的负担，加强了社会用字规范。但《一异表》过于扩大了异体字的认定范围，存在收入了一些非异体关系的字组、对异体字处理过宽、对异体字字形选择也不够恰当等问题（张书岩等编著，2004：137）。

该表发布后至 2013 年废止，其间虽未经直接修订，但后来发布的其他规范对其有过多次调整，淘汰的字数也就略有减少，如《修正〈第一批异体字整理表〉内“阪、挫”二字的通知》（1956）、《简化字总表》（1986）、《现代汉语通用字表》（1988）、《关于“镕”字使用问题的批复》（1993），至此，《一异表》中的异体字由 810 组减至 795 组，淘汰的异体字由 1 055 个减至 1 026 个。《字表》基本采纳上述文件对《一异表》的调整，并根据相关部门及群众的意见，对《一异表》进行了复查和调整。调整的结果是：将“挫、愣、邱、彷、诃、讵、桉、凋、菰、溷、骼、徼、澹、薰、黏、刬、於、晔、晖、詟、鲙、镕、蓢、晳、瞋、噘、蹚、溧、勠”等 29 个字确认为规范字，将“雠、䜣、阪、迺、桠、耑、钜、昇、陞、甯、飏、袷、麹、仝、甦、邨、氾、堃、犇、龢、迳、钘、绦、釐、脩、絜、扞、喆、祕、頫、赀、叚、勣、菉、蒐、淼、椀、谿、筦、澂、劄、吒”等 42 个字在特定意义上视为规范字，并在《字表》附表1中加注说明其使用范围（王宁主编，2013：49—63）。"特定意义"主要指人名、地名、科技术语等。

昇、甦、邨、龢、喆、澂、陞等字用于姓氏人名时是规范字，体现了尊重语言事实、尊重约定俗成的规范原则，受到普遍欢迎。然而，已有的姓氏、人名、地名[①]用字还需要进一步搜集整理，在未来的使用中也会有新的需求，因此，正如在国务院发布《字表》的说明中所指出的，"本表可根据语言生活的发展变化和实际需要适时进行必要补充和调整"，这是规范标准本身只有定期修订才能不断完善的必然要求。

异体字的整理范围很受学界关注。由于异体字问题复杂，《字表》没有扩大异体字整理的范围，只是对《一异表》中的异体字进行了重新甄别和处理。我觉得这样做从科学性和社会性的角度来说都很可取。异体字本来与正字处于平等地位，但在规定的正字法也就是社会用字规范领域，从多个异体字中优选一个作为通行字即正字后，正字与异体字就形成对立关系。然而，异体字只是在记词职能上被正字认同，可以在某种场合限制使用，却不宜贸然取消（王宁，2015：161）。所以，作为国家语言文字规范的异体字整理，只需针对一般社会领域经常用到的字，生僻字的异体字整理还是作为学术问题交给学术界去研究。

学术界早就提出对大型字书所收字特别是对编码已超过8万

[①] 地名用字目前只整理到乡镇级，村级地名和自然实体地名还未全面整理。国务院决定2014年7月至2018年6月开展第二次全国地名普查。普查内容是：查清地名及相关属性信息，对有地无名而有地名作用的地理实体进行命名，对不规范地名进行标准化处理，加强地名信息化服务建设，建立地名普查档案等（见民政部网页：http://www.mca.gov.cn/article/zwgk/tzl/201401/20140100584088.shtml）。

的计算机字符集所收字进行字际关系的全面整理的科研建议，所说的字际关系，最主要的还是正异关系，但正异关系的整理和确认很复杂，毕竟像"峰—峯""泪—淚"之类的狭义异体字数量很少，而广义异体字的认定几乎因人而异，很多人主张依据字义认定，王宁先生（2013：160）认为："形是汉字的本体，确定两个字是否可以认同，首先要根据它的本体属性，也就是构形属性来确定。不这样做，在讨论具体问题时，常常会产生以词代字的弊病。"具体到某个字，认定起来更为复杂。《汉语大字典》第一版后附的11 900组异体字表，对今天的汉字应用和楷书异体字研究有很重要的参考价值，但据多位学者对其所做的专门研究，其中的问题不少，这是由问题的复杂性决定的，是不可避免的。因此，我认为，整理大型字书和计算机字符集所收的《字表》以外字的字际关系，应该从学术研究角度而不是研制规范标准的角度进行，成果形式可以像台湾地区的《异体字字典》那样[①]，采用光盘和网络版，这样既可以根据"有见必收"的原则收录大量字形资料，更便于大家查询和随时更新成果。

4.3 人名用字问题

人名用字在社会用字中使用非常频繁。长期以来，由于无法可依，人名用字中的不规范现象一直普遍存在，生僻字大量增加，使用自造字和非汉字的现象也并不罕见，在信息化之前也基本没有给当事人带来生活不便或权益受损等问题，但在今后则完全不同。

---

① 台湾学者20世纪90年代即已开始编纂《异体字字典》，21世纪初出版了光盘版，现在已在网上运行，搜集和收录的字形材料相当多，然而其意义和作用也主要是资料性而不是规范性的。

有人以为取名选字完全是个人自由，与他人无关，即使选用了计算机打不出的生僻字甚至自造字，也应该不断扩大计算机字库，甚至主张使用可以任意造字的开放字库，让计算机服务于人，而不是限制人名用字去适应计算机，这样做才充分体现尊重和维护公民的姓名权。实际上这是误解。

目前计算机中的已编码汉字已经超过8万个，而且还在扩充，但扩大计算机字库与规范人名用字是性质不同的两件事，二者不能以此代彼。因为：

第一，汉字作为记录汉语的工具，为便于人们的识记和使用，在其自身发展演变过程中需要不断地进行人为规范。周代的《史籀篇》、秦代的《仓颉篇》《爰历篇》、汉代刊刻石经确定隶书范本、唐代的《干禄字书》《九经字样》等书，是历代在规范字形、刊正经书方面的代表。人名用字会出现于任何管理和服务部门，使用领域很广泛、使用频率也很高，对其规范性的要求自然也很高。如果取名使用电脑自造字形，则该字在其他任何电脑都无法识别，也就意味着这样的人名无法进行网络传输，在虚拟空间的作用也就完全丧失，这也就是二代身份证在使用过程中出现不少"废证"的一个重要原因，因而绝不可取。

第二，在汉字产生至今的每一个共时阶段，6 000左右的汉字就能基本满足记录汉语一般交际的需要，但具体字种有些动态变化，如增加新字、淘汰死字。记录汉语功能完全相同的某个字可能因朝代、地区、载体、书写者等方面的不同而呈现出不同的面貌，比如"窗"又作"窻、窓、牕、牎"，这类字我们只选其一作为规范字，使其进入当代使用领域，而以贮存和备查为目的的字词典则是见则必录。这也就是从汉代的《说文解字》到今天的《中华字海》所收字从9 000多增长到8万多的原因。那些被淘汰的死字不再活跃于当前的使用领域,如果仅仅因为人名用字而"起死回生",将给人们的识记和使用带来巨大的负担。

第三,一个字进入计算机占有了国际编码,只解决了它的存储问题,而通过敲击键盘让其进入文本则是输入法的问题。实际上,目前人名或地名用字中很多计算机打不出来的字,不是计算机字库中没有,而是常用的输入法不支持。满足一般社会交际需要的实用汉字仅六七千个(照顾到某些特殊领域,也不过1万),如果为了人名用字将日常用字字库扩大到三五万甚至更多,将大大增加人们识记的时间和精力,增加输入法的难度,降低输入速度和效率,从而给各领域的使用带来很大不便。

十二部委贯彻实施《字表》的通知中明确规定:"《通用规范汉字表》公布后,新命名、更名的人名用字应使用《通用规范汉字表》中的字。"也就是说,今后新命名、更名时只能从《字表》的8 105字中选取①,这既给人名的认读和书写带来很多方便,也会更好地保障公民与姓名有关的各项合法权益。当然,一些人们很喜欢使用的、社会认可度较高的表外字形,将来修订字表时可考虑适当增补。

---

① 据人民网报道(http://politics.people.com.cn/n1/2016/0724/c1001-28579564.html),2016年7月22日,公安部召集工信部、中国铁路总公司等7部委,推动姓名中含有冷僻字的身份证在各用证部门特别是基层窗口单位全面正常使用。这是针对计算机对以往姓名中的冷僻字存在识读障碍而采取的补救措施,是为了解决历史遗留问题而不是鼓励公民取名选用生僻字。

参考文献

[1] 蔡富有、郭龙生主编（2001）《语言文字学常用辞典》，北京：北京教育出版社。

[2] 陈双新、张素格（2010）大陆与台湾CJK汉字字形比较与研究，见《中国文字学报》（第三辑），北京：商务印书馆。

[3] 程荣（2014）两岸三地汉字字形问题探讨，《中国语文》第1期。

[4] 费锦昌（1989）汉字研究中的两个术语，《语文建设》第5期。

[5] 费锦昌（1993）海峡两岸现行汉字字形的比较分析，《语言文字应用》第1期。

[6] 费锦昌（1997）《中国语文现代化百年记事（1892—1995）》，北京：语文出版社。

[7] 高更生（1991）谈异体字整理，《语文建设》第10期。

[8] 高更生（1992）字体代变　趋易避难——读《一目了然初阶》有感，《语文建设》第9期。

[9] 高更生（1999）海峡两岸汉字笔顺的规范，《语文建设》第3期。

[10] 利来友（1998）海峡两岸现行汉字字形出现差异之原因探析，《广西大学学报（哲学社会科学版）》第1期。

[11] 刘立德、谢春风主编（2006）《新中国扫盲教育史纲》，合肥：安徽教育出版社。

[12] 钱玄同（2011）《钱玄同文字音韵学论文集》，上海：上海古籍出版社。

[13] 裘锡圭（2013）《文字学概要》（修订本），北京：商务印书馆。

[14] 商伟凡（2015）《天地经纬》，北京：社会科学文献出版社。

[15] 孙剑艺（1995）论海峡两岸汉字的现状与前景，《山东大学学报（哲学社会科学版）》第1期。

[16] 陶伦（1978）关于《第二次汉字简化方案（草案）》的几个问题，《中国语文》第1期。

[17] 王伯熙（1988）汉字特性和文字改革，见中国社会科学院语言文字应用研究所编《汉字问题学术讨论会论文集》，北京：语文出版社。

[18] 王均主编（1995）《当代中国的文字改革》，北京：当代中国出版社。

[19] 王宁（2010）从汉字改革史看汉字规范和"简繁之争"，《云南师范大学学报（哲学社会科学版）》第6期。

[20] 王宁（2015）《汉字构形学导论》，北京：商务印书馆。

[21] 王宁主编（2013）《〈通用规范汉字表〉解读》，北京：商务印书馆。

[22] 魏建功（2012）汉字局部改造的问题，见魏建功《魏建功语言学论文集》，北京：商务印书馆。

[23] 闻进（1978）努力做好文字改革工作，《中国语文》第1期。

[24] 吴甲丰（1978）对当前文字改革的意见和建议，《社会科学战线》第1期。

[25] 徐仲华（1978）读《第二次汉字简化方案（草案）》，《中国语文》第1期。

[26] 于夏龙（1978）关于第二次汉字简化工作的一些意见，《中国语文》第2期。

[27] 张书岩（2004）评《第一批异体字整理表》，见张书岩主编《异体字研究》，北京：商务印书馆。

[28] 张书岩等编著（1997）《简化字溯源》，北京：语文出版社。

"新说文解字"与汉字形义诠释 *

罗卫东

一、"新说文解字"的起因

殷焕先（1981：23—25）针对汉字识字教学现状，最早提出"新说文解字"，即为了教学可以不讲求汉字的传统构字理据，可以"穷想办法"，编字理来教学生。近几年"新说文解字"在一定范围内被采用，李香平（2006：31—34）对其进行了详细评述。"新说文解字"是相对《说文解字》而言的，许慎在书中寻求汉字形体与本义的联系。汉字形义具有可诠释性，因为汉字是意音文字。周有光（2006：5—7）指出，世界文字体系中有三大古典文字，即苏美尔人"钉头字"（或称"楔形文字"）、古埃及人"圣书字"以及中国甲骨文。这三种文字都是意音文字，即它们的形体符号是记录意义和声音的。汉字是唯一留存、使用至今的古典文字，汉字形体与声音、意义都存在不同程度的联系。因为汉字在创制时大多是"据义构形"，王宁先生（2002：22）称之为"构意"，即"汉字形体中可分析的意义信息，来自原初造字时造字

---

* 原文发表于《天津师范大学学报（社会科学版）》2008 年第 4 期。

者的一种主观造字意图"。正因如此,我们在诠释(包括理解与解释)汉字时就可以"因形知义""据义析形"。汉字发展过程中隶变(指隶书对篆书的改造)、楷化使得汉字形义关系多有变化。而新中国成立后颁布的简化汉字使得部分汉字形义关系进一步脱节。汉字发展改变了原有形义关系,人们再不能完全依据《说文解字》诠释汉字的形义关系。于是出现了"流俗文字学",即依据个人理解对汉字形义关系重新做出通俗的诠释。"新说文解字"即"流俗文字学"在汉字教学领域的应用。"新说文解字"是否合适?在现行汉字层面,我们应该如何诠释及应用汉字形义关系呢?笔者以《高等学校外国留学生汉语言专业教学大纲》"生字表"中795个一级汉字为考察对象,逐字分析了它们在不同历史层面的形义关系。在此基础上,本文拟探讨以下问题:汉字形义诠释的历史性与现实性如何结合;如何在汉字系统中对单字的形义关系做出客观解释;汉字形义诠释的应用条件等。

二、从古/据今:汉字形义诠释的时间选择

从古至今,大多数汉字的形义都发生了变化,只有"一""田"等少数字的形体从古至今没有改变。这些形义变化,有的增加了构件,例如"右",商代甲骨文中仅有手形,在西周金文中增加构件"口"。有的减少了构件,例如"廣",简化后写作"广";更多的是形体发生了黏合、省变,例如"年",甲骨文由"人""禾"组成,战国文字中已黏合为不能分析的独体字。而大多数汉字形体所记录的意义也在变化。

例如"全",本义是"纯玉",而从战国时期的文献开始,"全"

记录的就是"纯粹"等引申义。形体与意义的变化使得形义关系也随之改变。王宁先生（2002：26—28）将构意发生变化分为"理据重构""理据部分丧失""理据完全丧失"三种情况。在被统计的795个字中，有715个字的形义曾经有联系。在现行汉字层面只有435个字的形义有联系。我们通过对795个字的形义关系进行具体分析，归纳出它们在历时发展中呈现的几种状况：

1. 形义联系始终存在。虽然某些汉字的书写体势发生了变化，可是形体结构没有发生变化，因此它们构形理据不变。例如"分"，从甲骨文到楷书，都由"八"和"刀"构成，"八"有"分别"义[①]，"刀"能分别物体，由此合成"分别"义。

2. 形义联系在某一历史时期曾存在，在现行汉字中却脱节了。有些汉字由于部分形体或全部形体发生变化，因此构形理据丧失。例如"元"，古文字形是侧立人形上突出人头的形状，楷书"元"这个形体已经体现不出"人头"的意义。有些汉字的形义联系在隶变后丧失。例如"长"，甲金文中像人有长发之形，隶书中它的形义失去联系，于是汉代儒生依据"長"与隶书"馬"上部形体相近的特点，解释"长"的意义是"马头人"。有的汉字形义联系在简化过程中丧失。例如："历"，繁体字写作"歷"，《说文解字·止部》："歷，过也。从止厤声。""歷"字中的"止"（足趾）让该字具有"经过"的意义，而简化后形符"止"与声符"厤"的一部分被声符"力"代替，"历"字形义失去了联系。

3. 形义曾经存在联系，后来脱节，发展到某一历史时期形

---

① 《说文解字》在由"八"构成的"平""兮"等字下解释"八，分也"，"八"是两线条相背分别之形，后来被假借来记录数字。

义联系又有回归。甲金文中的"酒"像酒尊之形，本义是酒器，后来记录引申义"酒"，当"酉"被借去记录干支字时，它记录的是假借义，小篆又在"酉"字上加"水"造了新字，使得形义联系回归。形体的演进促使人们重新诠释汉字的形义联系，同时形义联系也反过来影响着汉字形体的演变。王立军（2004：89—92）分析了汉字的演变现象，认为正因汉字具有构形理据，因此对汉字形体有制约作用，形义脱节后，形体变异可以使字的形义关系重新回归，这一现象体现在古今文字的每一阶段。

4. 开始没有形义联系，后来产生。例如"草"，本义是栎树的果实，后来"草"这个形体被用来记录草本植物，它承载了"艸"字的意义。《说文解字·艸部》："艸，百芔也。从二屮。""艸"字在隶书中变成"艹"，成为一个构字单位，不再独用，而它的意义由"草"记录，"草"字的形体因为有"艹"也与"草本植物"这一意义产生联系。

5. 形义联系交错。例如"来"与"麦"，二字在甲骨文中本同形，像麦有穗、茎、根之形，是"麦"的象形字，因为"来""麦"声音相近，因此假借"麦"形记录行来的"来"，为强调"行来"与足趾相关，又在甲文上添加"夊"，出现"麥"形。而在汉字使用过程中，像麦形的"来"字记录的是"来"义，记录行来义的字却又记录了"麦"义，这两字的形义联系发生交错。

6. 形义始终没有联系。前面我们提到，假借义会占据一些汉字的形体，例如"冬""九"等，假借只是借用该字的声音，形体和意义无关。

我们分析了795个字的形义关系，可归纳出以下几种类型：

1. 依据形体可以分析出部分意义。例如："把""摆""搬"

"抱""报""播"。

这批字的意义和意符"扌"相关,都是"手"的动作。虽然"扌"没有单用的时候,它只做偏旁,但它是"手"字的变体,它的意义通过系联由"扌"构成的一组字得以呈现。这类意符加音符构成的形声字或意符加记号的字[①],它们的形义具有部分联系。

2. 依据形体可以分析出全部意义。例如:"明",日月会合出"光明"的意思。这类意符加意符组成的字,它们的形义联系密切,据形可以知义。

3. 依据形体分析不出意义。例如:"点",繁体字写作"點",形旁"黑"提示"點"字的意义——小黑点。简化后的"点"由原来的声旁加"灬"构成,形义没有联系。

在我们分析的795个字中,有100个左右的记号字,它们的形体和意义没有联系。对于形义失去联系的记号字,有的记号字来源于古代的象形字,例如"日""山"等,借助古文字形可以帮助学生理解意义。而那些来源于非象形字的记号字,就不必溯源诠释其形义关系,例如"史""事"等,不寻求这类记号字的理据也并不妨碍学生认识它们。

对于形义有联系的汉字,如果古今构形理据相同,前人的说解也可以帮助我们更好地理解其形体与意义。

如果部分现行汉字的形体发生了变化,有条件的复形可以寻求到它们的构形理据,例如"示"的甲骨文字形像神主牌位之形(于省吾主编,1996:1044)。明确"示"的形义关系后,

---

① 在声、韵某一方面和整字声音有联系的符号是音符,例如"把"中的"巴"。没有联系的就是记号,例如"拾"中的"合",虽然"拾"是传统形声字,但是现在是意符加记号字。

我们可以解释为何示部字都与祭祀相关。

王宁先生（2002：30）强调复形"不一定非要找到最早的字形不可"。在我们所统计的795个字中，245个字有甲骨文字形，352个字有金文字形，372个字有战国文字字形，659个字有小篆字形，其中还有101个字没有小篆以前的字形，是在隶楷阶段出现的新字。这就意味着很多字无法追溯到古文字阶段，没有复形的可能。即使是古今阶段形体结构差异不大的汉字，也不能一味从古，并不是最早的形义联系就能诠释某字，而应该探求和现行汉字形义联系更一致的诠释。

部分汉字古今都有形义联系，而且古今有别。这时是从古还是据今呢？例如"聊"，形体没有变化，但是所记录的意义古今不同，该字本义是"耳鸣"，现代汉语中它的常用义是"闲谈"。我们当然不能用溯源的方式诠释"聊"字，而应寻求它们在现行汉字层面的形义联系。在我们所分析的795个字中，有210个简化字形与繁体字形有别。这批字的诠释需要立足现在，参考古代，依据简化汉字形体寻求它们的形义联系。"新说文解字"不依据传统构字理据诠释汉字形义，做到了不以古律今，但是"新说文解字"编造字理时有值得商榷之处。

三、个体／系统：汉字形义诠释的客观选择

汉字形义关系复杂，如何诠释才能客观显现汉字构形理据呢？黄德宽等（2006：154）指出："汉字形义之间的疏离，使得汉字阐释无法脱离介入者的主观判断。"如楚庄王释"武"为"止戈为武"，认为"武"的意思是"平息干戈"，依据"武"字的

形体分析出真正的武功是能平息战争。不过俞樾先生较早就指出《左传》所释并非"武"的本义,于省吾先生(1996:867)依据现存甲文字形分析"武"所从的"止"表示"行","戈"表示武器,"武"的意思是"征伐示威"。可见楚庄王对"武"的诠释是他主观的理解。

　　王安石的《字说》也体现了汉字诠释的主观性。从后人辑录的《王安石〈字说〉辑》收录的618个汉字分析,王安石没有依照"六书"理论诠释汉字,他在《进〈字说〉劄子》中提到,曾对《说文解字》的解释深思穷究,然而"若矇视天,终以罔然"(张宗祥辑录,2005:3)。王安石贬低《说文解字》的价值,因为只有摆脱许慎他才能主观发挥,他所诠释的汉字形义关系与《说文解字》迥然有别。例如:"車,车从三,象三材;从口,利转;从丨,通上下。"《说文解字·车部》:"车,舆轮之总名,夏后氏奚仲所造,象形。凡车之属皆从车。"

　　"车"本是象形字,隶变后变为记号字,但是王安石诠释"车"字笔画的意义,用诠释会意字的方式解释象形字。《字说》中还常常将形声字解释为会意字,例如:"铜,赤金也。为火所胜而不自守,反同乎火。"(张宗祥辑录,2005:6)

　　1956年中国公布了《汉字简化方案》,与繁体字比较,简化字的形义关系更加疏远。很多简化字的形义关系脱节,如何诠释简化字的构形理据成为人们探讨的问题。因为无法用诠释小篆形义关系的《说文解字》来诠释现行汉字,于是人们对简化字重新进行诠释,这就是"新说文解字"。也有学者把这种与传统文字学有别的诠释方法命名为"认知文字学"(张世超,2007:229)。"新说文解字"从简化字的形体出发诠释意义,确实有利于人们使用、学习现行汉字。但是它也有诠释纷纭的弊病。笔者以"土"字为例，调查了几部面向留学生的汉字教材，说解如下：

《解开汉字之谜》：第一横画的意思是"地面"，第二横画代表"土壤"，竖画代表"植物"（安子介，1990：139）。

《外国人汉字速成》（修订本）："二"表示土地、土壤，"丨"表示从土地里生长出来的万物（周健、林柏松编著，1996：68）。

《新编汉字津梁》：古文字形像地面上突出的土块儿，是"土地""泥土"的意思。用作偏旁，可写在字的左边，称为"提土旁"；也可写在字的下边或右边，表示与泥土、土石建筑有关的事物（施正宇，2005：65）。

《张老师教汉字》：古代汉字像地面上的小土堆（张惠芬，2005：78）。

分析上列教材对"土"字的说解，通过复形、依据古代形义关系进行诠释的基本相同；而立足现行汉字层面进行通俗说解的则不尽相同。可见诠释者不同，他们的主观判断就不能统一。有不少当代学者在一定范围内进行了汉字形义关系的诠释实践，系统诠释汉字形义关系的成果则有《汉字形义分析字典》（曹先擢、苏培成主编，1999），该字典列的是简化字字头，可是在诠释其形义关系时常用对应的繁体字作为分析对象。

当我们使用或教授现行汉字时，我们需要对部分形义有联系的汉字进行理解和解释。可是目前暂时还没有系统诠释简化字形义关系的可依据成果，在此情况下，如果诠释者能遵守汉字形义诠释原则，就能做出客观诠释。"新说文解字"既然是"认知文字学",首先就应符合文字学的规律。从文字学角度分析单字,如果是独体字,它的形义关系有的可以诠释,有的则无法诠释。如前所述,来源于古代象形字、会意字的独体字可以通过溯源方式明确其意义,例如"车",记号字,简化后的字形无法析义,但是追溯到甲金文时期,"车"是象形字。来源于非象形字的独体字形义的诠释通常比较复杂,它们的溯源分析有时会给教与学带来负面影响。由两个或两个以上构件组成的合体字,它们的形义分析要依据构件在构字过程中的不同功能;在现行汉字层面,构件具有表义、示音、标示、记号等四种功能。

诠释表义构件的形义关系,可以依据该构件在汉字系统中的意义。例如"目"单用时是一个记号字,而我们通过系联"睡""相""眼"等字可以归纳出"目"的"眼睛"义。这意味着"目"的形义关系可以在汉字构形系统中显现,用"目"组构一个字时,它带进一定的意义,此意义在一系列由它构成的汉字中是固定的。同时,我们也可以通过溯源的方式明确"目"的形义关系,古文字阶段的"目"是象形字,其自身形体就呈现出意义。据李明(2006:27—39)统计,现代汉语 3 500 个常用字中,表义构件有 281 组,构字频度在 50 以上的有 16 个,它们参构了 3 500 个常用字中的将近半数(46.82%)。因此,表义构件形义关系的诠释非常关键。

除极少数音中表义的示音构件外[①],示音构件一般是不可分析其形义关系的,流俗文字学常犯的错误就是诠释形声字声符

---

① 例如"煸"字中的构件"扁",既示音又表义,这一现象前人已经做过详细探讨,详见沈兼士《右文说在训诂学上之沿革及其推阐》(1986)。

的意义，把示音构件当作表义构件。例如上文我们提到王安石将"铜"的声旁"同"诠释为"同化"之义，但是他无法将此诠释贯彻到"垌""茼""峒""洞""桐""酮""侗""恫""涸""胴""硐"等一系列以"同"为声符的字中。有人竭力用同一意义诠释同一声符，就有了很多牵强附会的说法。例如"努""拏""呶"三字的声符"奴"，勉强用"奴役"义去阐释，分别是"在'力'方面'奴役'自己""'奴'役或利用'手'""'奴役'嘴巴'口'"（安子介，1990：582）。如果对 3 500 个常用字的 873 个示音构件都进行意义诠释，只能让人更加迷惑。

诠释标示构件的意义时可以依据它所标字的字义。例如"一"，在"本"字中，"一"标示树根的位置，在"末"字中，"一"标示树梢位置，因为"一"标示于"木"上，所以诠释"一"时要依据"木"的字义。3 500 个常用字中，共有记号构件 307 个，记号构件无法诠释其意义，例如"秦"字的上部。这些构件不必强加诠释。

综上所述，诠释现行汉字层面的字形与字义的关系时，需要注意个体与系统的统一，即单字的诠释应放入汉字系统考虑，组成单字的构件与单字的形义诠释相关，构件意义的诠释也应放入汉字系统考虑。个体诠释者对汉字形义的分析需要符合文字系统规律，也需要得到诠释者群体认同，即诠释者系统的公认。

四、汉字形义诠释的应用

汉字形义诠释很早就被应用于教学，周代贵族子弟须学习"六书"，其中涉及形义诠释。在现行汉字的教学过程中，利用形义诠释来讲授部分汉字是可行的。殷焕先（1981：24）指出："凡有利于识字教学者，不必拒绝。"在我们分析的795个字中，在现行汉字层面，形义有联系的有435个字，也就是说有54.7%的字可以诠释构形理据。而研究者通过大量实验证明，在汉字学习过程中，形音义三方面的联系并不均衡。艾伟（1949：18—22）运用"释形法""同音法"比较出"形义绾结"优于"形声绾结"，即学生对通过诠释形义关系学习的汉字掌握得更好，记忆更持久。陈传峰等（2004：95）也指出："在结构对称汉字的提取过程中，字形—字义之间的联系要强于字音—字义之间的联系。"李蕊（2005：56）通过实验发现，留学生在学习汉语7—10个月后，开始有自动根据形旁推测意义的意识。从学习者的角度分析，他们也倾向于利用形义关系来识记、解释汉字。而俗解汉字即"新说文解字"在教学中是否可以运用？翟大成（2006）的调查表明：在所调查的外国留学生中，约有55%的学生在俗解字源和字典解释中选择前者。

"新说文解字"富于联想的讲解能让初学者易于理解。同时调查中发现，学生对个别汉字的俗解"不明所以"，而不同教材对同一汉字说解歧出，诠释者的主观性、随意性不利于科学、客观地进行汉字教学。当留学生认为教材中的诠释不易掌握时，他们也会有自己的"新说文解字"。

如前所述，汉字诠释有古今、个体与系统等问题，因此它的应用也具有复杂性。形义诠释同时也涉及汉语，洪汉鼎（2001：410）指出："当我们的字词脱离开它们确定的应用语境来考虑时，就会有不止一种含义。"汉字是记录汉语的书写符号体系，这也决定了汉字形义诠释离不开汉语，另外，文化等因素也影响着汉字形义诠释。只有从系统出发，据古释今，才能科学地将形义诠释应用于汉字教学中。

参考文献

[1] 艾伟（1949）《汉字问题》，上海：中华书局。

[2] 安子介（1990）《解开汉字之谜》，香港：瑞福有限公司。

[3] 曹先擢、苏培成主编（1999）《汉字形义分析字典》，北京：北京大学出版社。

[4] 陈传峰、黄希庭（2004）《结构对称性汉字认知规律的研究意义》，北京：新华出版社。

[5] 洪汉鼎主编（2001）《理解与解释》，北京：东方出版社。

[6] 黄德宽等（2006）汉字形义关系的疏离与弥合，见黄德宽《汉字理论丛稿》，北京：商务印书馆。

[7] 李明（2006）《常用汉字部件分析与对外汉字教学研究》，北京语言大学硕士学位论文。

[8] 李蕊（2005）留学生形声字形旁意识发展的实验研究，《语言教学与研究》第 4 期。

[9] 李香平（2006）对外汉字教学中的"新说文解字"评述，《语言教学与研究》第 2 期。

[10] 沈兼士（1986）右文说在训诂学上之沿革及其推阐，见沈兼士《沈兼士学术论文集》，北京：中华书局。

[11] 施正宇（2005）《新编汉字津梁（下）》，北京：北京大学出版社。

[12] 王立军（2004）汉字形体变异与构形理据的相互影响，《语言研究》第 3 期。

[13] 王宁（2002）《汉字构形学讲座》，上海：上海教育出版社。

[14] 殷焕先（1981）《汉字三论》，济南：齐鲁书社。

[15] 于省吾主编（1996）《甲骨文字诂林》，北京：中华书局。

[16] 翟大成（2006）《对外汉字教学中的俗解字源法研究》，北京语言大学学士学位论文。

[17] 张惠芬（2005）《张老师教汉字·汉字识写课本》，北京：北京语言大学出版社。

[18] 张世超（2007）认知文字学的回顾与前瞻，《中国文字研究》第1期。

[19] 张宗祥辑录（2005）《王安石〈字说〉辑》，曹锦炎点校，厦门：福建人民出版社。

[20] 周健、林柏松编著（1996）《外国人汉字速成》（修订本），北京：华语教学出版社。

[21] 周有光（2006）《世界文字发展史》，上海：上海教育出版社。

谈对外汉字教学研究中的几个问题 *

万业馨

一、发展与进步

在对外汉语教学起步之初,由于缺乏第二语言教学的经验,研究者的注意力集中于汉语的交际功能,具体落实到"听、说、读、写"四个方面的能力。汉字教学因"读、写"而作为技能训练的内容。

随着学科的发展进步,在这几十年中,对外汉字教学研究已经有了长足的进步。首先是论文数量的增加以及研究内容的拓宽。根据《对外汉语教学研究论著索引(1950—2006)》(孙德金主编,2009)(以下简称《索引》)以十年为一段对五十余年的论文所做统计,其中有关对外汉字教学研究部分的情况如表1。

从下表可以看出,从20世纪80年代开始,尤其是90年代起,有关汉字教学研究的论文数量明显增加,反映出学界对汉字教学的重视程度不断提高。

---

* 原文发表于《国际汉语教学研究》2019年第4期。

表1 对外汉字教学研究情况统计表　　　　单位：篇

年份	文字对比研究	汉字教学研究	汉字习得研究
1950—1959	0	0	0
1960—1969	0	0	0
1970—1979	0	2	0
1980—1989	1	19	0
1990—1999	2	131	8
2000—2006	3	151	16

不仅如此，为了便于人们了解该领域研究工作的进展，有关汉字教学的论文经过多次整理并结集出版。规模比较大的如：1997年北京语言文化大学出版社出版了"对外汉语教学研究丛书"共9册，其中包含《词汇文字研究与对外汉语教学》（崔永华主编），但当时还是将词汇与文字研究放在一起的；2006年又有"商务馆对外汉语教学专题研究书系"共22册，其中包含《对外汉字教学研究》（孙德金主编）。这时汉字教学研究已经独立为一种了。

其次，除了世界汉语教学学会召开的国际会议中有部分关于汉字教学研究的议题外，有关部门还召开了关于汉字教学的专题研讨会。例如，为了举办关于汉字和汉字教学的国际研讨会，国家汉办邀请有关专家学者和教师于1997年6月在湖北宜昌先举行了一次"对外汉字教学研讨会"，就汉字教学与汉语教学的关系，汉字研究和汉字教学的关系，汉字教学的设计、原则和方法等诸方面展开深入讨论。在此基础上，遴选部分论文作者参加了1998年2月在巴黎桥路学院由世界汉语教学学会和法国汉语教师协会联合举办的汉字与汉字教学国际研讨会。来自世界各地的180余位学者和教师与会，会后于1999年出版《汉字与汉字教学研究论文选》（吕必松主编）。

在回顾这一发展过程时，还可以看到科学发展、社会前进对对外汉字教学研究的推进作用。

其一，电脑的普及极大地推动了对汉字符号形体的切分工作，用提取公因式和求得最小公倍数的数学方法设计编码，将汉字的组成成分分配到电脑键盘，然后通过一定的组合方式完成中文信息处理的要求。汉字切分工作得以顺利进行基于汉字符号体系中合体字占绝大多数这一事实，但因为切分所得受到键盘键数的限制，以至于切分方案各不相同。编码设计工作打破了文理界线，声势浩大，几乎可以用万"码"奔腾来形容。在这样的背景下，有人提出中文信息处理所用部件是否可以同时用作汉字教学的部件，模仿前者由部件而整字的组合路径。由此引发了一场有关部件教学的大讨论，对汉字教学单位的认识得以深化。

其二，习得研究和认知心理学研究推进了对外汉字教学的发展。表1中20世纪90年代起有关习得研究论文数量的增加可以作为旁证。而认知心理学有关汉字认知的研究文章由于心理学领域研究人士的加盟近年来日渐增多，除了散见于心理学研究各种杂志上的研究文章外，还有这方面的论文集出版（如彭聃龄主编，1997、2006）。国外同行在这方面的努力同样引人注目。例如2005年在德国美因兹大学举办的讨论会，从包括生理和心理等各个方面对汉字认知展开讨论。会后出版的论文集就是这方面研究成果的一个小结（顾安达等主编，2007）。

随着改革开放在各个领域的深化，越来越多的外国学习者把汉语作为外语学习的重要选项,希望进一步了解中国。在这样的大背景下,国家社科基金项目对此给予充分重视,即以"九五"期间(1996—2000年)为例,曾将对外汉语教学作为重要领域设置了有关项目,对外汉字教学研究作为其中独立一项[①]。这是一个很好的开端。

与此同时,我们不能不看到,在整个对外汉语教学研究中,汉字教学研究始终处于滞后状态。一些统计数据可以作为注脚。

《语言教学与研究》从试刊到1985年的8年时间里,共出版28期(试刊4期,正刊24期),刊发文章509篇,其中有关汉字和汉字教学的仅10篇(朱一之,1985),约占1.96%。

截至1996年底,《世界汉语教学》《语言教学与研究》《汉语学习》刊载的论文和1—5届国际汉语教学讨论会见于目录的论文共计4 427篇(5次国际会议见于目录的论文中有些未见发表,有个别篇目与3个刊物篇目相重复),有关汉字与汉字教学的论文只有158篇,仅占论文总数的3.6%(李大遂,1999)。

提交给中国对外汉语教学学会第六届学术讨论会的123篇论文中,有关汉字及汉字教学的仅有8篇(张旺熹,1998),约占论文总数的6.5%。

---

① "对外汉语教学中的汉字教学研究"(北京语言文化大学,万业馨),项目最终成果为《应用汉字学概要》;"欧美留学生汉字习得研究"(北京语言文化大学,王建勤),项目最终成果为结项报告《来华留学生汉字习得研究》。有关对外汉语教学方面的其他项目还有:"对外汉语教材编写研究"(北京语言文化大学,施光亨)、"对日汉语教学研究"(北京师范大学,陈绂)、针对母语为俄语学习者的"汉语教学语法研究"(厦门大学,蓝小玲)、"基于internet远距离汉语教学"(北京语言文化大学,徐娟)、"外国留学生中介语系统研究"(北京语言文化大学,崔永华)、"外国人汉语阅读学习过程研究"(北京语言文化大学,江新)。

1999年在德国汉诺威市举行的第六届国际汉语教学讨论会，世界汉语教学学会秘书处实际收到论文211篇，有关汉字和汉字教学的仅14篇，约占论文总数的7%（张旺熹，2000）。

不仅如此，《世界汉语教学》《语言教学与研究》《汉语学习》《国际汉语教学研究》《国际汉语教育（中英文）》2018年所刊论文266篇中，有关汉字教学的仅16篇，约占6%。这一数字仍不乐观。而且需要说明的是，其中有11篇是因为《国际汉语教育（中英文）》为汉字教学研究开辟专栏集中刊登在第3期上的。

二、问题与不足

迄今为止，汉字教学仍然是整个对外汉语教学中的难题。外国学习者普遍觉得汉字难学，有相当一部分人因对汉字怀有极大兴趣加入学习汉语的行列，却又因为汉字难学半途而废。改进汉字教学研究乃当务之急。而要改进，则必须了解汉字教学研究中存在的问题。我们认为，以下问题值得注意。

首先，是对汉字符号体系缺乏明确的认识，更不必说对汉字研究的动态有一定的了解。不少人对汉字的了解还停留在大学本科时获得的知识，对于那些缺少开设文字学课程能力的大学来说，学生有关汉字的知识甚至只具有中学时期所了解的一般常识。而这明显不利于对教学现象的了解和分析，更谈不上对症下药。

例如，一些初学汉字的外国学习者在书写汉字时，容易将合体字的组成成分分写在两个同等大小的空间里。教师通常理解为初学者未能掌握合体字结构而不再做进一步思考。然而如果对汉字符号体系的特点有所了解，就可以明白这是因为同一个汉字的符号形体可以充当不同的角色——可以是整字，也可以是字符（意符、音符、记号）。例如"口"可以是有音有义的整字，也可以充当字符：在"吃""喝""叫"等字中充当形旁（意符），在"扣"字中充当声旁（音符）。书写中出现的这一现象提醒我们注意：汉字符号可充当多种角色是初学者认知汉字的难点之一。

这一现象往往出现于左右结构的汉字而罕见于上下结构的汉字。这是因为：（1）汉字符号体系中合体字占有绝对优势，合体字又以形声结构为主。据统计，7 000 通用汉字的 5 631 个形声结构中，左右结构的形声字约占 73.85%（左形右声 67.39%，右形左声 6.46%）（康加深，1993）。（2）与书写时符号展开方式有关，左右结构的汉字书写时从左到右，而大多数字母文字的书写方向同样如此。如果对古籍中从上到下的汉字书写格式有所了解，就不难理解为什么今本《战国策》中会将"触龙言愿见赵太后"误作"触詟愿见赵太后"了①。如果对汉字结构类型的分布情况有所了解，有关书写的研究在统计时便不会把左右结构汉字出现较多错误视为一种发现了。

像这样因为对汉字的各个方面缺少深入了解和认识而给教学带来不利影响的还有不少。

例如，在 20 世纪 80 年代，文字学界曾有过一次规模较大的有关汉字性质的讨论，很多学者认为西方学者的文字发展三阶段论，以及立足于字母文字将文字分为表音表意两大类型，将汉字归为表意文字，甚至认为其是不成熟的文字等看法是不符合汉字符号体系的实际情况的。事实上，汉字是同时使用音符、意符和

---

① 今本《战国策》误合"龙言"二字，遂成"詟"。1973 年，长沙马王堆汉墓出土战国纵横家帛书，其中有触龙见赵太后章，据以改正。

记号的文字（裘锡圭，1985）。然而，在相当长的时间里，对外汉字教学在教学内容的设计上偏重有关意符的内容而忽略音符。究其原因，除了因为音符组字远少于意符、常用程度低于意符等客观原因外，对于汉字性质讨论动态缺乏了解是一个重要原因。这种情况直到20世纪90年代末才有所改变。

又如，有关笔顺的教学，既有客观情况的限制（学生离开课堂后，教师不能看到他们的书写过程），也有认识上的粗疏以及由此产生的偏差。有一种意见认为，如果学习者已经能够书写部件甚至整字，就不必对笔顺有所要求了，所谓"条条大路通罗马"。显然只重视写成之字是否正确，以为笔顺规则的功用只是提高书写速度，书写过程无关紧要。事实上，笔顺规则包括两方面的内容。一是书写方向。"从上到下、从左到右"是每一笔书写时的走向，是判断派生笔画的基础，也是查阅工具书时准确计算笔画数的依据。例如，当我们说"横折"时，说的是一个横画"从左到右"，然后转换角度下行——"从上到下"，仍然是一笔。有学者提出外国学生可能对"折"缺少印象，是否可以考虑直接将"横折"改名为"横竖"（易洪川，2001）。而两种说法不一致引起误会的基点是相同的——两个相连的笔画符合从左到右、从上到下的书写方向就可以直接连成一笔。这些对于中国人来说已经习焉不察的内容，往往容易在教学中被忽略。二是笔画和部件书写时的顺序。有序书写可以提高字形的准确率，尽可能减少因无序书写引起的笔画缺漏或添加，并提高书写速度[①]。初学者

---

① 如果学生在基础阶段学习时未能养成按正确笔顺书写的习惯，在高年级汉语考试需要完成问答题时，监考老师会看到这部分学生握着笔上下翻飞，令人有马蹄声碎之感。

一般由楷书字形入手，楷书和行书的笔顺大致相同，而目前手写汉字者所写主要是行书。因此，外国学习者如果能够坚持用正确的笔顺书写汉字，也就取得了辨认和书写行书的便利。至于喜爱书法的学习者，笔顺对他们有着更为重要的意义。有关笔顺教学的问题提醒我们，如何把一些国人了然于心而外国学习者并不了解的内容教给学生，仍然需要经过深入思考并采取行之有效的教学手段。

早在三十年前，朱德熙、吕必松等，就曾指出，要提高对外汉语教学水平必须注意两方面。一是汉语研究水平的提高，这样教学才能水涨船高。离开汉语研究，对外汉语教学就没法前进。二是对外汉语教学本身的研究。同样，对外汉字教学也必须提高汉字研究水平和对外汉字教学研究水平。然而目前这两方面工作都明显存在不足之处。

回顾汉字教学研究的发展，不难注意到，不同时期有各自的研究热点。这些热点往往与国外语言教学理论密切相关。即以上文所引《索引》中的部分数据并联系所见论文，习得研究的兴起，以及此后认知研究的升温可以作为代表。这种引进和接轨当然是好事，通过补充营养，可以推进汉语作为第二语言教学研究的发展，诚所谓"他山之石，可以攻玉"。但一些论文中也存在"食洋不化"的弊病，甚至有将国外研究其他文字的方法作为模板直接套用于汉语和汉字教学研究。有些谈汉字认知的文章连实验所用例字都不公布。至于一些冠以"研究书写偏误"的文章实际上所用方法还是"一仍旧贯"，只是对"笔画缺漏或增添""笔形错误""偏旁错误"等做简单统计，不仅缺少新意，而且通篇没有一个与各项错误对应的汉字出现。其实，观察到错误只是研究工作的第一步，如果继续前行，进一步观察造成错误的原因，才有可能在教学时有所准备，避免错误重复出现，真正起到改进教学的目的。笔者曾经在教学中见到过初学者书写时把"孩"的左右两部分互换了位置，属于偏旁位置错误。经过了解，笔者找到了答案——学生曾经学过"一刻钟"，"刻"字中"亥"的位置在左。这说明以前学过的内容"先入为主"，学生对同一符号形体出现在某一位置已形成印象。

在这方面，前辈学者曾给我们做出过很好的榜样。例如心理学家艾伟，曾留学美国，先后获哥伦比亚大学心理学硕士学位和华盛顿大学哲学博士学位。他在研究时强调汉民族语文有其特殊问题需要我们自己动手来实验，不能照搬国外学者的现成结论。他身体力行，从1923年起就对汉字的形、声、义三大元素与阅读的关系进行实验研究。他对不同年级学习者的阶梯式实验和调查不仅反映出学习者了解语词和汉字的全过程，更可贵的是从中观察到汉字的笔画、结构对字的观察辨认具有的作用——不同结构的汉字在学习时的难易程度，真正让自己的研究成果服务于教学。1949年出版的专著《汉字问题》[①]，是他积25年研究成果所得。艾伟先生曾在自序中说道："顾著者对于文字、音韵、训诂诸学未能登堂，遑云入室？故徒有心理学之工具，统计学之技术，亦不能多所成就。"可见他对汉字符号体系与汉字教学的关系有清醒的认识，而且立意甚高，自励甚严，致力极勤。非如此不能有上述发现与成就。

---

① 艾伟《汉字问题》曾于1949年由中华书局出版，2017年商务印书馆重排出版。

其次，专业和业余的区别在于细节。的确，只是以一般常识或自己心目中的"按理说"出发来看问题，缺少甚至缺失对每一个细节的深入观察和思考，是很难在研究方面有所突破的。

以部件教学的讨论为例。当年有一种意见认为，对外汉字部件教学完全可以仿照中文信息处理的过程，从部件到整字，以最少数量的部件组装出所有的汉字，这样可以最大限度地减轻学习者对汉字基本构件的记忆负担，而且这跟"先教独体，后教合体"的看法也比较一致。但只要稍加思考，就能注意到中文信息处理与汉字教学所用部件的不同之处，并通过比较决定取舍。其一，中文信息处理的组合过程是预设的，每个字的组合过程具有排他性，而教学不然。其二，语言文字的本质是约定俗成，哪些部件可以相互组合，哪些不能，是约定而非规定。如果先教部件（或者独体字），让学习者自行组合，结果很可能出现假字或非字。不仅如此，汉字的结构方式丰富多变，有左右、上下、包围等等，不像字母文字无论是线条还是展开方向那样相对单纯。因此，切分所得部件越细小，组合过程越长越复杂，记忆负担之沉重可想而知。其三，中文信息处理的过程是由部分到整体的字形拼合过程，而学习者如果没有音和义的线索，如何了解和记忆形体的拼合过程？

又如，我们常常可以看到一些展示采用某种教学方法所得效果的文章，如果深入思考一下，有一些情况很可能影响到效果的检验。其一，是学习者所处的环境。如果是来华留学生，他们好比生活在汉语汉字的海洋里，连呛的"水"都是汉语汉字。而且一个班级的同学往往来自不同的国家和地区，在考虑教学效果时，还需要分辨哪些是通过课堂教学得到的收获和进步，哪些是从

"马路语言学"里自学所得,而这样的分辨是有一定难度的;相对而言,在国外教学时,学习者的学习环境好比孤岛,出了课堂,就很少有用汉语汉字交流的机会[①]。加上大多数学习者有同样的母语背景,对教学效果的观察也就相对单纯和可信。根据上述情况,出国任教的老师完全可以做一些这方面的调查和实验。其二,对汉字教学效果的衡量,识字量往往被视为重要的标准。然而,不能仅仅着眼于某一阶段所教汉字的数量,还要跟踪学习者对这些字的了解和使用的情况如何、对字词关系的了解如何、回生率如何以及时间和人数的相关情况如何等,才能得到比较可靠的结论。

再次,判断汉字学习的难易标准。一般认为结构简单、笔画数少的汉字比较容易。事实上,汉字书写和汉字认知的难易标准是不同的。于书写而言,笔画数少的比较容易入门;但对于认知而言,笔画数少的一些字,相互间能够造成对立的区别性特征往往很细微,从字形加工的角度看,并不那么容易。例如,初学者往往较早便接触到"自己"和"已经"这样的词,教师常常会提醒学习者注意"己""已"字形的区别全在最后一笔是否出头,收到比较好的效果。但也不乏将出头之"已"误写成"巳"的,因为书写者没有学过"巳"字,只注意了是否出头,而不知道不能封口。不仅如此,书写与书法的难易标准又有所不同。对于初学者来说,笔画少的比较容易,用学生的话来形容,那些笔画多的字"不知如何下手"。那是因为他们还没有完全习惯方块格式,

---

[①] 当然也有一些"马路语言学"的影响,例如有的学生会告诉老师"我的中国女朋友说……",但毕竟是少数。

对把不同笔画数（最少的 1 画，最多的 36 画）的汉字均匀地分割空间、相互协调缺少掌控能力。学习书法则不同，学习者很快注意到，有些笔画少的字比笔画多的字难写——只要有一笔（尤其是首笔）不妥，后面极难补救。

文献工作的粗疏除了检阅量不够外，对细节熟视无睹的情况也较常见。例如不少文章都以周有光《汉字声旁读音便查》作为观察形声字声旁表音情况的重要依据。然而相当一部分人忽略了周先生序言中对自己统计原则的说明："把部首以外的半边一概视作声旁（实际是暂借声旁这个名称）"（周有光，1980：序言）。

三、目标与课题

在对外汉字教学研究方面，经常可以看到这样的现象：在某一段时间，大家关注的问题比较接近，于是形成了某个时期讨论的热点，而且有不少是参照国外学者对其母语文字的研究。由于国外第二语言教学比汉语二语教学的历史要长得多，经验也丰富得多，引进国外的观察角度和研究方式，无疑是一种进步。但与此同时，不少文章从选题到方法都有雷同之处，给人以"套用"与"跟风"的印象。这一方面是未能将国外的成果和经验经过消化用于汉语汉字的研究，另一方面则是自身文献工作失之粗疏，又未能沉下心来观察与深入思考，找不到适合自己的研究课题。事实上，为了打破汉字教学的瓶颈，有很多课题需要业内人士的共同探讨。试举出一些亟须解决的问题供参考。

3.1 教学的目标是传授汉字知识还是培养和提高学习者认知和书写汉字的能力

以往,汉字教学主要安排在一年级,包括书写与认读两方面的内容,教学方式以教师讲授和学生操练为主。一年级以后,汉字课常作为选修课,以讲授汉字的发展演变等常识为主。对不参加选修的学生来说,一年级的汉字书写训练很可能就是他们学习汉字的全部经历。无论哪一种情况,稍加观察,不难看到,其中缺少对汉字认知内容的安排以及帮助学习者主动了解和认识汉字符号体系的有关内容。我们常常满足于已经教给学生哪些知识,他们认识并能够正确书写多少汉字,而没有进一步注意到如何通过能力(包括理解、联想、分类等能力)培养,让他们对汉字的感觉由"非常难"或"难"变为"不太难"甚至"不难"。较少考虑到他们离开课堂以后是否能够仍然保持对汉字的浓厚兴趣、有主动学习和继续了解并掌握汉字的能力。事实上,这不仅是我们教学目的之所在,而且这个目标经过一定的努力和比较科学的设计是可以达到的。我们需要对汉字教学做出全面规划,其中包括书写和认知两方面的内容,并对不同对象、不同阶段的具体目标、内容、手段和教学方法等做出设计①。

3.2 对外汉字教学的总体设计主要指如何妥善安排汉语教学与汉字教学的关系

首先,有关"先语后文"还是"语文并进"的讨论曾经持

---

① 万业馨曾经在瑞士苏黎世大学进行汉字强化教学试验时撰写教材《中国字·认知》(汉德/汉英版),教学对象是已经有过一学期(14周)汉语学习经历、学过400多个汉语词语和200多个汉字的学生。而适用于其他程度学习者的汉字教材还有待开发。

续多年,早在20世纪80年代,就已经有这方面的试验。在"先语后文"的做法效果不理想的情况下,"语文并进"便成了无奈的选择(有关教学试验参见李培元、任远,1986)。但在相当长的时间里,这种"并进"往往表现为"随文识写",实行起来也并不轻松,有一些出现很早的"文"并不容易写(例如"谢"),有些字形简单的却出现得比较晚。可见,仅仅决定原则和一刀切的做法远远不够,必须深入思考、细致分析,做出更为合理的安排。例如瑞士苏黎世大学汉学系在这方面的安排就给我们提供了很好的参考。他们的做法是把汉字教学内容分成两阶段,第一阶段是"语文并进而不同步",即学生先学会书写结构简单的汉字(如数字等),目的在于培养学生的"字感"——不同于母语文字线条的汉字笔画形态、汉字的方块格式、独体和合体两种结构等。第二阶段才进入"随文识写"①,与语言教材中的词语挂钩。

其次,现代汉语词汇以双音节词为主,但自然语言的实际情况是单、双音节词混用,因此,学生首先需要切分句子,对所得单位是不是词②做出判断。此后的学习过程往往是由整词到组成词的字③。让学习者认识到字是有意义的、同一个字可以跟其他不同的字组合成词、字在词中的位置变化可以造成不同的词义等,需要有一个过程(陈绂,1996;吴晓春,2000)。如何帮助学生

---

① "随文识写"阶段还要根据字词的常用程度等参数对练习的量以及要求分级处理。

② 通过学生是否"误解"甚至"不解"可以了解到学生对切分所得语词的判断是否正确。例如有一个被字句:"她的钱包被小偷偷走了。"不少学生不能理解。究其原因,是学生先学过"偷偷"这个词所致。北京大学东门附近一饭店名为"满盆香水煮鱼",也是一些初学汉语的留学生很难理解的。

③ 为行文方便,文中用"字"而不用"语素"的说法。

缩短这一过程是教学研究的课题之一。

3.3 如何吸取前人研究成果与教学经验，做到"古为今用"

翻检古代文献及汉语文字学的研究成果可以看到，分析汉字字形结构（如《说文解字》等字书）、分析语音构成并以类相从，是汉字与汉字教学研究的基础[①]，而如何利用这些成果帮助教学值得深入思考。

形声结构是汉字的主要结构方式，从战国晚期形声化完成直到现行汉字，形声字在全部汉字中始终占80%左右，显然，形声字教学是汉字教学的主体。由于在相当一段时间里，教学内容以形声字的形旁（意符）为主，而忽略了声旁（音符）的教学，加上音符本身情况复杂，因此学习者将"见字不知音"作为初学汉字时"认读"方面的最大困难（石定果、万业馨，1998）。

如何进行形声字教学？形旁（意符）的教学难度相对较低，但也有一些需要注意的地方。绝大多数形旁不能直接表示它所组成的形声字的具体意义，而只是模糊的类概念，甚至有些只是跟意思有关，它的主要功用是区别。而且形旁所表示的意思常常跟造字之初的情况有关，经过漫长的发展演变过程，有一些形旁的意思已经"时过境迁"，但由它们可以追寻古代文化的踪迹。例如"桌""椅"都从"木"，由此可以知道古代的桌椅多为木制，而现在则已有变化。

声旁（音符）的教学比较复杂，尤其是经过历史音变加上方

[①] 外国学者在这方面的工作值得称道，例如德国学者顾安达与沈孟坤雅曾经分别对汉字所用意符和音符做过深入研究，写成博士学位论文（德文）并出版。沈孟坤雅还将她的研究成果《声旁能不能在对外汉字教学中发挥作用？——声旁问题的再考察》提交给第六届国际汉语教学讨论会。

言影响，往往不能直接根据声旁读音读出其所组形声字的读音。不少人对此抱有悲观情绪，并因此影响了教学方面的主动与积极态度。如果深入思考一下，不难注意到这种悲观情绪与如何看待声旁的表音能力有关。我们认为，一是不能完全以声旁是否与它所组成的形声字读音完全一致作为衡量声旁表音能力的唯一标准。语音的发展演变是有规律的，表现出一定的系统性。例如，从"者"的形声字（较常用者）根据读音大体可以分为以下几组：都赌堵睹；著煮诸猪；署暑。因此，通过同一声旁形声字来了解汉字读音线索源于汉字具有间接表音功能。二是必须面对声旁表音情况的事实，不必抱怨，不必自惭形秽，而是应该把重点放在观察前人有什么可以值得借鉴的经验和措施，通过哪些方法可以帮助学生了解声旁的作用。例如"青"和"马"本身属于常用字，组成的形声字（请清晴情蜻，精睛；吗码妈蚂骂）读音相对整齐，可以先教声旁字①"青"和"马"。而像"喝渴""快块""号考巧"的声旁字（曷、夬、丂）在今天属于不常用字甚至是生僻字，不必教给学生，以免增加记忆负担。

3.4 借鉴母语教学经验与促进母语教学的改进

对外汉字教学常常需要参照母语教学的做法。但与此同时，必须分清两者的不同之处。

首先，母语教学中的汉字教学，对象多为小学生，对外汉字教学的主要对象是成年学习者；其次，小学生在入学以前已经有2 500—3 500口语词的学习基础，而外国初学者没有；第三，小学生生活在母语环境中，他们耳濡目染的都是汉语词语和汉字。

---

① 可以充当声旁的字我们称之为"声旁字"。

他们心里已经存有关于方块汉字的初步感知。而上述这些，外国学习者都不具备。初学汉字时，稚嫩的小学生缺少的是把字均匀写入方格的驾驭能力；而外国学习者除此之外还要加上对汉字笔画与字母文字线条的不同之处、对方块格式的感知。无论是小学生还是外国学习者，都需要从笔画数比较少、结构相对简单的字开始学习书写。不同的是，在这一过程中，小学生只要明确字形所联系的词语，马上就可以明白汉字所对应的读音和意义。而外国学习者还需要先弄清词的读音和意义，然后在字词之间建立联系。

外国学习者普遍认为汉字"难认、难记、难写"，即使是中国小学生，对语文学习同样感到不堪重负。稍加观察，不难注意到两种教学的共同特点：汉字都是一个一个教，一个一个学，缺乏归纳与系联，好比一盘散沙。可见问题出在汉字认知方面，我们的教学设计和方法存在缺陷。外国成年学习者的逻辑思维能力远胜于中国小学生，如果他们能够了解到汉字以形声字为主这一事实，从形旁和声旁入手加以分析和归纳，纲举目张，可以极大地减轻记忆负担。在以往的印象中，来自日本、韩国这些属于汉字文化圈国家的学生有使用汉字的经历，汉字学习对于他们不是大问题，对于来自非汉字文化圈的学生则是难题。从使用汉字的角度看，这基本上是事实。但如果深入观察，有一些现象值得注意。在1997年对北京语言文化大学外国留学生汉字学习情况的一次小型调查中，日、韩学生普遍觉得汉字不难或者不太难，这与他们对汉字没有陌生感，在学习时能够比较好地完成书写有关。然而在判断形声字声旁和形旁（要求分别指出"妈吗码蚂骂"等字中的"马"和"江河湖海汗清深"中的"氵"是声旁还是形旁）

时，来自欧美等国的留学生答题正确率两项均高达100%，好于日、韩学生（声旁85%，形旁100%）。显然，日、韩学生跟大多数中国人一样，会使用汉字，但对汉字的理性知识了解有限，而欧美学生的情况正好相反（石定果、万业馨，1998）。这不禁让人想起王元化先生（2002）曾对中西方思维方式的不同做过如下描述："中国的思维方式是体知（即重意会，不重言传）。西方的思维方式是认知（即现在一般哲学中所谓知性认识）。"另一个例子是，一位德国留学生来北京开始学习汉语，才过了三四个星期，就自己编了一个故事《王、儿子和士》，用三个人的对话来介绍汉字知识（部件、结构等）。故事里，用部首来写自然界的一些东西（例如日月风雨、金木水火土等）①。可见改进"一盘散沙"式的教学在对外汉字教学中是有一定认识基础的。如果"一盘散沙"式的教学能够在对外汉字教学中得到改变，所得经验完全可以反过来影响和推动母语教学。

不仅如此，对汉字分析归纳、形成纲举目张的局面，对书写有极大的促进作用。由于形旁和声旁的明确以及它们在一组组汉字中多次反复出现，必将有利于他们对形声字组成成分的记忆并提高书写的正确率。

3.5 教材的编写原则与教学方法的改进

教材和教法的重要毋庸赘言。然而，怎样才能有好的教材和好的教法？

无论是本体研究还是教学研究，都需要在前人成果的基础

---

① 此事承德国学者沈孟坤雅见告，详见万业馨《应用汉字学概要》2012版第202页。

上有所前进,即所谓"前修未密,后出转精",然而在教材写作和教学方法的制订方面,却需要"以简驭繁",这也是本体研究成果转换为教学资源的重要课题。例如有关汉字笔形的讨论尽管没有完全形成共识,但讨论日渐细致而深入确是不争的事实。然而如果不假思索就把某种讨论结果直接逐项写入教材,还要加上详细讲解和反复操练,非两周左右不能完成。试问,学生有何感受——仅汉字笔画一项就费时如许,要学那么多汉字怎么了得?显然,教材首先需要将汉字符号体系的各种事实化繁为简、化难为易展示给学生。此其一。

教材的内容需要慎重选择,像上文所述只重视意符而忽略音符,明显有所偏废,学生也就很难真正了解汉字,他们在学习中得到的汉字符号体系的印象形同盲人摸象。但并不是所有的内容都需要直接介绍或说明,在教学设计中必须审慎决定:哪些必须出现,哪些需要设计后决定出现方式,哪些只需简洁介绍,把更多的内容留待有兴趣的学习者日后进一步思考和认识。此其二。

学习过程中获得的成就感是继续学习的重要动力,而这一点常常被忽略。我们在国内不止一次见到这样的现象:孩子经过努力,得到了比较好的成绩(例如九十分以上),而父母的反应常常是批评或指责:"你为什么没得一百分?"孩子没有从父母那里得到一点点对自己努力的肯定,十分沮丧。可见,恰如其分地适时肯定学生的每一个进步是非常必要的,更重要的是通过一定的方法与手段让学生自己得到成就感。欧洲很多学校的教学负责人都是第二语言学习者,他们不仅经常从"学什么,怎么学"出发,而且了解怎样才能树立更多的自信。因此他们的一些做法值得我们借鉴。例如学习新的内容时,教师不是立即要求学生把注意力集中在新词新字的学习，而是请学生把新内容里已经学过的字词用带颜色的笔画出来。大家看到自己已经学了不少，成就感油然而生，而生词生字也就显得不那么多了。这看似一个很小的细节，但学生的感觉明显不同。此其三。

因此，怎样从学生的主动学习、主动发现汉字符号体系的特点出发编写汉字教材，怎样通过精心设计采取有效手段比较全面地展示汉字事实并有利于汉字认知，是当前汉字教材编写必须思考的问题。

参考文献

[1] 艾伟（1949）《汉字问题》，北京：中华书局，又见：艾伟（2017）《汉字问题》，北京：商务印书馆。

[2] 陈绂（1996）谈对欧美留学生的字词教学，《语言教学与研究》第4期。

[3] 顾安达、江新、万业馨主编（2007）《汉字的认知与教学——西方学习者汉字认知国际研讨会论文集》，北京：北京语言大学出版社。

[4] 康加深（1993）现代汉语形声字形符研究，见陈原主编《现代汉语用字信息分析》，上海：上海教育出版社。

[5] 李大遂（1999）从汉语的两个特点谈必须切实重视汉字教学，见吕必松主编《汉字与汉字教学研究论文选》，北京：北京大学出版社。

[6] 李培元、任远（1986）汉字教学简述——对外汉语教学发展史之一章，见《第一届国际汉语教学讨论会论文选》，北京：北京语言学院出版社。

[7] 吕必松主编（1999）《汉字与汉字教学研究论文选》，北京：北京大学出版社。

[8] 吕必松、陈亚川、朱德熙等（1989）纪念《语言教学与研究》创刊

10周年座谈会发言（摘登），《语言教学与研究》第3期。

[9] 彭聃龄主编（1997）《汉语认知研究》，济南：山东教育出版社。

[10] 彭聃龄主编（2006）《汉语认知研究——从认知科学到认知神经科学》，北京：北京师范大学出版社。

[11] 裘锡圭（1985）汉字的性质，《中国语文》第1期。

[12] 石定果、万业馨（1998）关于对外汉字教学的调查报告，《语言教学与研究》第1期。

[13] 孙德金主编（2006）《对外汉字教学研究》，北京：商务印书馆。

[14] 孙德金主编（2009）《对外汉语教学研究论著索引（1950—2006）》，北京：商务印书馆。

[15] 万业馨（2012）《应用汉字学概要》，北京：商务印书馆。

[16] 万业馨（2014）《中国字·认知》（汉英版），北京：商务印书馆。

[17] 万业馨（2014）《中国字·认知》（汉德版），北京：商务印书馆。

[18] 万业馨（2014）《〈中国字·认知〉教师用书》，北京：商务印书馆。

[19] 王元化（2002）致张光年，《文汇读书周报》第5期。

[20] 吴晓春（2000）FSI学生和CET学生认字识词考察，《首都师范大学学报（社会科学版）》S3期。

[21] 易洪川（2001）折笔的研究与教学，《语言文字应用》第4期。

[22] 张旺熹（1998）中国对外汉语教学学会第六届学术讨论会论文述要，《世界汉语教学》第3期。

[23] 张旺熹（2000）第六届国际汉语教学讨论会论文述评，《世界汉语教学》第1期。

[24] 周有光（1980）《汉字声旁读音便查》，长春：吉林人民出版社。

[25] 朱一之（1985）谈近年来对外汉语教学的研究——从《语言教学与研究》编辑工作中看到和想到的，《语言教学与研究》第4期。

大分散、小集中:"语文同步"模式下的汉字教学法思考*

李润生

一、"语文同步"模式下的汉字教学

　　汉字教学一直是对外汉语教学领域的老大难问题,之所以"老大难",主要是以下两个问题长期难以得到圆满的解决:(1)汉语与汉字的矛盾怎么协调?(2)在已选定的汉语教学模式下,如何有效地开展汉字教学?

　　汉字是表意文字,它根据词的原初意义来构造自己的个体字符,属于形义统一的符号系统。汉字构形系统是形义结合,而汉语的词汇系统是音义结合,两者的关系在教学上常常很难调和。吕叔湘(李行健等编,1995:274—275)说:"小学低年级语文课的症结在于识汉字和学汉语的矛盾。……七岁半儿童的语言已经相当丰富了,但是他不认得汉字,得一个一个学起来。课文要'白手起家',就很难编得内容丰富,语言生动,符合发展儿童语言的要求。只能以识字为先,语言的学习退居次要的地位","在

---

* 原文发表于《国际汉语教学研究》2017年第3期。

同一课文里进行汉语教学和汉字教学,互相牵制,课文很难编。编的人煞费苦心,还是顾了这头顾不了那头,以致两头都顾不好。这是多年来没有解决的困难问题,是一个难关"。小学识字教学是如此,对外汉字教学亦是如此。

为了解决学汉语与学汉字的矛盾,几十年来,对外汉语教学界进行了多次教学实验,设计了处理语文关系的几种教学模式:

(1)先语后文。先学拼音,不学汉字,五六个月内学生掌握了几百个生词以后,再采用集中识字法学习汉字。这样做集中了难点,学生吃不消,该教学模式被否定(李培元、任远,1986)。

(2)语文分开。听说与读写分别设课,听说课训练口语交际能力,读写课按汉字的结构规律出汉字。这种教学模式,1975年曾进行过教学实验(李培元、任远,1986);近年来,有人再次倡导,并编写了教材(张朋朋,2007)。该教学模式下的汉字教学效果未见到相关实验报告。

(3)先文后语。这种教学模式提倡先教汉字再教汉语,将汉字作为"基本教学单位",当掌握了汉字以后,再由字组词,由词组句,组句成篇,掌握书面汉语以后,再过渡到口头表达。这种教学模式基于"组合汉语"理论(吕必松等,2007),它在汉语与汉字关系的处理上可谓"一反传统":由汉字学习的顺序来决定汉语学习的内容和序列,但在汉字教学法上依然是"一仍旧贯":从笔画教起,进行由笔画到整字、由笔画到部件到整字的组合教学。该教学模式的汉字教学效果如何,还未见到相关实验报告。

(4)语文同步。汉字呈现方式与学习顺序完全从属于课文和生词，汉语与汉字、听说与读写同步进行。这是当前国内对外汉语教学界普遍采用的汉语教学模式。在这种主流的教学模式下，汉字教学又是如何进行的呢？总体看来，有以下三种方式：

第一种是以书写为中心的汉字教学。从1950年对外汉语教学起步到现在，这是最常见的汉字教学方式。最开始约两周为拼音教学阶段，教汉字的基本笔画和笔画较少、构字能力强的字素（即构字部件，多数是独体字）；进入课文阶段以后，学习课文的同时认、写汉字（李培元、任远，1986）。教汉字时采用最多的办法是认读、抄写、听写。这种教学方式将汉字当成书写符号，汉字教学沦为汉语教学的附庸，已受到不少人的质疑。

第二种是独立设课的汉字教学。为了能按照从简单到复杂、由易到难、循序渐进的顺序进行汉字学习，即按照"从笔画到部件，从部件到整字，由独体到合体"的汉字组合规律进行学习，有些学者主张开设独立的汉字课。这种独立设课的汉字教学效果如何呢？据调查，存在的问题不少：脱离语境，单调枯燥；偏重汉字知识，难以消化；与精读课所学的字重复，形同复习（王汉卫，2007）。更为重要的问题是，这种汉字教学思路，本质上仍是书写教学。而科学的汉字教学除了书写教学以外，更为重要的内容是汉字的认知，包括字形识别、读音认知和语义获得等内容（万业馨，2009）。当前针对汉字零基础的学生开设的汉字课，汉字教学思路、汉字教材和汉字教学效果等都还不能令人满意。

第三种是"大分散、小集中"的汉字教学。崔永华（2008）认为："对外国人的汉字教学可以借鉴中国儿童学习汉字的过程和方法。"对外汉语"语文同步"教学模式本质上与小学低年级"随课文分散识字"（斯霞，2001）教学思想一致。因此，我们借鉴小学识字教学中的"分散识字法"来改进对外汉字教学：识字任务分散在一篇篇课文中，在语境中识字；讲解个体汉字时渗透汉字构形特点；通过阶段性总结归纳，认识汉字构形规律。我们在对外汉语教学中曾初步实验过这种汉字教学法，本文主要阐释这种教学法的相关教学理念和教学设计。

二、"大分散、小集中"的汉字教学理念

实施"大分散、小集中"汉字教学法，首先需要正确认识当前"语文同步"教学模式中存在的问题：（1）学什么话写什么字，没有有效发挥汉语拼音的作用；（2）片面强调书写，忽略了词汇教学与汉字教学之间的有机联系；（3）认写同步，忽视了汉字学习是一个分层次、分步骤的逐步积累的过程。

对于以上问题，不少研究者提出了很好的改进措施（周小兵，1999；万业馨，2001、2007、2009；江新，2007；王汉卫，2007；崔永华，2008；李泉、阮畅，2012）。吸收已有研究的合理意见，借鉴小学识字教学的有益经验，"语文同步"教学模式下的"大分散、小集中"汉字教学法在语文关系的处理时的理念如下：

2.1 随文识字，拼音辅助

"语文同步"模式历来重视口语教学，也非常重视汉语拼音在口语教学中的重要作用。教学过程中，汉语拼音常伴随汉字出现在零基础到最初 600 词左右的学习时段。汉语拼音的介入，极大地缓解了初学者"见字不知音"的困难，方便非汉字文化圈的学生利用他们擅长语音的优势学习汉语口语。

然而，传统的"语文同步"教学并没有有效利用拼音的帮助来安排汉字教学。例如，拼音阶段结束后，马上进入汉字学习阶段，教什么生词，就学习认写什么汉字，教材练习题、课堂练习题、配套的听力教材、阅读教材以及各类测试辅导资料几乎全是以汉字的面目出现，没有汉语拼音的伴随。这种汉字呈现方式虽然可以强迫学生硬记汉字读音，防止学生形成依赖汉语拼音学习汉字、汉语的习惯，但是其负面效应也是显著的：第一，这种汉字呈现方式给刚开始接触汉字的学生造成了极大的学习困难；第二，"语文同步"教学模式因此受到广泛质疑，这方面的经典例子是，第一课教"你好、谢谢、再见"这些最常用的话，就得写"你、好、谢、再、见"几个字。

其实，如果有效地利用汉语拼音，允许课文中繁难的字（如第一课的"谢、再、见"等）在练习、测试等配套学习资料中出现时以拼音伴随汉字，允许学生用拼音代替非必学汉字答题，那么课文中即使出现了繁难的汉字也不会妨碍口语的教学，而且汉语拼音的适当介入也为有重点、有计划地安排汉字教学创造了便利条件（如第一课可以只教"亻〔你〕""好"等部件或汉字）。

由此可见，随课文识字为汉字教学创造了合适的语境，同时大胆、有效地利用拼音工具，可以有步骤地安排汉字教学的内容与序列，可以有计划地确定每一课的必学汉字，从而很大程度上缓解汉语教学与汉字教学的矛盾。

2.2 多认少写，重点突出

借助拼音随课文识字，为学生根据汉语口语学习进度多认读汉字创造了条件。随着词汇量的增加和语言水平的提高，学生所接触的汉字量也进一步增加，在"多认"的教学目标下，学生对汉字的熟悉度也会随之提高，这又为有重点地讲解汉字创造了条件。

多认少写，不仅指汉字数量上要多认少写，更重要的是在教学时间安排上也要"多"认"少"写：同一个字，认读的时间要比书写的时间多。与此同时，"认"与"写"的内涵，也需重新界定："认"除了再认和回忆汉字的音和义以外，更重要的是认识和掌握汉字的构形特点、构字理据、构件功能、字际关系等等；而"写"不是重复抄写，不是死记硬背，而应该是在理解字理与构形关系的基础上，通过动手强化记忆理解了的内容，通过书写将其认知结果可视化。

基于以上认识，"大分散、小集中"教学法看待认字与写字的关系是：以"认"为中心，以"写"为辅助；"认"不仅在于认识汉字的广度，更在于理解汉字的深度；"认"中之"写"是为了消化，消化后之"写"是为了熟练。

要实现以上"多认少写"的目标，汉字教学就不能面面俱到。也就是说，不能见一个字讲一个字，碰到什么字讲什么字，而是要根据课文生词出现的顺序，根据词汇与汉字之间的关系，精心挑选能讲的、可讲的汉字，让学生真正理解汉字的结构特点与构形规律。

2.3 字词结合，分层教学

汉字与词汇有密切的关系。从理论上看，由于汉字参与了词汇的发展，从汉字形体上可以看到汉字与词语之间的联系，如单音节同源词"鱼"和"渔"、"坐"和"座"等；由于广义分化、引申等词义演变的推动，汉语中存在着大量的同语素词，如"汽车、火车、自行车、摩托车、电动车"等；汉字字形对音同、音近的词语起着别异的作用，如"医生、一生、一身、益生（菌）"等；形声体系与词语的音义有着密切的关系，意符表示词汇意义的义类和意义范畴，声符提示相关字词的声音关系，等等。在对外教学实践上，很早就有学者提出"把字和词的教学结合起来"（李培元、任远，1986）、"字词直通、字词同步"（李芳杰，1998）；而外国学生"识词不识字"（陈绂，1996；吴晓春，2000）、"望文生义"（孙德金，2011；万业馨，2012）等现象从反面证明了汉语教学中字词结合的必要性。

因此之故，汉字教学与词汇教学须注意分工，使汉字教学与词汇教学各有侧重。汉字是形音义的统一体，但汉字的音义来自汉语的词或语素，形体才是汉字的本体。汉字音义教学的内容，本质上属于词汇教学的任务，因此，汉字如何组词、词如何运用等是词汇教学的内容。汉字教学的重点是汉字形体如何记录语言中的词或语素、字词对应关系、汉字形体的结构特点和构形规律。

将形体作为汉字教学的重点，那么，汉字应分层次教学：

第一，从字词关系看，通过拼音辅助，字形掌握滞后短期内不会对词汇音义的学习和口语能力的提高造成很大影响，因此，汉字"四会"应根据不同情况分别做出要求。

第二，从字符特点看，现代汉字是历史的产物，承载了不同历史层面字词演变的结果，现代汉字字符系统内部存在着规则与不规则并存、有理据与无理据并存、形义统一与形义疏离并存、声符表音一致与差异很大并存等种种复杂情况。汉字教学应先教规则的、有理据的、形义统一的、声符表音一致的汉字，当学生积累的已识字有了一定数量、基本熟悉字符的结构规律以后，再有计划地教那些难以纳入规律之中的汉字。

三、"大分散、小集中"的汉字教学设计

根据"大分散、小集中"汉字教学法的教学理念，我们以北京语言大学出版社出版的《成功之路·起步篇》的1和2[①]（以下简称《起步篇》）为随文识字汉语教材，探讨如何在"语文同步"模式下设计汉字教学。

《成功之路·入门篇》[②]共8课，为拼音教学阶段；《起步篇》开始进入汉语与汉字同步教学阶段[③]，《起步篇》共28课，生词量约600个，生字约480个。

《起步篇》是汉字学习的入门阶段，这个阶段的汉字教学目标是：培养正确的汉字观，掌握一批初级积累字，掌握正确的汉字学习方法。首先，在《起步篇》阶段，汉字零基础的外国学习者要实现汉字零的突破。

"做任何事，突破零是最难的"（王宁，2010），来自使用拼音文字国家的成年学习者从一开始能否树立起正确的汉字观念，对以后的汉语和汉字学习有着重要影响；其次，学生掌握300—500个初级积累字，才能为按照汉字的结构特点和构形规律学习汉字创造条件；再次，从一开始训练学生运用正确的汉字学习方法学习汉字是以后自主学习汉字的重要基础。

为达到以上目的，《起步篇》汉字教学设计如下：

[①] 杨楠《成功之路·起步篇》（1、2），北京：北京语言大学出版社，2008—2009。
[②] 张辉《成功之路·入门篇》，北京：北京语言大学出版社，2008。
[③] 《起步篇》课文和生词是汉字加拼音双行，而课后练习和练习活页只出汉字，拼音没有伴随汉字出现，不符合本文"大分散、小集中"汉字教学法的教学理念。因此，教师需对这些课后练习与练习活页根据教学需要进行重新编排。

3.1 随课文分散学习

（1）明确重点讲解字的选取标准。从每一课的生词中提取重点讲解字，其选取标准是：形义统一与音形统一。也就是说，词或语素在本课的意义能解释字形的构意，其声音与整字或声符的声音相同或大体一致①。例如，第6课双音词中的汉字，"请问"中的"问"讲解；"起床"中的"床"讲解，而"起"的语素义与"走"疏离，且"己"出现于第19课，故暂不讲解；"现在"中的两个字都不讲解。

（2）确定每课重点讲解字的字量。《起步篇》的课堂汉字教学可分为两个阶段：第一阶段每课重点讲解5—7个字，这个阶段主要关注构字能力强的非字部件、构意清晰的独体字、理据易懂的会意字、表音表义明确的形声字。例如第1课有23个生词：

你，好，我，叫，是，人，吗，他，不，日本，法国，加拿大，们，我们，你们，他们，她们，老师，您，学生，她，也，中国

重点讲解独体字"人"、会意字"好"、形声字"您"、部件"亻、女、子、口"②。这个阶段根据学生情况可以持续到第14课前后。

---

① 这里所说的"声音大体一致"，指不计声调差异，声母发音部位相同或邻近、韵母的主要元音相同或相近。

② 需要说明的是：我们所选择的重点讲解字指精读课中"汉字教学环节"的教学内容。我们的意思并不是说，除了这些字以外，别的生字不重要或者不需要教。汉字教学不能固执地认为只限于"汉字教学环节"的教学，其实，在语法教学中，如果重点字、词反复出现、反复使用，会让学生自然地记住这些字、词（如第1课的"是"与"不"），从而达到不教而教的效果。所以，并不是所有的汉字都需要刻意地分析字形，进行讲解。

第二阶段，每课5—7组，学习10—14个字。随着前一阶段汉字的积累和词汇量的增加，这个阶段要在系联和对比中了解汉字的部件、部件的功能、汉字的结构层次以及字际之间的关系，等等。例如第15课的生词有：

> 时间，从，路，说，到，等，一块儿，车站，站，邮局，寄，封，门，语音，语法，汉字，字，口语，从……到，节，第，姓，教

重点分析会意字"间、从、字、姓、教"等的形义关系（"字、姓"兼声）；复习"说、语"的意符"讠"；讲解"等、第"的意符"竹"，并简单介绍其构意来源；由"时、间"系联第5课的"昨、明、星"，复习意符"日"；由"寄"系联第12课的"骑"、由"第"系联"弟"，了解声符的作用；由"站"系联学过的"点"和"店"，了解形声字的声符和意符。

（3）按照"由词语到汉字、由整字到部件"的程序讲解。词汇教学是汉字教学的先导，字词的音义是分析汉字形体的基础，这是"大分散、小集中"教学法的基本理念。这种理念是符合汉语、汉字认知习得规律的，"汉语和汉字的认知过程从本质上说是一个分解的过程而非拼合甚至简单的展现过程"（万业馨，2009）。

例如，讲解第18课"交"字，首先要讲清楚生词"交通"的意思及其中"交"的语素义[①]。当学生大致明白"交"的语素义以后，再通过图片展示"交"的原初构意：像人两腿交叉之形。然后，借助图片因势利导说明"交"的构形与意义："交"最上

[①] "交通"的构词理据是"交错相通"，当指"运输工具或运输系统"义时，"交通"成为结合紧密的复合词。教师讲解这个词的构词理据时，可以通过画图（比如交错的道路等）等通俗易懂的方式简要说明构词语素"交"与"通"的含义。

面一点最初表示"头颈",一横最初表示张开的双手,中间八字形和下面的撇捺是交叉的双腿形拆开后形成的笔画;这个具体形象表示"交"字的意义是"交错"。"交"的字音,要通过"交通"这个词来记忆,此外,教师还可以系联第 7 课"学校"的"校",通过比较,让学生进一步熟悉"交"与"校"的读音,并初步了解形声字及其声符的特点。

3.2 "小集中"归纳学习

在随课文分散讲解汉字的过程中,"小集中"归纳一般在教学的进程中随时穿插,具体说来,有两种形式:

(1)讲解生词生字时的集中。讲解每一课生词生字时,教师首先将本课的和以前学过的同部件字,以及其他具有相同、相似特点的字归纳起来。讲解时,教师将相关字词对应排列展示出来,先启发学生自己在观察中分析、在联系中比较,之后教师再分析、总结。

例如,第 8 课的生词有:

> 房间,里,里边,外,外边,桌子,把,椅子,书架,柜子,墙,上,上边,左,左边,右边,右,旁边,旁,呢,下边,下,中间

讲解这些生词时,将"房间、旁边"以及第 7 课的"地方"排列在一起,启发学生观察、比较"房、旁、方"三字的字形特点与声音关系,然后引导学生认识形声字的特点;将"桌子、椅子、书架、柜子"排列在一起,适当结合传统木制家具图片,启发学生观察、认识"桌、椅、架、柜"四字的字形与意义;将"左、右"以及第 2 课的"有"、第 4 课的"友"放在一起,归纳"ナ"在

这些字中所表示的意义,结合图示,让学生认识会意字的构字方式。

（2）适时分阶段归纳总结。当学生的词汇量、汉字量积累到一定程度时,适时对具有某一相同特点的汉字进行归纳:可以把同意符字、同声符字、意符和声符位置相同的字、形体相似的字等具有相同属性的汉字归纳起来,从而了解汉字的结构特点和构形规律;可以从词义出发,把同一语义场、同一义类的词语集中起来,了解表达相同、相关意义部件之间的关系,进而了解汉字与词汇之间的关系,如表示时间、颜色、人体、家庭成员的字词等。这种汉字教学方式,小学集中识字教学法有很多成功的经验,对外汉字教学中也常常运用。限于篇幅,例证从略。

总之,运用"大分散、小集中"教学法,《起步篇》可讲解30多个成字意符,如"人、女、口、手、心、目、自、木、土、刀、子、日、火、工、车、门、矢、米、马、山、身、水、衣、页、月、竹、足、走、雨、贝、禾"等;可讲解10多个构字能力强的非字意符,如"亻、氵、讠、宀、广、纟、钅、艹、忄、囗、忄、辶、尸、扌、疒"等;可讲解10多个声符,如"人、门、马、其、生、巴、方、召、司、占、艮、枭、青、交、元"等;可讲解约70个传统象形字、指事字、会意字,再通过比较、系联,可以学习约200个形声字,这些字加起来,占了《起步篇》生字量的一半左右。

四、结语

近几十年来,对外汉字教学研究在汉字本体研究、汉字习得研究和汉字教学研究方面取得了丰硕的成果,但是,本应作为汉字教学研究主要内容的汉字教学方法,却还未加以充分的研究。小学识字教学在20世纪60年代就形成了分散识字和集中识字两大教学法,到八九十年代,十几种教学法竞相提出,争奇斗艳,形成了一个层次丰富的识字教学法体系(李润生,2015),有力地推动了小学识字教学的快速发展。与小学识字教学法研究相比,对外汉字教学法研究,除了部件教学法有较多的研究成果以外,其他则还未取得太多进展。本文概略陈述"大分散、小集中"汉字教学法的教学理念和教学设计,以期为当前"语文同步"教学模式下的汉字教学提供一种思路,也希望引起各位方家对对外汉字教学法研究的关注与重视。

参考文献

[1] 陈绂(1996)谈对欧美留学生的字词教学,《语言教学与研究》第4期。

[2] 崔永华(2008)从母语儿童识字看对外汉字教学,《语言教学与研究》第2期。

[3] 江新(2007)针对西方学习者的汉字教学:认写分流、多认少写,见顾安达、江新、万业馨主编《汉字的认知与教学——西方学习者汉字认知国际研讨会论文集》,北京:北京语言大学出版社。

[4] 李芳杰(1998)字词直通 字词同步——关于基础汉语阶段字词问题的思考,《语言教学与研究》第1期。

[5] 李培元、任远(1986)汉字教学简述——对外汉语教学发展史之一章,见《第一届国际汉语教学讨论会论文选》,北京:北京语言学院出版社。

[6] 李泉、阮畅(2012)"汉字难学"之教学对策,《汉语学习》第4期。

[7] 李润生(2015)汉字教学法体系及其相关问题研究,《语言教学与

研究》第 1 期。

[8] 李行健等编（1995）《吕叔湘论语文教育》，郑州：河南教育出版社。

[9] 吕必松、赵淑华、林英贝（2007）《组合汉语知识纲要》，北京：北京语言大学出版社。

[10] 斯霞（2001）对随课文分散识字的看法，《课程·教材·教法》第 2 期。

[11] 孙德金（2011）从汉语作为第二语言的角度看汉语"词"的问题，《玉溪师范学院学报》第 5 期。

[12] 万业馨（2001）对汉字认知汉字教学并语文关系的几点看法，《语言研究（增刊）》1—6。

[13] 万业馨（2007）试论汉字认知的内容与途径，见顾安达、江新、万业馨主编《汉字的认知与教学——西方学习者汉字认知国际研讨会论文集》，北京：北京语言大学出版社。

[14] 万业馨（2009）略论汉字教学的总体设计，《语言教学与研究》第 5 期。

[15] 万业馨（2012）《应用汉字学概要》，北京：商务印书馆。

[16] 王汉卫（2007）精读课框架内相对独立的汉字教学模式初探，《语言文字应用》第 1 期。

[17] 王宁（2010）科学地选择识字教学中的初期积累字——谈小学识字教学的科学性之一，《江苏教育（小学教学版）》第 4 期。

[18] 吴晓春（2000）FSI 学生和 CET 学生认字识词考察，《首都师范大学学报（社会科学版）》第 S3 期。

[19] 张朋朋（2007）语文分开、语文分进的教学模式，《汉字文化》第 1 期。

[20] 周小兵（1999）对外汉字教学中多项分流、交际领先的原则，见吕必松主编《汉字与汉字教学研究论文选》，北京：北京大学出版社。

论汉字教学大纲与字表及其在国际汉语教学中的应用*

梁彦民

一、缘起

教学大纲是教学设计的指针,在整个教学过程中有着非常重要的作用。教学大纲演进的历史就是学科发展的历史。新中国的对外汉语教学已有近70年的历史,如果从1988年中国对外汉语教学学会研制《汉语水平等级标准和等级大纲》算起,对外汉语教学大纲才有30余年的历史。《汉语水平词汇与汉字等级大纲》1992年出版,《对外汉语教学语法大纲》1995年出版,《汉语水平等级标准与语法等级大纲》1996年出版,初步建立起了对外汉语教学学科的大纲体系。

汉字是汉语教学非常重要的组成部分。由于汉字自身的性质和特点,以及它与汉语相互适应的关系,汉字教学不能照搬其他语言作为外语教学的规律和方法。近年来,学界越来越关注汉字自身的特点。正像上述其他范畴的大纲或标准一样,汉字教学大

---

* 原文发表于《国际汉语教育(中英文)》2018年第3期。

纲也在随着学科的发展不断得到完善。但就实际情况而言，受到教学设计者或教材编者等主观原因及数字技术发展迅速、汉字教学大纲不断变动等客观原因的影响，汉字的"大纲意识"在一些汉语教学或教材编写实践中，贯彻体现得还不太充分。

主观原因上，从表层看，有的教学设计者或教材编者非常重视任务大纲、功能大纲、语法大纲或词汇大纲，但对汉字大纲却疏于遵从，致使汉字的安排失之随意；从深层看，综合课教材大都选择的是"随文识字""词本位"的模式，认为语言的基本单位是词，注重词汇教学，对汉语字词之间的关系把握欠妥，忽视了汉字字形本身的理据性、汉字构词的系统性。

客观原因上，一方面，近些年来数字处理技术发展迅速，人们不断扩大语料处理的容量，汉字的频率数据不断得到更新；另一方面有关的汉字教学大纲变动较为频繁，《汉语水平词汇与汉字等级大纲》之后，先后出现了《汉语国际教育用音节汉字词汇等级划分》和《国际汉语教学通用课程大纲》两个大纲，后者又在2013年修订时增加了汉字表，频繁的变化让人无所适从。

因此，我们需要立足于汉语国际教育发展需求，关注大纲，研究大纲，尽可能自觉地遵从大纲，不断提升教学科学化的水平。以下我们尝试梳理《通用规范汉字表》、《汉语国际教育用音节汉字词汇等级划分》（以下简称《等级划分》）、《国际汉语教学通用课程大纲》（以下简称《通用课程大纲》）、《中国语言生活状况报告》、《现代常用字部件及部件名称规范》（以下简称《部件规范》）等有关汉字教学大纲或字表的特点和收字状况，并就上述规范在汉字教学中的应用价值及应用方法进行讨论。

二、《通用规范汉字表》

2013年6月5日,《国务院关于公布〈通用规范汉字表〉的通知》正式发布。通知指出:"《通用规范汉字表》是贯彻《中华人民共和国国家通用语言文字法》,适应新形势下社会各领域汉字应用需要的重要汉字规范。制定和实施《通用规范汉字表》,对提升国家通用语言文字的规范化、标准化、信息化水平,促进国家经济社会和文化教育事业发展具有重要意义。"

《通用规范汉字表》的研制适应了信息时代语言生活发展的外在需要,更适应了汉字规范发展的内在需要。我国现行的汉字规范是20世纪50年代以来陆续制定的,主要包括:《第一批异体字整理表》(1955年12月22日发布);《简化字总表》(1964年发布,1986年10月10日重新发布);《印刷通用汉字字形表》(1965年1月30日发布);《现代汉语常用字表》(1988年1月26日发布);《现代汉语通用字表》(1988年3月25日发布)。这些字表对当时的社会用字都起到了重要的规范作用,"但由于这些字表是在不同时期、针对不同情况、出于不同目的制定的,相互之间缺乏照应,内部也时有相互矛盾之处;加之多种字表各自独立,非常零散,不便于使用"(王宁主编,2013)。《通用规范汉字表》遵循汉字自身的特点和使用规律,对以往汉字规范进行了全面的整合优化,既照顾了原有规范之间的衔接,又调适了各规范之间相互矛盾的地方,用一个字表覆盖了多种字表的功能。

《通用规范汉字表》共计收字8 105个,分为三级。一级字表收字3 500个,是使用频度最高的常用字集,其功能相当于原《现代汉语常用字表》,主要满足基础教育和文化普及的基本用字需要。二级字表收字 3 000 个，使用度仅次于一级字。一、二级字表合计 6 500 字，功能相当于原《现代汉语通用字表》，主要满足出版印刷、辞书编纂和信息处理等方面的一般用字需要。三级字表收字 1 605 个，是姓氏人名、地名、科学技术术语和中小学语文教材文言文用字中未进入一、二级字表的较通用的字，主要满足信息化时代与大众生活密切相关的专门领域的用字需要。《通用规范汉字表》包括正表和两个附表。正表即 8 105 字的《通用规范汉字表》，附表 1 为《规范字与繁体字、异体字对照表》，附表 2 为《〈通用规范汉字表〉笔画检字表》。

《国务院关于公布〈通用规范汉字表〉的通知》明确要求："《通用规范汉字表》公布后，社会一般应用领域的汉字使用应以《通用规范汉字表》为准，原有相关字表停止使用。"此前已经发布的其他有关的汉字规范，均需复查，涉及的规范汉字（包括字集、字量、字形等），应尽快与《通用规范汉字表》取得一致。

长期以来，汉语国际教育领域制定的各种大纲或字表，远如《汉语水平词汇与汉字等级大纲》，近如《等级划分》等，除词频字频外，都参考了《现代汉语常用字表》等有关规范。《通用规范汉字表》发布之后，面向汉语国际教育的大纲或字表、工具书、教材，均应使用规范汉字，并根据《通用规范汉字表》进行调整，尤其是参照母语汉字教育的研究，更应认真甄别，谨慎选用。

三、《汉语国际教育用音节汉字词汇等级划分》

1992 年出版的《汉语水平词汇与汉字等级大纲》，是对外汉语教学领域非常重要的一部大纲。长期以来，在对外汉语教学总体设计、教材编写、课堂教学和水平测试等诸多方面发挥了非常重要的作用。但是，"这种模式已经不能适应形势发展的要求，必须更新观念与方式，创立一个面向全球汉语国际教育的、具有鲜明时代和学科特点的新型《等级划分》来取代它"（国家汉办、教育部社科司、《汉语国际教育用音节汉字词汇等级划分》课题组编，2010a）。2010年9月，中华人民共和国教育部（以下简称"教育部"）、国家语言文字工作委员会语言文字规范（标准）审定委员会通过对《等级划分》的审定；2010年10月19日，《等级划分》作为"语言文字规范GF0015-2010"，由教育部和国家语言文字工作委员会（以下简称"国家语委"）正式发布。

《等级划分》"是汉语国际教育新兴学科的基本建设，是一种标准化、系统化、规范化、精密化的等级水平划分"（国家汉办、教育部社科司、《汉语国际教育用音节汉字词汇等级划分》课题组编，2010a）。根据正式发布的"语言文字规范GF0015-2010"，《等级划分》（国家汉办、教育部社科司、《汉语国际教育用音节汉字词汇等级划分》课题组编，2010b）"规定了汉语国际教育用音节、汉字、词汇的等级划分，给出了汉语国际教育用分级的音节表、汉字表、词汇表，体现了三维基准体系"，"适用于汉语国际教育总体设计、教材编写、课堂教学、课程测试、工具书编写和音节库、字库、词库建设，也可供计算机辅助汉语水平测试以及中国少数民族汉语教学、普通话教学参考"。

《等级划分》的基本框架包括音节、汉字和词汇三项语言要素，总体分为三个等级与三级水平：一级（初级，也称作普及化等级）、二级（中级）、三级（高级）。其中一级汉字900个，二级汉字900个，三级汉字900个，三级附录汉字300个，合计3 000个汉字。在汉字词汇关系方面，《等级划分》改变"先词汇、后汉字""以词定字"的筛选原则和顺序，打破"词汇牵着汉字走"的传统做法。首先把分级常用汉字表的筛选放在最重要、最优先的位置。汉字筛选，特别是一级汉字的筛选，主要根据为大型对话体口语语料的统计频度、日常生活和口语会话的常用度、音节的统计与覆盖率、与其他汉字搭配的构词能力、汉字书写的难易度、汉字的中华文化内涵（如"茶、筷、饺、龙"）等。其次用现代化手段对多种具有代表性、针对性、影响力的频度汉字表，分级、分层次进行交集、比对和筛选。同时遵照时代性、针对性、实用性、易联想性、可操作性五项原则，进行必要的、有限的专家干预与打磨，其中一级900字筛选结果，专家干预的比例不足5%。这样的处理方式符合汉语字词之间的关系，与以往的大纲相比体现了更高的科学性。另外从覆盖率角度而言，《等级划分》收录汉字具有高频集中的特点，保证了所收汉字的常用程度。

作为"国家标准"，《等级划分》将对汉语国际教育产生重要而深远的影响。根据国家汉语国际推广领导小组办公室（以下简称"国家汉办"）"国际汉语教材编写指南"研制组的测试报告，《等级划分》收字词的情况与汉语教材的用字用词统计结果是非常吻合的，这也从实践角度证明了《等级划分》的科学性。

虽然"语言文字规范GF0015-2010"在说明部分明确标明《等级划分》适用于汉语国际教育，即"面向母语非汉语者的汉语教育、教学，包括世界各地的国际汉语教学和中国国内的对外汉语教学"，但无论从《等级划分》的收字量（共收3 000字），还是收词量（共收11 092词）来看，与1992年出版的《汉语水平词汇与汉字等级大纲》（收 2 905 字，8 822 词）相比，《等级划分》都具有较为明显的传承性。立足于中国国内的对外汉语教学与世界其他国家的国际汉语教学两者的差异和实际情况，我们建议面向中国国内的对外汉语教学的教学设计、教材编写、研究测试等（可包括海外的汉语言专业教育或学历教育），主要参照《等级划分》；面向世界其他国家的国际汉语教学设计与研究，则建议更多参照下面将论及的《通用课程大纲》所附字表词表。

四、《国际汉语教学通用课程大纲》

为顺应世界各地汉语教学迅速发展的趋势，满足各国对汉语教学内容规范化的需求，连同《国际汉语教师标准》《国际汉语能力标准》一起，国家汉办于 2008 年组织研制并发布了《通用课程大纲》。《通用课程大纲》梳理描述了汉语作为第二语言课程的目标与内容，旨在为汉语教学机构和教师在教学计划制订、学习者语言能力测评和教材编写等方面提供参考依据和参照标准。三项大纲（标准）的发布，确立了我国统领国际汉语教学标准的权威地位，它们连同先后发布的《国际汉语教师证书考试大纲》《新汉语水平考试大纲》等，进一步完备了国际汉语教学的大纲或标准体系。

《通用课程大纲》坚持科学性、实用性、针对性、灵活性、通用性等原则，倡导"考教结合"。2008 年初版时，除了附录里的"汉语教学话题及内容建议表""汉语教学任务活动示范列表""常用汉语语法项目分级表""常用汉语 1 500 高频词语表"等表以外，大纲直接把外语教学与研究出版社出版的《汉语800字》

字表附列为"常用汉语800字表"。《汉语800字》是专门为海外汉语学习者编写的实用字典,经过对来华学习汉语的留学生的十几次问卷调查,同时参考国内外数十本教材最终选定了日常生活中最常用的800个汉字,其中多音字选常见音列出,实际字头868个,没有对汉字进行分级。《通用课程大纲》2013年修订时,大纲主体框架由五级目标等级调整为六级,对各级字、词、语法、话题等语言知识进行了更新调整。其中汉字方面,调整后附录的《常用汉字表》共计收字2 500个,分为六级,各级别汉字依次为150、150、300、400、500、1 000个。

"针对国际汉语教学从专业化日益走向大众化、普及型、应用型的发展趋势,《大纲》在编写过程中,最大可能地兼顾到小学、中学及社会人士等不同使用对象的特点,最大限度地降低了汉语学习的难度。"(孔子学院总部/国家汉办编制,2014)考虑到海外汉语教学的环境、课程、时间、教学方法等实际状况,我们建议面向世界其他国家的国际汉语教学设计、教材编写与评估、测试与研究,主要参照《通用课程大纲》所附的字表和词表,以更好地贴近教学实际。

五、《中国语言生活状况报告》

从2005年开始,国家语委开始主持编写发布《中国语言生活状况报告》,报告每年向社会发布语言生活的各种调查报告和实态数据,较为全面地介绍国内外语言生活,研究现实的语言生活问题。其中"字词语篇"立足海量语料,发布了大量语言监测数据,使得不少语言文字流通事实与规律得以凸显,丰富了中国社会语言学研究的理论与方法。

　　报纸、广播电视、网络（新闻）用字用词用语调查，是每年语言实态调查的基本项目。以 2007 年报告为例，报告调查语料 10.07 亿汉字、12.36 亿字符次，并就 2005 年、2006 年、2007 年三年数据进行了比较分析。对汉字使用情况的调查结果显示，流通领域汉字高频字（覆盖率达到 80%，90%，99%）数量很稳定。"2005 年、2006 年、2007 年覆盖率达到 80% 的字种数分别是 581、591、595；达到 90% 的字种数分别是 943、958、964；达到 99% 的字种数分别是 2 314、2 377、2 394。从高频字占总字种数的比例来看，随着总字种数的增加，高频字的比例呈减小的趋势。这些数据表明高频字并不会随语料规模或字种的增加而增多，而是趋于保持稳态。"① 这反映了流通领域高频字的使用具有很强的稳定性，语料中所增加的字种数多为偶然使用，对高频常用字的分布影响不大。报告发布十余年来，覆盖率为 50% 的字种数在 173 到 186 字之间浮动，这提醒我们在关注汉字字量的同时，更应该关注高频汉字的研究与教学。就语言教育而言，高频字则更为集中，其中对 2007 年中国母语教育教材用字的统计分析显示，覆盖率为 50% 的字种数仅 127 字。

　　这些数据都提醒我们，在汉语国际教育领域，我们要重视汉字流通规律，做好汉字教学层次性的设计与安排，合理选字，强化高频汉字教学，对于频度不同的汉字可将认读和书写分开要求，循序渐进，优化汉字教学过程，使汉字教学更为科学化。

---

　　① http://www.moe.gov.cn/s78/A19/A19_ztzl/baogao/201202/t20120210_130364.html.

六、《现代常用字部件及部件名称规范》

部件是由笔画组成的具有组配汉字功能的构字单位。部件体现汉字的构意,是汉字字形分析的基本单位,在汉字教学中有着很重要的地位。

国家语委于 1997 年发布了《信息处理用 GB13000.1 字符集汉字部件规范》,针对 GB13000.1 字符集中的 20 902 个汉字,制定了包含 560 个部件的《汉字基础部件表》。但面向信息处理的汉字部件切分与面向教学的汉字部件切分,两者的要求是不同的:前者不必过分考虑字形的理据,主张把部件切分得尽可能小一些,使部件系统简单化;后者强调有理据切分,主张按照构字理据切分汉字,便于学习者学习认知。为便于汉字教育、辞书编纂对部件的分析和使用,教育部和国家语委 2009 年 3 月发布了《部件规范》。

《部件规范》规定了现代常用字的部件拆分规则、部件及其名称,给出了《现代常用字部件表》和《常用成字部件表》。《部件规范》规定的部件拆分原则是"根据字理、从形出发、尊重系统、面向应用"。根据这样的原则,《部件规范》对现代汉语 3 500 常用字进行拆分、归纳与统计,形成《现代常用字部件表》,共包括 441 组 514 个部件。《部件规范》还给出了包括 311 个常用成字部件的《常用成字部件表》。《部件规范》附录 A《现代常用字部件构字数表》按照降序给出了 514 个部件在现代汉语 3 500 常用字的构字数。

部件是汉字的意义单位。汉字教学或教材都必须教授汉字部件,部件教学法也是占主导地位的汉字教学方法。但实际上不同的教学设计者或教材编写者对于讲授的部件、部件数量和方法很不一致。我们认为，部件教学需要参考《部件规范》规定的"根据字理、从形出发、尊重系统、面向应用"的部件拆分原则和切分结果，选择构字数较多的部件进行讲授，通过形义分析，让学习者理解字形，掌握汉字的意义系统。

七、汉字教学大纲或字表在汉语汉字教学中的应用

除本文讨论分析的《通用规范汉字表》等五种以外，分门别类的汉字教学大纲、规范标准或字表还有很多，例如《高等学校外国留学生汉语言专业教学大纲》《汉字部首表》《现代常用独体字规范》等，都是重要的参考体系，均应科学研究，具体分析。

受汉字自身的客观特点和教学设计主观原因等因素影响，汉语国际教育领域较为普遍地存在着"汉字难"的观点，无论是外国学习者，还是一定范围的教师，都认同或默认这种局面。作为教师，我们除了需要认真分析汉字自身的规律和特点以外，还应做好教学设计，重视汉字教学大纲、树立汉字"大纲意识"就是其中一个重要的方面。

在汉字教学实践中，我们认为教师应运用好汉字教学大纲、规范标准或字表，把握好规范性、层次性和理据性。规范性是指教师应该尽可能自觉地遵从汉字教学大纲、规范标准或字表，注重教学设计的规范性，合理选字，科学讲字，发挥好汉字教学大纲、规范标准或字表的指导作用。层次性是指教学设计要把握好汉字的层次，控制好不同教学阶段汉字的数量，选择好入门阶段的汉字，重视高频汉字、高频部件教学，由易到难，循序渐进。理据性是指汉字教学要落实到汉字构形的理据性上，汉字形体总是携

带有一定的意义信息，教学中要加强汉字形义关系、汉字构词系统的分析，引导学生理性、系统地掌握汉字，有意识地化解"汉字难"这个尴尬的困境，不断提升教学科学化的水平。

参考文献

[1] 国家汉办、教育部社科司、《汉语国际教育用音节汉字词汇等级划分》课题组编（2010a）《汉语国际教育用音节汉字词汇等级划分（国家标准·应用解读本）》，北京：北京语言大学出版社。

[2] 国家汉办、教育部社科司、《汉语国际教育用音节汉字词汇等级划分》课题组编（2010b）《汉语国际教育用音节汉字词汇等级划分》，北京：北京语言大学出版社。

[3] 国家语言资源监测与研究中心编（2008）《中国语言生活状况报告（2007）下编》，北京：商务印书馆。

[4] 教育部、国家语言文字工作委员会（2013）《通用规范汉字表》，北京：语文出版社。

[5] 教育部基础教育课程教材专家工作委员会组织编写（2012）《义务教育语文课程标准（2011年版）解读》，北京：高等教育出版社。

[6] 孔子学院总部/国家汉办编制（2014）《国际汉语教学通用课程大纲》（修订版），北京：北京语言大学出版社。

[7] 刘珣（2000）《对外汉语教育学引论》，北京：北京语言大学出版社。

[8] 王宁主编（2013）《〈通用规范汉字表〉解读》，北京：商务印书馆。

[9] "中国语言生活状况报告"课题组编（2008）《中国语言生活状况报告（2007）上编》，北京：商务印书馆。

[10] 中华人民共和国教育部、国家语言文字工作委员会（2009）《现代常用字部件及部件名称规范》，北京：语文出版社。

字形特征对汉字文化圈中高级水平学习者书写汉字的影响*

——基于"HSK 动态作文语料库"的观察

黄 伟

零、引言

汉字构形学与汉字习得规律密切相关,在汉字教学和汉字习得研究中有很强的实用性(朱志平,2002)。目前针对对外汉语教学中汉字认知影响因素的研究主要集中在汉字的笔画数、部件数、结构类型(拓扑结构)、对称性等字形因素和字的频率、复现率等使用因素方面。字形因素方面,已有研究(江新,2007a:102—107)表明,在非速示条件下的、自然的汉字书写任务中,汉语水平比较低的初学者存在笔画数效应,笔画数越多,书写汉字的错误率越高。崔永华、陈小荷(2000)发现,对非汉字文化圈的学习者而言,书写汉字的错误率与汉字的笔画数、部件数呈正相关,与汉字的使用频率呈负相关。尤浩杰(2003)指

---

* 原文发表于《世界汉语教学》2012 年第 1 期。

出，汉字笔画数效应在非汉字文化圈学习者的汉字书写任务中影响较大，而部件数对其影响不明显；结构类型效应方面，左右结构字的错误率高于上下和包围结构字的错误率，更难掌握。江新（2007a：108；2007b）的研究表明，留学生对独体字和上下结构字的掌握情况好于对左右结构和包围结构字的掌握情况，左右结构字的学习比包围结构字好，独体字和上下结构字的学习情况之间没有显著差异。郝美玲、范慧琴（2008）关于初级汉语学习者的延迟抄写实验研究发现，左右结构字的部件分解易于上下结构字的部件分解。

上述研究当中，一方面，研究者为了控制实验研究中的影响因素，将样本控制在初级水平的汉语学习者范围内，或来自非汉字文化圈的学习者范围内；另一方面，由于研究目的不同，实验中并非单纯采用汉字书写任务，部分结论是针对汉字认读方面的。那么，汉字字形特征对来自汉字文化圈国家和地区的、中高级汉语水平的二语学习者的汉字书写任务有什么样的影响呢？这是本文试图回答的问题。本文根据"HSK 动态作文语料库"中的汉字使用情况，统计分析了汉字的笔画数、部件数和结构类型这三个字形特征对上述学习者群体在自然状态下（相对于实验心理学研究中经常使用的反应时研究）的汉字书写方面的影响。研究发现，在来自汉字文化圈的中高级水平的汉语二语学习者的汉字书写任务中：独体字与合体字的书写错误率差异显著；笔画多少是影响独体字掌握情况的重要因素之一；合体字中笔画数效应显著，部件数量和结构类型方面的复杂程度对合体字的书写有一定的影响。

一、研究材料和方法

本研究的语料来自"HSK 动态作文语料库",它是母语非汉语的学习者参加中国汉语水平考试 HSK 高等作文考试的作文语料库。其1.1 版共收集了1992—2005 年的部分考生的作文语料11 569 篇,共计 424 万字(HSK 动态作文语料库课题组,2008)。其中来自汉字文化圈国家或地区①的样本占 68.26%。如果从文化角度出发,加上新加坡和东南亚地区,这个比例将达到 88.81%②。根据田清源(2011)的统计和进一步分析,自 1992 年以来参加 HSK 高等考试而没有获得证书的考生,总体上看至少拥有相当于 HSK 初中等 7 级的汉语水平,即中等水平。因此,本研究的结论主要针对来自汉字文化圈国家和地区的中高级汉语水平的二语学习者群体。

424 万字的语料共使用 3 880 个汉字,累积使用 3 820 326 次。覆盖了 2 500 常用字中的 2 452 字,1 000 常用字中的 832 字,合计 3 284 字,占 3 500 常用字的 93.83%。本研究将这 3 284 个字建立了数据库,主要字段包括汉字、笔画数、部件数、结构类型③、使用频次、错误频次和错误率④。本文主要考察汉字字形因素对汉字书写的影响,所说的字的错误是指该语料库中标注

---

① 根据汉字传播与发展界定的汉字文化圈主要包括中国、日本、朝鲜与韩国,以及越南(周有光,1989)。
② 具体情况是:日本 3 211 篇,朝鲜和韩国 4 179 篇,越南 227 篇,中国(包括港澳台地区)280 篇,新加坡 843 篇,印度尼西亚 739 篇,马来西亚 422 篇,泰国 374 篇。
③ 本文所述的结构类型均指首层结构类型。
④ 错误率=(错误频次/使用频次)*100%。

为"错字"的情况，即字形书写有误，不包括"别字"。别字不属于汉字字形上的错误，而是因为它在音、义或形的方面与所对应的那个正字有联系而产生的。这方面的研究已经超出了本文的讨论范围。数据库中至少错过1次的字共1 901个，累积错误41 077次。这些字累积使用3 781 224次，约占语料库总字次数的98.98%。

确定汉字笔画数的主要依据是"汉字属性数据库"（邢红兵，2007：148），该数据库在部件拆分上以《信息处理用 GB13000.1 字符集汉字部件规范》（GF3001-1997）为准。确定部件数和结构类型的依据是《现代常用独体字规范》（GF0013-2009）和《现代常用字部件及部件名称规范》（GF0014-2009）。这两个规范在部件和结构类型的界定上更符合汉字教学的需求和汉字习得的规律。为了便于统计和与同类研究进行比较，我们根据这两个规范将汉字的结构类型归纳为独体、左右、上下、包围和框架结构（如"乘""幽"）五大类。由于框架结构的字太少（3 284字中只有9个），统计分析中暂且忽略了这种结构类型。

笔画和部件是现代汉字的结构成分。笔画数和部件数是关于汉字结构成分的数量方面的统计量，结构类型是汉字的结构成分的组合方式。合体字的结构有笔画、部件、整字三个层次，独体字则直接由笔画构成。独体、合体因素与笔画多少存在一定关联，即与合体字相比，独体字的平均笔画数较少。独体字与合体字书写的具体错误不同（万业馨，2007），第二语言学习者对这两类汉字的认知可能存在不同的心理过程。独体、左右、上下和包围结构这四种类型并不是一次划分得来的。独体与合体对立，而合体又分为三种类型。基于上述认识，我们认为，在考察有关汉字结构成分数量方面的因素（即笔画数和部件数）对汉字书写错误的影响时，首先要区分独体字与合体字。因此，我们首先考察独体与合体这两种结构类型对汉字书写错误率的影响，然后考察笔画数对独体字书写错误率的影响，以及笔画数、部件数和结构类型对合体字书写错误率的影响。

二、数据

根据我们的观察，语料库中汉字的书写错误率不服从正态分布。为了满足研究方法中正态分布的统计前提，我们对错误率进行了取自然对数的数据转换。如图1所示，经转换后的Ln（错误率）服从正态分布（M[均值]=−3.852，SD[标准差]=1.269）。以下的统计分析均使用Ln（错误率）作为因变量，分析比较结果时给出反转换后的平均错误率。

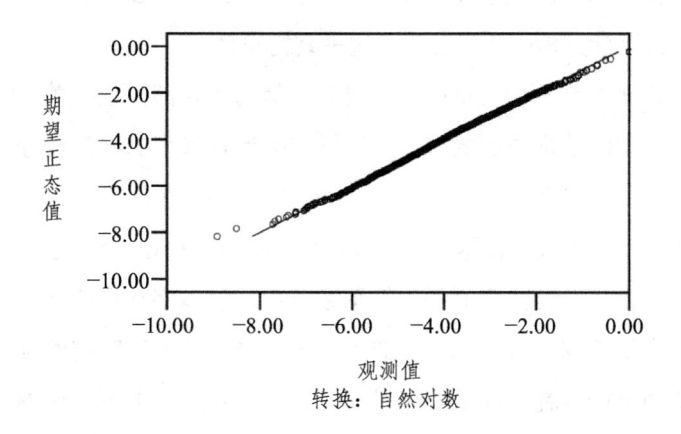

图1 错误率的正态性检验（经自然对数转换）

2.1 独体、合体因素对汉字书写错误率的影响

为了控制笔画数的影响，我们选择了数据库中 4—8 画的独体字与合体字作为研究对象。表 1 是这些独体字与合体字的书写错误率。经独立样本 t 检验发现，在 $\alpha=0.05$ 的显著性水平下（下同），独体字的错误率显著低于合体字的错误率（$t=-4.885$，$p=0.000$，单尾检验，下同）。

表 1　独体、合体结构对汉字书写错误率的影响

结构类型	字数	Ln（错误率）均值	标准差	反转换后的错误率
独体字	142	−4.895 0	1.234 3	0.007 5
合体字	665	−4.099 0	1.191 9	0.016 6

2.2 笔画数对独体字书写错误率的影响

我们把数据库中的 208 个独体字划分为少笔画字（1—3 画）、中笔画字（4—6 画）和多笔画字（7 画及以上）三组。表 2 是不同笔画数的独体字的书写错误率。经方差分析发现，不同笔画数分组间的错误率差异显著（$F(2, 205)=14.760$，$p=0.000$）。经多重比较（Scheffe 检验，下同）发现，少笔画字的错误率和中笔画字的错误率显著低于多笔画字的错误率，而少笔画字与中笔画字之间的错误率差异不显著（表 3）。

表 2　笔画数对独体字书写错误率的影响

笔画数	字数	Ln（错误率）均值	标准差	反转换后的错误率
少笔画字	51	−5.483 0	1.383 6	0.004 2

续表

笔画数	字数	Ln（错误率）均值	标准差	反转换后的错误率
中笔画字	110	−5.080 9	1.176 1	0.006 2
多笔画字	47	−4.167 8	1.199 0	0.015 5

表 3　独体字中笔画数因素的多重比较（Scheffe 检验）

笔画数分组		Ln（错误率）均值差值	标准差	p 值	置信区间下限	置信区间上限
少笔画字	中笔画字	−0.402 1	0.209 2	0.160	−0.918 0	0.113 7
少笔画字	多笔画字	−1.315 2	0.249 7	0.000	−1.930 8	−0.699 5
中笔画字	多笔画字	−0.913 0	0.215 2	0.000	−1.443 6	−0.382 4

2.3 笔画数、部件数和结构类型对合体字书写错误率的影响

我们把数据库中 1 687 个合体字根据笔画数多少划分为少笔画字（3—7 画）、中笔画字（8—12 画）和多笔画字（13 画及以上）三个水平，根据部件数划分为 2 部件字、3 部件字和多部件字（4 部件及以上）三个水平，将结构类型划分为上下结构、左右结构、包围结构三个水平。表 4 是不同水平的合体字的书写错误率。

表 4　笔画数、部件数、结构类型对合体字书写错误率的影响

	字数	Ln（错误率）均值	标准差	反转换后的错误率
少笔画字	442	−4.173 7	1.226 8	0.015 4
中笔画字	957	−3.701 6	1.115 9	0.024 7
多笔画字	288	−3.046 9	1.070 6	0.047 5
2 部件字	779	−3.955 6	1.210 4	0.019 1
3 部件字	606	−3.654 4	1.112 9	0.025 9

续表

	字数	Ln（错误率）均值	标准差	反转换后的错误率
多部件字	302	−3.207 8	1.139 3	0.040 4
左右结构字	998	−3.669 6	1.199 8	0.025 5
上下结构字	486	−3.859 8	1.216 8	0.021 1
包围结构字	203	−3.579 4	1.080 3	0.027 9

经方差分析发现（如图 2 所示），结构类型、笔画数和部件数三因素的交互作用不显著（$F(6, 1663)=1.058$, $p=0.386$），笔画数与部件数（$F(3, 1663)=0.259$, $p=0.855$）、笔画数与结构类型（$F(4, 1663)=0.233$, $p=0.920$）、部件数与结构类型（$F(4, 1663)=0.807$, $p=0.520$）这三组两因素交互作用均不显著，笔画数主效应显著（$F(2, 1663)=16.413$, $p=0.000$），部件数主效应不显著（$F(2, 1663)=0.795$, $p=0.452$），结构类型主效应不显著（$F(2, 1663)=2.135$, $p=0.119$）。经多重比较发现：少笔画字的错误率显著低于中笔画字的错误率和多笔画字的错误率，中笔画字的错误率显著低于多笔画字的错误率（表 5）。

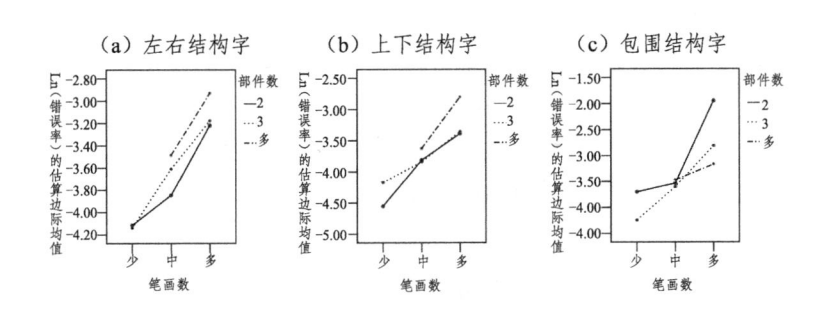

（a）左右结构字　　（b）上下结构字　　（c）包围结构字

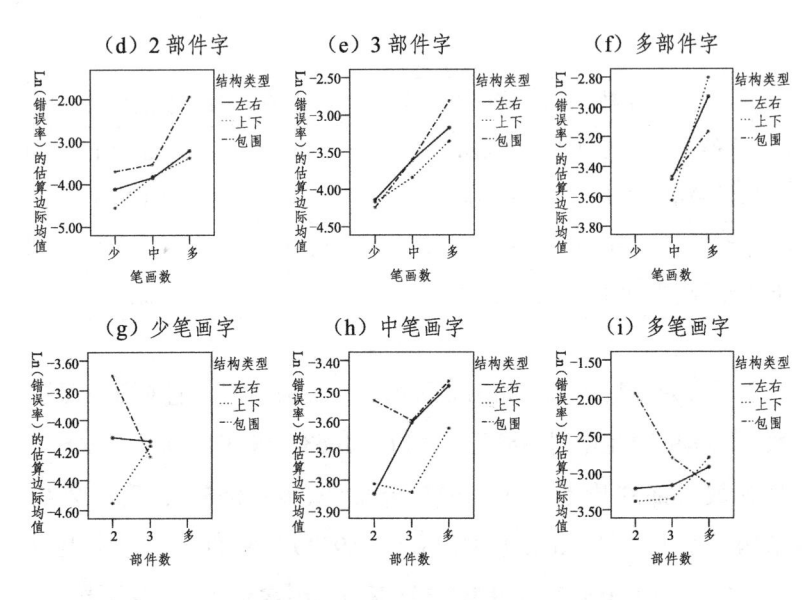

图2　结构类型、笔画数和部件数的交互作用

表5　合体字中笔画数因素的多重比较（Scheff检验）

笔画数分组		Ln（错误率）均值差值	标准差	p值	95%置信区间下限	95%置信区间上限
少笔画字	中笔画字	-0.4720	0.0650	0.000	-0.6313	-0.3128
少笔画字	多笔画字	-1.1268	0.0856	0.000	-1.3365	-0.9170
中笔画字	多笔画字	-0.6547	0.0760	0.000	-0.8409	-0.4686

2.4 结构类型因素对汉字书写错误比例的影响

上述合体字的统计分析结果中结构类型效应不显著。为了进一步了解结构类型因素对书写汉字的影响，我们分别统计了不同结构类型在3 500常用字和数据库中的3 284个字（以及完全正确和书写有误的字）中的分布情况。如表6所示，左右结构的字

数量最多,其中完全正确与书写有误的字所占的比例基本相当;上下结构字约占 1/4,但错误的比例却比左右结构字高;包围结构字和独体字数量最少,但是这两类字的错误比例却最高。

表6 结构类型在 3 500 个常用字和本研究用的
3 284 个字中的分布情况①

结构类型	3 500 常用字		3 284 字		书写正确的字		书写有误的字	
	字数	百分比	字数	百分比	字数	正确比例	字数	错误比例
独体字	303	8.66%	297	9.04%	89	29.97%	208	70.03%
左右结构字	1 988	56.80%	1 893	57.64%	895	47.28%	998	52.72%
上下结构字	871	24.89%	801	24.39%	315	39.33%	486	60.67%
包围结构字	328	9.37%	284	8.65%	81	28.52%	203	71.48%

三、讨论

3.1 关于研究结果

根据上述统计分析我们发现,在来自汉字文化圈的中高级汉语水平的二语学习者的汉字书写任务中:(1)独体字的错误率显著低于合体字的错误率,我们可以把独体字与合体字在错误率方面的差异也看作是一种结构类型效应。(2)独体字中笔画数效应显著,具体表现为少笔画字和中笔画字的错误率显著低于多

---

① 表中没有显示框架结构字的数据。正确比例与错误比例是指数据库中书写正确和书写有误的字在本研究针对的 3 284 个字中的相应分组中的字数百分比。

笔画字的错误率。(3)合体字中笔画数效应显著,具体表现为少笔画字、中笔画字和多笔画字的错误率显著递增。(4)合体字的错误率随着部件数的增加而增加,上下、左右、包围结构字的错误率也依次递增,但是合体字中部件数效应和结构类型效应不显著。

这些发现大多符合人们对于汉字复杂程度与学习难度之间的认识或假设,即结构越复杂就越难完全正确地书写。一般来说,合体字比独体字复杂,笔画多的字比笔画少的字复杂,包围结构字比左右结构字和上下结构字复杂。研究中发现的笔画数效应、错误率因部件数和结构类型因素造成的差异等在不同程度上印证了这些假设。

和同类研究相比较:首先,我们在汉语作为第二语言学习者的书写材料中遇到的笔画数效应与影响母语学习者汉字书写的字形因素的研究结果一致(参见江新,2007a:81—92;2007b)。其次,我们基于来自汉字文化圈学习者的书写材料的统计结果与崔永华、陈小荷(2000)基于来自非汉字文化圈学习者的研究结果(汉字书写的错误率与汉字的笔画数、部件数呈正相关)一致。第三,我们在统计分析了1 687个合体字的基础上得到了合体字书写任务中笔画数效应显著而部件数效应不显著的结论,与尤浩杰(2003)在统计分析了4—6画、1—3个部件的366个汉字的基础上得出的"初学者汉字书写任务中笔画数效应影响大而部件数效应不显著"的结论相似。需要指出的是,两项研究的对象(母语背景、汉语水平)和方法等并不相同。同时又有研究表明,中高级汉语水平学习者已经基本形成汉字正字法意识(冯丽萍,2006),无论是部件意识还是部件位置意识,对于中高级水平学习者来说都已经具备了（郝美玲，2007）。那么，部件数因素（以及与部件相关的其他因素，如部件间的结构层次关系）在汉语作为第二语言学习者的汉字书写任务中的影响还有待进一步的研究。

然而，也有部分发现与学界之前的认识或已有的研究结果不一致。

首先，独体字中的笔画数效应主要表现为少笔画字和中笔画字分别与多笔画字的错误率之间差异显著，而少笔画字与中笔画字的错误率差异不显著。这个发现不完全符合结构越复杂书写错误率越高的假设。对此，我们认为，笔画数多少不能完全代表独体字的字形结构复杂程度，它只是独体字的结构成分（即笔画）在数量方面的统计量。笔画的数量不是笔画方面的唯一特征。不同的笔形本身有不同的复杂程度，而笔画之间也具有不同的空间位置关系。比如，"日"和"目"在结构复杂程度上的主要区别可以由笔画数解释，"目"和"必"虽然同样是 5 画的独体字，但是其笔形、笔画间的关系都不相同。因此，笔画数是影响中高级汉语水平学习者汉字书写的笔画方面的因素之一，但不是唯一因素。

其次，在结构类型因素方面，我们发现上下结构、左右结构和包围结构字的错误率是递增的。这与尤浩杰（2003）"横向结构（即左右结构）最难掌握""左右结构字错误率高于上下和包围结构字错误率"的说法不一致。我们认为有两个原因：一是两个研究针对的学习者群体不同，研究对象分别是汉字文化圈中高级汉语水平学习者和非汉字文化圈初级汉语水平学习者；二是两个研究考察的汉字范围和选择汉字的方法不同，主要表现在研究使用的汉字数量和是否控制笔画数因素等方面。

3.2 关于研究方法

使用频率不属于汉字的字形特征，但是汉字的使用频率与字形特征之间存在着一种"常用趋简"的规律（王凤阳，1980）。即汉字的使用频率和字形结构的复杂程度不是完全独立的两个因素，使用频率高的字一般趋向简化。我们认为，在探讨影响汉字书写的因素时，应该首先区分不同方面的因素。比如汉字的字形因素、汉字字形承载的音和义的因素，以及使用频率等方面的因素。本研究在统计分析过程中暂时没有考虑汉字的频率等因素，只讨论了字形因素。然而，这些未考虑的因素对汉字书写任务的影响以及它们与字形因素间的交互作用等问题也非常值得关注。

3.3 对汉字教学的启示

结构类型（或称结构方式）在汉字书写和汉字识别任务中的影响作用不同。李力红等（2005）的研究表明，包围结构字易于上下结构字的识别。我们的研究发现在汉字书写任务中，上下结构字、左右结构字和包围结构字的错误率是递增的，即包围结构字最难书写。我们认为这种不同可以解释为：汉字结构越复杂，其区别性特征就越多或越明显，对识别就越有利，同时对书写就越困难。

从2.4节的统计结果我们还可以发现，不同结构类型的汉字在3 500常用字范围内的数量和比例各不相同。左右结构字数量庞大，而独体字与包围结构字数量较少。然而从书写错误的汉字在其所属的结构类型中所占的比例来看，越是拥字数量少的结构类型越不容易掌握。这也可以理解为一种构字方面的频率效应。

结构类型因素在识别任务与书写任务中的不同作用，以及不同结构类型的汉字在常用字范围（或更大、更小的字集范围）内的数量差异等特点，对于教学环节有着重要的参考价值。实际教学中就可以针对这些不同结构类型的汉字和不同的教学目标实施不同强度的教授与训练，有的放矢，提高效率。

四、结语

本文通过对"HSK 动态作文语料库"中的汉字使用情况进行统计分析发现，在汉字文化圈中高级汉语水平学习者的书写任务中，笔画数效应显著，部件数效应和结构类型效应不显著。独体字错误率显著低于合体字错误率；上下结构、左右结构和包围结构字的错误率依次递增；独体字中，少笔画字和中笔画字的错误率显著低于多笔画字的错误率；合体字中，少笔画字、中笔画字和多笔画字的错误率显著递增，2 部件字、3 部件字和多部件字的错误率依次递增。

我们在研究影响汉字书写的字形因素方面还存在以下不足：（1）对汉字字形特征的利用不够充分，比如笔形特征、笔画间关系、部件之间的结构层级等字形特征也在不同层面上反映了汉字结构的复杂程度，但目前没能对这些特征进行描写与统计；（2）未能反映字形因素对不同母语背景、不同学习水平的汉语学习者书写汉字的影响是否存在差异；（3）本研究还只是一种观察研究，所得结论还需要通过实验研究进行验证。这些不足都是我们今后的研究方向。同时，由于缺乏教学实践经验，恳请一线教师批评指正。

参考文献

[1] 崔永华、陈小荷（2000）影响非汉字圈汉语学习者汉字学习因素的分析，见赵丽明、黄国营主编《汉字的应用与传播》，北京：华语教学出版社。

[2] 冯丽萍（2006）外国留学生汉字正字法意识及其发展研究，《云南师范大学学报（对外汉语教学与研究版）》第 1 期。

[3] 郝美玲（2007）留学生汉字正字法意识的萌芽与发展，《世界汉语教学》第 1 期。

[4] 郝美玲、范慧琴（2008）部件特征与结构类型对留学生汉字书写的影响，《语言教学与研究》第 5 期。

[5] HSK 动态作文语料库课题组（2008）"HSK 动态作文语料库"说明，http://202.112.195.192/hsk/index.asp。

[6] 江新（2007a）《对外汉语教学的心理学探索》，北京：教育科学出版社。

[7] 江新（2007b）针对西方学习者的汉字教学：认写分流、多认少写，见顾安达、江新、万业馨主编《汉字的认知与教学——西方学习者汉字认知国际研讨会论文集》，北京：北京语言大学出版社。

[8] 李力红、刘宏艳、刘秀丽（2005）汉字结构对汉字识别加工的影响，《心理学探新》第 1 期。

[9] 田清源（2011）1996 到 2005 年 HSK 考生的统计分析，见田清源《HSK 考试管理信息化及基于统计的考试质量控制》，北京：北京语言大学出版社。

[10] 万业馨（2007）试论汉字认知的内容与途径，见顾安达、江新、万业馨主编《汉字的认知与教学——西方学习者汉字认知国际研讨会论文集》，北京：北京语言大学出版社。

[11] 王凤阳（1980）汉字频率与汉字简化，见高等院校文字改革研究会

筹备组编《语文现代化》第3辑，北京：知识出版社。

[12] 邢红兵（2007）《现代汉字特征分析与计算研究》，北京：商务印书馆。

[13] 尤浩杰（2003）笔画数、部件数和拓扑结构类型对非汉字文化圈学习者汉字掌握的影响，《世界汉语教学》第2期。

[14] 周有光（1989）汉字文化圈，《中国文化》第1期。

[15] 朱志平（2002）汉字构形学说与对外汉字教学，《语言教学与研究》第4期。

部件特征与结构类型对
留学生汉字书写的影响*

郝美玲　范慧琴

一、引言

不同的书写系统采用不同的正字法规则，而正字法的性质影响学习者和使用者的认知加工（Frost, 1994）。有关字词加工跨语言比较的研究表明，不同文字系统的使用者都会拥有与其文字系统结构特征相符合的加工机制。学习者在学习过程中，随着对所学文字特征的认识不断深入，会不断调整加工机制，使之更符合目的语的文字系统。

汉字的结构特征表现为笔画、部件和整字三者的层次关系。其中笔画是构成汉字形体的最小单位，笔画之间的不同组合形成部件，部件与部件进一步组合成汉字。构成汉字的末级部件共有600多个（张静贤，1992），所有的汉字都是这 600 多个部件按照不同的组合方式建立起来的，因此可以说部件是构成汉字的基本结构单元。

---

* 原文发表于《语言教学与研究》2008 年第 5 期。

汉字的结构特征决定了部件是汉语熟练读者加工汉字的重要单元（Chen et al., 1996; Feldman & Siok, 1997; Ding et al., 2004）。例如, Chen et al.（1996）采用"异同判断"的实验范式发现, 两个同时呈现的真字、假字或非字之间不匹配的部件越多, 被试越容易发现二者之间的不同。Ding et al.（2004）用启动任务也得出了相似的结论, 含有相同部件的启动字（如"躯"）仅呈现43毫秒就可以促进目标字"枢"的识别。这些研究结果说明, 部件是汉字识别的主要单元, 在视觉加工的早期阶段, 母语为汉语的熟练读者就可以将汉字分解为部件。

对外汉语教学界早已认识到部件对学习和记忆汉字的重要性：部件的数量有限, 而且同一个部件重复出现在不同的汉字中, 因此只要掌握了一定数量的部件及其位置关系, 汉字的记忆和书写就会容易得多。"部件教学法"由此诞生, 许多学者不仅支持在对外汉字教学中采用"部件教学法", 而且从不同的角度阐述和论证了该教学法的理论依据、可行性、具体实施方案和需要遵循的原则等（张旺熹, 1990; 费锦昌, 1996; 崔永华, 1997; 陈仁凤、陈阿宝, 1998）。

但是, "部件教学法"如何在教学中实施, 目前还缺乏教学实验的支持, 在教学中选择哪些部件, 部件的哪些特征会对留学生的汉字学习产生影响, 不同类型的部件需要重复出现的次数等一系列相关问题, 也缺乏实验证据的支持。本研究拟选取部件的出现频率和构字数这两个与教学教材密切相关的因素进行研究, 考察留学生在汉字书写中对出现频率不同和构字数不同的部件的利用情况, 以期能为"部件教学法"的具体实施提供一些可资参考的资料。

延迟抄写是考察留学生对部件信息利用的一种理想实验范式，实验过程是：首先给被试快速呈现目标字，一般为 2 秒左右，然后拿走目标字，要求被试将看到的字写下来。目标字一般是被试不熟悉的，无法直接从记忆中提取，只能将汉字分解成部件或笔画，再重新组合起来，才能完成任务。因此该任务能直接考察留学生是否已发展起部件意识，即能否将不熟悉的汉字分解成部件并利用熟悉的部件来学习和书写不熟悉的汉字。若学习者已经发展起部件意识，就可以将汉字分解成部件，并凭借记忆中部件的表征将短时呈现的汉字正确书写下来。反之，则无法将汉字分解成部件，在他们的眼里，不熟悉的汉字就如同无法分解的图画，在 2 秒钟的短暂呈现时间内，不可能把汉字正确书写下来。因此，将汉字分解成部件对延迟抄写的成绩非常重要。我们预期出现频率高、构字数多的部件较易分解。延迟抄写的实验范式在考察汉语儿童正字法意识的发展（如 Pak et al., 2005）和失写症病人的书写情况（如 Chen et al., 1996）等方面应用广泛，并被用于考察留学生的汉字学习过程（郝美玲，2003；Hao et al., 2005）。

部件分解还与汉字结构类型存在密切的关系。在汉语熟练读者的反应时实验中，相关研究发现左右结构字的加工速度快于上下结构字（李力红等，2005；喻柏林、冯玲等，1990），原因是左右结构字比上下结构字容易产生知觉解体，部件的分解加工更容易些（郑昭明、吴淑杰，1994）。那么对初学汉语的留学生来说，部件分解是否会受到汉字结构类型的影响？有关这方面的研究较少，徐彩华（2007）利用知觉干扰范式发现，初学汉语 3 个月的留学生对左右结构与上下结构字的部件分解速度无显著差异，但均快于其他结构类型汉字的部件分解。随着学习年限的增长，左右结构汉字的分解速度快于上下结构字。该结果暗示着留学生对不同结构类型汉字的部件分解受汉字学习经验的影响。那么在学习年限一定的情况下，汉字学得好的留学生与汉字学得差的留学生对部件的分解是否存在差异呢？本研究以识字量为指标，拟具体考察识字量不同的初学汉语的留学生对不同结构类型汉字的部件分解情况。

本研究拟采用延迟抄写的实验范式，考察部件特征和汉字结构类型对留学生汉字书写的影响。部件特征设计了两个因素：出现频率和构字数。汉字的结构类型包含了两个水平：左右结构和上下结构。

二、实验研究

2.1 被试

北京语言大学汉语进修学院的46名留学生参加了本实验。被试分别来自安哥拉、哈萨克斯坦、吉尔吉斯斯坦、多米尼克、尼泊尔、英国等20个国家。被试所用的综合课教材为杨寄洲编著《汉语教程》（北京语言大学出版社出版），辅之以《初级汉语阅读》和《初级汉语听力》两种配套的教材。初级阶段的学生每周学习20课时，其中《汉语教程》12课时，《初级汉语阅读》和《初级汉语听力》各4课时。测试时学完了《汉语教程》前30课。

2.2 设计与材料

本研究共包括两个实验，两个实验均包含三个因素。实验一为：2（部件频率：高、低）×2（汉字结构：左右、上下）×3（识字量：高、中、低）。实验二为：2（部件构字数：多、少）×2（汉字结构：左右、上下）×3（识字量：高、中、低）。其中，识字量为被试间因素，部件频率、部件构字数和汉字结构均为被试内因素。本研究的部件频率和部件构字数均就《汉语教程》前30课而言，并不是针对该教材所有的汉字或者整个汉字系统来说的。部件的频率为某一部件构成的汉字在前30课出现的次数之和，出现5次或5次以上的界定为高频部件，出现5次以下的界定为低频部件。构字数指某一部件在前30课构成的全部汉字的个数，构字数在3个以上的界定为构字数多，构字数为1的界定为构字数少。

由于找不到频率低但构字数多的部件，所以两个实验只包含了三组材料：（1）由频率低且构字数少的部件构成的生字，例如"羚"和"胥"；（2）由频率高但构字数少的部件构成的生字，例如"锘"和"莓"；（3）由频率高且构字数多的部件构成的生字，例如"绞"和"悲"。每组各20个字，其中左右结构和上下结构字各10个。（1）和（2）组合起来构成实验一的材料，（2）和（3）组合起来构成实验二的材料。每组材料的笔画数均控制在9—11画之间。各组材料的属性如表1所示。

表1 实验一和实验二各组材料的属性

实验条件		构字数（个数）	频率（次数）	笔画数
高频、构字数少	左右结构	1.00	17.40	9.40
	上下结构	1.00	16.50	9.60
低频、构字数少	左右结构	1.00	1.90	10.20
	上下结构	1.00	2.20	9.90
高频、构字数多	左右结构	3.10	17.00	9.20
	上下结构	3.50	17.13	10.10

学生的识字量分组根据的是一项汉字注音测验：从《汉语教程》前30课随机选出240个汉字，每60个汉字为一组打印在A4纸上，以顺序或逆序两种方式呈现，要求被试给每个汉字注音。该测验为集体施测，由任课教师在课堂上分4次进行。每个班级内部，一半学生接受顺序，一半学生接受逆序。

注音的计分比较宽松，声母和韵母正确即计1分，满分为240分。分析时，以每个被试的正确率（即注音正确的字数除以240后的得分）作为识字量的指标。在这46名被试中，正确率最高的为1.00，最低的为0.31。将46名被试的正确率由高到低排列，前15名被试为识字量高组，中间16名学生为识字量中组，最后面15名学生为识字量低组。不同识字量的学生汉字认读正确率的描述性统计见表2。

表2 不同识字量学生的汉字认读成绩

	识字量		
	高	中	低
平均正确率	0.95（0.04）	0.76（0.06）	0.48（0.12）
最大值	1.00	0.86	0.66
最小值	0.88	0.67	0.31

2.3 实验目的与逻辑

本研究有四个主要目的：

第一，考察留学生能否利用已学部件来书写未学过的汉字。所有的目标字都是被试未学过的，但构成这些生字的部件都是被试见过的，只是不同部件的熟悉度有所不同。同时每个汉字的呈现时间仅2秒，如果被试不能将生字分解成部件，那么就很难顺利地完成该任务，也不会出现与部件相关的效应。

第二，考察哪方面的部件特征会影响留学生对部件信息的利用。实验一考察的是部件的频率。如果部件频率对部件分解和利用产生影响，那么留学生抄写由高频部件构成的生字的正确率应该高于由低频部件构成的生字的正确率；反之，在抄写正确率上不应该存在差异。实验二考察的是部件的构字数，同样的道理，如果构字数对部件分解和利用起作用，那么留学生抄写由构字数多的部件构成的生字的正确率应该高于抄写由构字数少的部件构成的生字的正确率；反之，两种类型的生字的抄写正确率之间不应该有差异。

第三，考察不同结构类型的生字是否存在分解难度上的差异。实验材料包括左右结构生字和上下结构生字。如果汉字的结构类型会影响部件的分解，左右结构生字的抄写正确率与上下结构生字的抄写正确率之间应该有显著的差异；反之，两种结构类型的生字的抄写正确率之间则不应该有差异。

第四，考察识字量不同的学生在不同结构类型生字上的抄写成绩是否存在差异。若识字量水平影响留学生对不同结构类型生字的分解，不同识字量的学生在两种结构类型生字上的表现应该有所差别。

2.4 施测过程

将这60个字分别打印在60张A4纸上，每张纸上打印一个字，字的大小比纸张略小。然后将这60个字随机排列。实验为集体施测，主试站在全班同学的正前方，依次举起每张纸，呈现大约2秒即放下，要求被试将看到的字写在答题纸的相应位置。要求学生看到什么就写什么，看到多少就写多少，不要不写。待全体同学都写完后，主试再接着呈现下一个字。在正式实验之前，先做 5 个练习，保证所有被试都明白实验过程。

三、结果与分析

不同识字量的留学生抄写不同类型生字时的正确率见表 3。为了便于分析部件频率和构字数对生字抄写成绩的影响以及不同结构汉字抄写正确率的差异，我们做了两个独立的方差分析。

表 3　实验一和实验二的正确率汇总（标准差）

	识字量高组		识字量中组		识字量低组	
	左右结构	上下结构	左右结构	上下结构	左右结构	上下结构
高频、构字数少	0.87（0.15）	0.78（0.20）	0.79（0.17）	0.73（0.19）	0.65（0.23）	0.57（0.27）
低频、构字数少	0.81（0.17）	0.74（0.24）	0.75（0.21）	0.56（0.20）	0.53（0.22）	0.47（0.31）
高频、构字数多	0.95（0.08）	0.78（0.21）	0.79（0.18）	0.75（0.14）	0.71（0.25）	0.59（0.28）

3.1 实验一：部件频率

对识字量不同的留学生在由不同频率部件组成的两种结构类型生字上的抄写正确率进行 2（部件频率）×2（汉字结构）×3（识字量）三因素方差分析，平均成绩见表 3 高频、构字数少和低频、构字数少部分。结果发现，部件频率的主效应显著 $F(1, 43)=24.96$，$p<0.001$，留学生抄写由高频部件组成的生字的正确率高于抄写由低频部件组成的生字的正确率。汉字结构类型的主效应显著 $F(1, 43)=21.77$，$p<0.001$，左右结构生字的正确率高于上下结构生字的正确率。识字量的主效应显著

$F(2, 43)=6.48$,$p<0.005$,多重比较发现识字量高组与中组、中组与低组正确率差异不显著（$p \geqslant 0.1$），高组成绩显著优于低组（$p<0.01$）。部件频率、汉字结构和识字量三者的交互作用边缘显著$F(2, 43)=2.40$,$p=0.1$。其他交互作用均不显著。

3.2 实验二：部件构字数

对不同识字量的留学生在由不同构字数部件组成的两种结构类型生字上的抄写正确率进行2（部件构字数）×2（汉字结构）×3（识字量）三因素方差分析，平均成绩见表3高频、构字数多和高频、构字数少部分。结果发现，部件构字数的主效应边缘显著$F(1, 43)=3.85$,$p=0.06$,由构字数多的部件组成的生字的正确率稍高于由构字数少的部件组成的生字。这种较小的差异可能是由于实验所采用的部件都是出现频率较高的（16—17次，见表1）。汉字结构类型的主效应显著$F(1, 43)=23.15$,$p<0.001$,与实验一的发现一致，左右结构字的正确率高于上下结构字的正确率。识字量的主效应显著$F(2, 43)=5.54$,$p<0.005$,多重比较发现，识字量高与中、中与低组正确率差异不显著（$p>0.1$），识字量高组成绩显著优于低组（$p<0.01$）。交互作用均不显著。

四、综合讨论

4.1 部件意识对汉字学习的重要性

部件是构成汉字的基本单元，也是汉语熟练读者加工汉字时的主要认知单位（彭聃龄、王春茂，1997）。有关第二语言习得的研究表明，学习者对目的语文字规律的认识会促进对目的语的学习。具体到留学生的汉字学习上来，我们首先要问的是：初学汉语的留学生能否意识到大量的汉字是由少数有限的部件组合而成的？目前有关留学生正字法意识发展的研究基本上都是围绕这个问题展开的。研究发现初学汉语的留学生很容易发展起部件位置意识来（江新，2003；王建勤，2005；冯丽萍，2006），但是对部件的精确掌握却需要经历较长的过程（郝美玲，2007）。我们要问的第二个问题是：留学生在实际的读写中能否有效利用部件构字的规律？即部件意识能否促进留学生的汉字读写成绩？这方面的研究目前还很少看到。本研究通过延迟抄写的实验范式对此进行了考察，结果发现46名留学生对不同类型生字抄写的平均正确率为0.67，最高分为0.95，最低分为0.22，表明初学汉语三个月的学生已能利用已学部件来书写不熟悉的汉字，尤其是识字量高的留学生，平均正确率为0.83。本研究的结果与郝美玲（2003）利用延迟抄写得到的结果一致：初级水平的留学生对于部件熟悉的生字的抄写正确率达到0.77，而对于部件不熟悉的生字，正确率仅为0.39。结果充分说明初学汉语的留学生不仅意识到了部件构字的规律，而且能在学习过程中对此加以利用。

本研究还发现，留学生在书写过程中对部件信息的利用程度是随着学习者汉字知识的增长而发展的。我们用留学生对已学汉字的认读成绩为指标，把参与该实验的被试按正确率分成高、中、低三组，在实验一和实验二中均发现，识字量高的留学生生字抄写能力普遍高于识字量中等和偏低的留学生。尤其是当部件构字数较少、出现频率较低的情况下，三组学生的生字抄写正确率由高到低分别为0.78、0.65和0.50。不同识字量的留学生在抄写正确率上的差异来自两个方面：一方面与汉字的部件分解有关系，在瞬间呈现的情况下，只有将生字分解成部件，才有可能把生字写下来；另一方面与部件的表征有关系，将生字分解成部件以后，需要通过记忆中部件的表征把生字写下来，部件表征的质量越好，抄写的正确率越高。识字量高的学习者由于见到生字后可以迅速将它分解，而且部件的表征比较精确，所以抄写正确率高。

4.2 部件频率和构字数对汉字学习的重要性

部件的频率和构字数可能对部件的识别和表征产生影响。熟悉的部件容易从整字中识别而被分解出来，不熟悉的部件较难识别。同样，熟悉的部件其表征的质量也较高。因此，高频部件或者构字数多的部件构成的生字抄写正确率高。

实验一考察了部件频率的影响，结果发现留学生抄写由高频部件构成的生字时的正确率为 0.76，而抄写由低频部件构成的生字时的正确率为 0.64，表明部件的出现频率影响了留学生的生字学习，至少对构字数较少的部件是如此（实验一选用的部件都是构字数较少的部件）。

实验二考察了部件构字数的影响，结果发现由构字数多的部件构成的生字的抄写正确率为 0.91，而由构字数少的部件构成的生字的抄写正确率为 0.89，二者之间仅有微弱的差异。但是我们并不能据此认为部件的构字数对留学生的生字学习毫无影响。由于测验时学生仅学了《汉语教程》的前 30 课，所学汉字有限，难以找到足够数量的频率低而构字数多的部件，故实验二采用的部件均为高频部件，无法综合考察部件的构字数和频率对留学生汉字学习的影响。这是本研究的一个缺憾。基于实验二的研究结果，只能得出这样的结论：对于高频部件，构字数的作用较弱。但是对于低频部件，构字数的作用目前还不确定，我们猜测其作用应该更加明显。

部件频率指的是由该部件构成的所有汉字的频率总和，因此可以通过提高单个汉字的出现频率来实现，也可以通过提高含有该部件的不同汉字的出现频率来实现。实验一和实验二的结果表明，不论某一部件的构字数如何，只要在教材中得到了一定量的复现，就可以在留学生的汉字学习中起到促进作用。

对外汉字教学历来是对外汉语教学中比较薄弱的一个环节。吕必松（1999）指出：所谓汉字难写，主要是教学不得法所造成的。教材和课堂教学如何帮助留学生注意到部件和汉字之间的层级关系以及部件对于汉字学习的重要性？我们认为关键是增加部件的出现次数。实验一的结果表明，当部件在教材中仅出现过一两次时，识字量中组和低组的留学生的生字抄写成绩受到较大的影响。因此在实施"部件教学法"时，不仅要考虑部件在教材中出现的先后顺序，而且要增加部件的复现次数，以保证这些部件能在学习者的心理词典中形成高质量的表征。同时，结合已有的研究成果，我们建议在实施"部件教学法"时，不必花很多精力来讲解汉字的结构类型，因为这部分知识很容易掌握（郝美玲，2007），应该把更多的精力放在培养部件的精确表征上。

还需要说明的一点是，部件教学法只是对汉字的字形进行教学，因此只能是对外汉字教学的一个短暂的阶段，不应把它看作对外汉字教学的全部。

4.3 识字量、汉字结构类型与部件分解的关系

本研究的两个实验均发现，左右结构生字的抄写正确率高于上下结构生字的正确率，表明左右结构的汉字对留学生来说比较容易，而上下结构的汉字相对来说较难。本研究还进一步发现，不管留学生的识字量如何，对左右结构生字的抄写正确率均高于对上

下结构生字的抄写正确率。这似乎说明，对于初学汉语的留学生来说，识字量大小对不同结构类型汉字的分解没有直接的影响。

本研究的结果似乎与徐彩华（2007）的结论不太一致，她认为初学汉语的留学生不存在左右结构的分解优势。其实在她的汉字知觉分解研究中，左右结构汉字的分解速度比上下结构汉字的分解速度快170毫秒，只是未达到统计上的显著水平。我们认为，可能是由于实验的被试数目较少（18名），而且个体间的变异较大（标准差为273—558毫秒），导致两种结构类型生字反应时之间的差异没有达到显著水平。从这一点看来，本研究的发现与徐文的发现是一致的。由于两个研究的被试均为初学汉语3个月的留学生，因此可以进一步推论，初学汉语的学习者在不同的实验范式下均出现了左右结构汉字加工的优势效应。

本研究的结果与尤浩杰（2003）的结论也不一致，她的语料统计和反应时数据都显示留学生对横向结构汉字的书写错误率高于其他结构类型汉字的错误率。左右结构优势还是左右结构劣势的出现究竟与哪些因素有关呢？从本文的研究结果来看，部件的频率和构字数都会影响留学生对部件和整字的加工，徐彩华（2007）与尤浩杰（2003）的研究除了控制字频或汉字熟悉性以外，并未对部件水平的因素加以控制。因此，目前得出留学生汉字加工是左右结构优势还是劣势的结论都为时太早，有关留学生对不同结构类型汉字的加工及部件的分解机制、影响因素等问题，还需要做进一步的实验研究。

参考文献

[1] 陈仁凤、陈阿宝（1998）一千高频度汉字的解析及教学构想，《语

言文字应用》第1期。

[2] 崔永华（1997）汉字部件和对外汉字教学，《语言文字应用》第3期。

[3] 费锦昌（1996）现代汉字部件探究，《语言文字应用》第2期。

[4] 冯丽萍（2006）外国留学生汉字正字法意识及其发展研究，《云南师范大学学报（对外汉语教学与研究版）》第1期。

[5] 郝美玲（2003）不同汉语水平的留学生汉字正字法意识发展的实验研究，北京语言大学汉语进修学院首届科研报告会论文。

[6] 郝美玲（2007）留学生汉字正字法意识的萌芽与发展，《世界汉语教学》第1期。

[7] 江新（2003）初学汉语的美国学生汉字正字法意识的实验研究，见赵金铭主编《对外汉语研究的跨学科探索——汉语学习与认知国际学术研讨会论文集》，北京：北京语言大学出版社。

[8] 李力红、刘宏艳、刘秀丽（2005）汉字结构对汉字识别加工的影响，《心理学探新》第1期。

[9] 吕必松（1999）汉字教学与汉语教学，见吕必松主编《汉字与汉字教学研究论文选》，北京：北京大学出版社。

[10] 彭聃龄、王春茂（1997）汉字加工的基本单元：来自笔画数效应和部件数效应的证据，《心理学报》第1期。

[11] 王建勤（2005）外国学生汉字构形意识发展模拟研究，《世界汉语教学》第4期。

[12] 徐彩华（2007）外国留学生汉字分解水平的发展，《世界汉语教学》第1期。

[13] 尤浩杰（2003）笔画数、部件数和拓扑结构类型对非汉字文化圈学习者汉字掌握的影响，《世界汉语教学》第2期。

[14] 喻柏林、冯玲、曹河圻、李文玲（1990）汉字的视知觉——知觉任

务效应和汉字属性效应,《心理学报》第2期。

[15] 张静贤（1992）《现代汉字教程》,北京：现代出版社。

[16] 张旺熹（1990）从汉字部件到汉字结构——谈对外汉字教学,《世界汉语教学》第2期。

[17] 郑昭明、吴淑杰（1994）文字刺激的厵足与解体, in H. W. Chang, J. T. Huang, C. W. Hue & Ovid J. L. Tzeng (eds.) *Advances in the Study of Chinese Language Processing, Vol 1: Department of Psychology*. Taiwan University.

[18] Chen, Y. P., Allport, D.A. & Marshall, J. C. (1996) What Are the Functional Orthographic Units in Chinese Word Recognition: The Stroke or the Stroke Pattern? *The Quarterly Journal of Experimental Psychology*, 49A.

[19] Ding, G. S., Peng, D. L. & Taft, M. (2004) The Nature of the Mental Representation of Radicals in Chinese: A Priming Study, *Journal of Experimental Psychology: Learning, Memory, and Cognition*, 30.

[20] Feldman, L. B. & Siok, W. W. T. (1997) The Role of Component Functioning Visual Recognition of Chinese Characters, *Journal of Experimental Psychology: Learning, Memory, and Cognition*, 23.

[21] Frost, R. (1994) Prelexical and Postlexical Strategies in Reading: Evidence from a Deep and a Shallow Orthography, *Journal of Experimental Psychology: Learning, Memory and Cognition*, 20.

[22] Hao, M. L. & Shu, H. (2005) Emergence of Visual Chunks in Learning Chinese Characters: A Study with Foreign Learners and Chinese Children, paper presented at the Eleventh International Conference on Processing Chinese and Other East Asian Languages, Hong Kong.

[23] Pak, A. K. H., Lai, A., Tso, I. F., Shu, H., Li, W. L. & Anderson, R. C. (2005) Visual Chunking Skills of Hong Kong Children, *Reading and Writing*, 18.